Qualitätswissen

Springer-Verlag Berlin Heidelberg GmbH

Herbert Schnauber · Sabine Grabowski ·
Sabine Schlaeger · Joachim Zülch

Total Quality Learning

Ein Leitfaden für lernende Unternehmen

Mit 59 Abbildungen

Herbert Schnauber   Ruhr-Universität Bochum
Prof. Dr.-Ing.   Lehrstuhl für Arbeitssystemplanung und -gestaltung
                    Universitätsstraße 150
Sabine Grabowski   44780 Bochum
Dipl.-Psych.

Sabine Schlaeger
Dipl.-Psych.

Joachim Zülch
Dr. phil. Dipl.-Psych.

ISBN 978-3-642-63898-5

Die Deutsche Bibliothek - CIP-Einheitsaufnahme
Total quality learning: ein Leitfaden für lernende Unternehmen / Herbert Schnauber ... -
Berlin; Heidelberg; New York; Barcelona; Budapest; Hongkong; London; Mailand; Paris;
Santa Clara; Singapur; Tokyo: Springer, 1997
   ISBN 978-3-642-63898-5   ISBN 978-3-642-59210-2 (eBook)
   DOI 10.1007/978-3-642-59210-2
NE: Schnauber, Herbert

Dieses Werk ist urheberrechtlich geschützt. Die dadurch begründeten Rechte, insbesondere die der Übersetzung, des Nachdrucks, des Vortrags, der Entnahme von Abbildungen und Tabellen, der Funksendung, der Mikroverfilmung oder der Vervielfältigung auf anderen Wegen und der Speicherung in Datenverarbeitungsanlagen, bleiben, auch bei nur auszugsweiser Verwertung, vorbehalten. Eine Vervielfältigung dieses Werkes oder von Teilen dieses Werkes ist auch im Einzelfall nur in den Grenzen der gesetzlichen Bestimmungen des Urheberrechtsgesetzes der Bundesrepublik Deutschland vom 9. September 1965 in der jeweils geltenden Fassung zulässig. Sie ist grundsätzlich vergütungspflichtig. Zuwiderhandlungen unterliegen den Strafbestimmungen des Urheberrechtsgesetzes.

© Springer-Verlag Berlin Heidelberg 1997
Ursprünglich erschienen bei Springer-Verlag Berlin Heidelberg New York 1997
Softcover reprint of the hardcover 1st edition 1997

Die Wiedergabe von Gebrauchsnamen, Handelsnamen, Warenbezeichnungen usw. in diesem Werk berechtigt auch ohne besondere Kennzeichnung nicht zu der Annahme, daß solche Namen im Sinne der Warenzeichen- und Markenschutz-Gesetzgebung als frei zu betrachten wären und daher von jedermann benutzt werden dürften.

Sollte in diesem Werk direkt oder indirekt auf Gesetze, Vorschriften oder Richtlinien (z.B. DIN, VDI, VDE) Bezug genommen oder aus ihnen zitiert worden sein, so kann der Verlag keine Gewähr für Richtigkeit, Vollständigkeit oder Aktualität übernehmen. Es empfiehlt sich, gegebenenfalls für die eigenen Arbeiten die vollständigen Vorschriften oder Richtlinien in der jeweils gültigen Fassung hinzuzuziehen.

Einbandgestaltung: Künkel + Lopka, Ilvesheim
Satz: Datenkonvertierung durch Lewis & Leins
Herstellung: PRODUserv Springer Poduktions-Gesellschaft Berlin

SPIN: 10539043   7/3020 - 5 4 3 2 1 0 - Gedruckt auf säurefreiem Papier

Kurt Tucholsky *Ihr wißt ja, wie ein Fachmann ist – hat er eine Sache zwanzig Jahre falsch gemacht, dann wird sie ein heiliges Ritual, und wir andern haben da nichts dreinzureden.*

Dank

Die Erstellung dieses Buches hat den Autoren viel Spaß gemacht. Dies liegt nicht zuletzt daran, daß uns in dieser Zeit von vielen Menschen Hilfe, Unterstützung und Verständnis entgegengebracht wurde. Deshalb sei hier allen Mitarbeitern des Lehrstuhls für Arbeitssystemplanung und -gestaltung des Instituts für Arbeitswissenschaft der Ruhr-Universität Bochum gedankt. Unser besonderer Dank gilt hierbei Frau Dipl.-Psych. Angelika Jagusch, Frau cand.-Psych. Barbara Ondrackova, Frau Dipl.-oec. Nanni Pottbrock und Frau Dipl.-oec. Annette Sträter.

Ohne die Unterstützung der beiden Pilotfirmen HEWI in Arolsen und Vorwerk in Wuppertal wäre dieses Buch sicherlich nicht zustande gekommen. Konstruktive Ratschläge gaben dabei besonders Herr Dipl.-Ing. Mathias Vössing und Herr Dipl.-Ing. Rainer Wolter, die Pate für die Figur des Adam Wandelmann standen.

An dieser Stelle schließt sich ein Dank an Frau Eva Hestermann-Beyerle vom Springer-Verlag an. In der guten Zusammenarbeit ergaben sich für uns wertvolle Anregungen.

Das diesem Buch zugrundeliegende Projekt wurde im Rahmen des Programms Qualitätssicherung vom Projektträger des BMFT für Fertigungstechnik und Qualitätssicherung am Forschungszentrum Karlsruhe gefördert.

Bochum, im Juli 1996

Sabine Grabowski
Sabine Schlaeger
Herbert Schnauber
Joachim Zülch

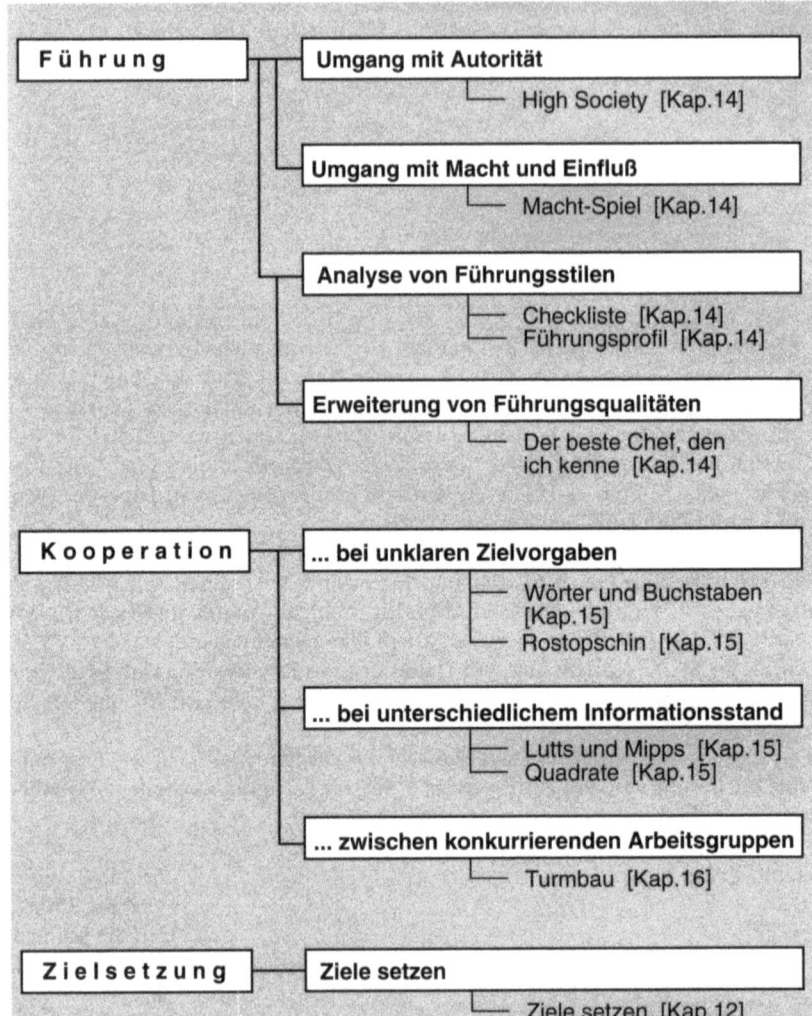

Übungsübersicht

Reiseleitung durch das Buch

Vorwort

Mit diesem Buch unternehmen Sie eine Reise durch die Lernlandschaft der I.N.Nova GmbH. Ihr Reiseleiter wird Herr Adam Wandelmann sein, der diese Geschichte selbst erlebt hat, weil er Qualitätsprozeßmanager in der I.N.Nova GmbH ist. Herr Wandelmann wird sich und sein Unternehmen in der Einleitung vorstellen. Bei der Implementierung eines Umfassenden Qualitätsmanagementsystems hat er einen Helfer zur Seite, Mr. Change. Er hilft ihm, den Wandel in seinem Unternehmen voranzutreiben. Mr. Change begleitet ihn, und damit auch den Leser, auf der Reise durch die Lernlandschaft seines Unternehmens, so wie Sie durch das Buch, als Reiseführer, auf der Reise durch die Lernlandschaft Ihres eigenen Unternehmens begleitet werden sollen. Dadurch ergibt sich die formale Aufteilung des Buches in drei verschiedene Textarten. Die erste Textart ist die Rahmenhandlung. Sie wird durch folgendes Symbol, kursive und links eingerückte Schriftart markiert:

Die Rahmenhandlung ergibt sich durch die Erlebniswelt der realen Qualitätsprozeßmanager aus zwei Pilotfirmen des Forschungsprojektes. Die Rahmenhandlung bildet die Einbettung für die *Theorieteile,* die durch folgendes Symbol gekennzeichnet sind:

Die Theorieteile geben dem Leser sachliche Informationen zu dem in der Rahmenhandlung angesprochenen Themenfeld und werden zum Teil durch praktische *Übungen* ergänzt. Die Übungsteile sind durch folgendes Symbol gekennzeichnet:

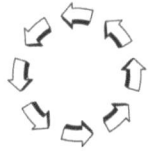

Die Übungen sollten unter Anleitung eines Trainers durchgeführt werden, da bei vielen Übungen Prozesse angestoßen werden, die vielfältige und tiefgreifende Veränderungen innerhalb und zwischen Personen einleiten. Das Buch soll aufzeigen, welche Möglichkeiten gegeben sind.

Im Anhang befindet sich angegebenes Arbeitsmaterial zu den Übungen und die Diagnoseinstrumentarien.

Der Leser, als Reisender durch die Lernlandschaft, hat durch die Dreiteilung des Buches verschiedene Möglichkeiten der Gestaltung seiner Reise.

Der Reisende, der das erste Mal eine Lernlandschaft durchwandert, sollte das Buch von vorne bis hinten komplett durchlesen. Der *eilige Reisende,* der nur Zeit für eine kurze Bildungsreise hat, kann die Rahmenhandlung überspringen und nur die Theorieteile mit oder ohne den Übungen lesen. Der *Individualreisende* springt zwischen den einzelnen Kapiteln hin und her, so wie es seiner augenblicklichen eigenen Situation und seinen Bedürfnissen entspricht.

Egal wie der Leser seine Reise durch die Lernlandschaft der I.N.Nova GmbH und durch die seiner eigenen Unternehmung gestaltet, es wird auf jeden Fall eine Abenteuerreise.

Inhalt

1 **Die Reisevorbereitungen:**
   Die Reisenden, die Reisebegleitung, das Ziel ... 1

1.1 Wohin geht die Reise? oder: Die Vision des Lernenden Unternehmens 3
1.1.1 Wer lernt? 4
1.1.2 Wo ist das Wissen verankert, d. h. wer ist der Wissensträger? 5
1.1.3 Wie wird gelernt? 5
1.1.4 Das Rahmenmodell organisatorischen Lernens 6
1.2 TQM und TQL – Die Währung im Land des Lernenden Unternehmens 7
1.2.1 TQM – Total Quality Management 7
1.2.2 TQL – Total Quality Learning 10

2 **Reiseveranstalter überbetrieblicher Weiterbildungsangebote** 11
2.1 Was ist Wissenstransfer? 11
2.2 Qualitätsmanagement im überbetrieblichen Wissenstransfer 12
2.2.1 Beschreibung des Ist-Zustandes bei dem überbetrieblichem Transfer von Qualitätswissen 13
2.2.2 Umsetzung von Qualitätswissen 13
2.2.3 Wissensinhalte 13
2.2.4 Teilnehmerorientierung 15
2.2.5 Wissenstransfer 15
2.3 Weiterbildungsangebote 16

3 **Kräfte schöpfen: die Kraftfeldanalyse** 19
3.1 Der Veränderungsprozeß als Kraftfeld 19
3.2 Die Kraftfeldanayse als Problemlösungstechnik 21
3.3 Retardierende Kräfte – der konstruktive Umgang mit Widerstand 22

4 **Reiseproviant** 25
4.1 Gründe für die Einführung eines Qualitätsmanagementsystems 25
4.2 Der Begriff Qualitätsmanagement 26

4.3 Die Normen – Familie DIN EN ISO 9000 ff.   26
4.3.1 Einführung, Idee und System der DIN EN ISO 9000 ff.   26
4.3.2 Aufbau des Regelwerkes   27
4.4 Qualitätsmanagementelemente   28
4.4.1 Verantwortung der Leitung   29
4.4.2 Qualitätsmanagementsystem   29
4.4.3 Vertragsprüfung   29
4.4.4 Designlenkung   29
4.4.5 Lenkung der Dokumente und Daten   29
4.4.6 Beschaffung   30
4.4.7 Lenkung der vom Kunden beigestellten Produkte   30
4.4.8 Kennzeichnung und Rückverfolgbarkeit von Produkten   30
4.4.9 Prozeßlenkung   30
4.4.10 Prüfungen   30
4.4.11 Prüfmittelüberwachung   31
4.4.12 Prüfstatus   31
4.4.13 Lenkung fehlerhafter Produkte   31
4.4.14 Korrektur und Vorbeugemaßnahmen   31
4.4.15 Handhabung, Lagerung, Verpackung, Konservierung und Versand   31
4.4.16 Lenkung von Qualitätsaufzeichnungen   31
4.4.17 Interne Qualitätsaudits   32
4.4.18 Schulung   32
4.4.19 Wartung   32
4.4.20 Statistische Methoden   32
4.5 Erläuterungen zur DIN EN ISO 9004   32
4.5.1 DIN EN ISO 9004 Teil 1   32
4.5.2 Übersicht über die DIN EN ISO 9004 Teil 2   33
4.6 Einführung eines Qualitätsmanagementsystems   34
4.6.1 Voraussetzungen für die Einführung eines Qualitätsmanagementsystems   34
4.6.2 Die Dokumentation des Qualitätsmanagementsystems   34

5 **Fit für die Reise**   37

5.1 Anforderungen an den Qualitätsprozeßmanager   37
5.2 Wer ist Schuld?   39
5.2.1 Attribution   39
5.2.2 Erfolgs-/Mißerfolgsorientierung   40
5.3 Man muß sich entscheiden können   41
5.4 Der ideale Qualitätsprozeßmanager   42
5.5 Wie erfaßt man das ideale Qualitätsprozeßmanagerprofil?   43

6 **Das Reisetagebuch**   45

6.1 Qualifizierungskonzept für Qualitätsprozeßmanager   45
6.2 Reiseplanung: Aktions- und Terminpläne   46
6.3 Der Transfer-Analyse-Bogen als Reisetagebuch   48
6.3.1 Die Transferrahmenbedingungen   49

6.3.2 Transferproblembewältigung 49
6.3.3 Transferergebnisbeschreibung 49

7 Der Weg ist das Ziel: Prozesse 51

7.1 Was ist ein Prozeß? 51
7.2 Das Netzwerk von Prozessen 52
7.3 Prozeßanalyse 52

8 Gemeinsam sind wir stark 57

8.1 Teamentwicklung 57
8.2 Moderieren von Gruppen 60
8.2.1 Der Moderator 60
8.2.2 Voraussetzungen für ein erfolgreiches Team 61
8.2.3 Der Moderationszyklus 62
8.3 Ausgewählte Moderations- und Problemlösetechniken 63
8.3.1 Metaplan 63
8.3.2 Brainstorming 64

9 Im Land der Kundenauftragsabwicklung – Prozeßverbesserung 65

9.1 Textanalyse der Norm: Element 3 – Vertragsprüfung 65
9.2 Erstellen einer Dokumentation im Team – am Beispiel des Elementes 3 „Vertragsprüfung" 67
9.2.1 Beispielhafter Aufbau eines QM-Handbuch-Kapitels 67
9.2.2 Beispiel eines konkreten QM-Handbuch-Kapitels 68
9.2.3 Beispiel einer Verfahrensanweisung 69
9.2.4 Das Erstellen einer konkreten Verfahrensanweisung – Kundenauftragsabwicklung 71
9.3 Einführung in die Prozeßbewertung (DIN EN ISO 9000) 73

10 Die lebenden Abläufe 75

11 Den eigenen Standort bestimmen 77

11.1 Die Lernlandschaft erkunden 77
11.2 Die Lernlandkarte 78
11.3 Die Nutzung des Fragebogens 80
11.3.1 Vorbereitung 80
11.3.2 Durchführung 80
11.3.3 Auswertung 80
11.3.4 Einleitung von Maßnahmen 80
11.3.5 Erfolgskontrolle 80

12 Fragebogen Teil 1: Qualitätspolitik und -ziele 83

12.1 Welche Funktion erfüllt dieser Teil? 83
12.2 Abgeleitete Maßnahmen 83

| 12.2.1 | Jeder braucht ein Ziel: Zielsetzung 85
| 12.2.2 | Wie setzt man Ziele ein? 86
| 12.2.3 | Übung zur Zielsetzung 89

13 Vorgesetztenfragebogen Teil 2: Mitarbeitergespräche 91

- 13.1 Welche Funktion erfüllt dieser Teil? 91
- 13.2. Abgeleitete Maßnahmen 92
- 13.3 Kommunikation 93
- 13.3.1 Partnerschaftliche Gesprächsführung 94

14 Vorgesetztenfragebogen Teil 3: Die Knoten 94

- 14.1 Welche Funktion erfüllt dieser Teil 105
- 14.2. Abgeleitete Maßnahmen 106
- 14.2.1 Führung 106
- 14.2.2 Führungstheorie 109
- 14.2.3 Das Führungsmodell von Vroom & Yetton 110
- 14.2.4 Übungen zur Führung 113
- 14.2.5 Was ist Motivation? 120
- 14.2.6 Motivationstheorien 121

15 Vorgesetztenfragebogen Teil 4: Die abteilungsinternen Pfade 129

- 15.1 Welche Funktion erfüllt dieser Teil? 129
- 15.2. Abgeleitete Maßnahmen 129
- 15.2.1 Was ist Kooperation? 131
- 15.2.2 Übungen zur Förderung der Kooperation 134
- 15.2.3 Qualitätszirkel 140
- 15.2.4 Anschließende Maßnahmen 143

16 Fragebogen Teil 5: abteilungsübergreifende Pfade 147

- 16.1 Welche Funktion erfüllt dieser Teil? 147
- 16.2 Abgeleitete Maßnahmen 148
- 16.2.1 Übung: Kooperation zwischen Abteilungen 153
- 16.2.2 Die sieben Fragen des Lieferanten 155

17 Beinahe angekommen 157

- 17.1 Im Dialog mit der Zukunft 157
- 17.2 Prozeßorientierung 159
- 17.3 TZI – Themenzentrierte Interaktion 160
- 17.3.1 Was ist Themenzentrierte Interaktion (TZI)? 161
- 17.3.2 Theoretischer Hintergrund – das TZI-Dreieck 162
- 17.3.3 Das Prinzip „Balance" 164
- 17.3.4 Die Postulate des TZI 165
- 17.4 Konfliktmanagement 168

17.4.1 Konfliktursachen   169
17.4.2 Konfliktdynamik   169
17.4.3 Konfliktbehandlung   170
17.5   Kick-off- Workshop
       „Prozeßorientierte Kundenauftragsabwicklung"   174
17.6   Resümee der Reise durch die Lernlandschaft   177

Anhang   179

Literaturverzeichnis   217

Autoren   221

Kapitel 1

Die Reisevorbereitungen:
Die Reisenden, die Reisebegleitung, das Ziel…

Mein Name ist Adam Wandelmann, und ich möchte Ihnen eine Geschichte erzählen. Einerseits beschreibt sie meine ganz persönliche Berufsbiographie zum Qualitätsprozeßmanager, andererseits zeichnet sie die Entwicklung der Firma, in der ich arbeite, nach.

Ich bin mittlerweile Qualitätsprozeßmanager, aber das war ich nicht immer. Unsere Firma hat jetzt ein umfassendes Qualitätsmanagementsystem, aber das hatte sie auch nicht immer. Der Weg hierher war nicht einfach, gerade deshalb aber aufregend und interessant. Es war eine Reise mit ungewissem Ausgang.

Unsere Firma, die I.N.NOVA GmbH, ist ein eigenständiges mittelständisches Unternehmen der Kunststoffindustrie mit etwa 1200 Mitarbeitern. Wir haben eine Serienfertigung mit hoher Variantenvielfalt. Ich selbst bin 37 Jahre alt. Nach Abschluß meines Studiums zum Maschinenbauingenieur vor fünf Jahren habe ich direkt bei der I.N.NOVA GmbH angefangen. Dort arbeite ich im Qualitätswesen, und heute bin ich verantwortlich für die Qualitätssicherung in der Produktion.

In der Neujahrsrede hat die Geschäftsführung bereits angekündigt, daß das Qualitätsmanagement neu organisiert wird, aber keiner weiß genau, was nun weiter unternommen werden soll. Eines Morgens ruft mich der Chef in sein Büro: „Herr Wandelmann, wie sie ja gehört haben, soll unser Qualitätsmanagement reorganisiert werden. Unser Ziel dabei ist die Einführung eines Umfassenden Qualitätsmanagementsystems mit dem Teilziel der Zertifizierung nach DIN EN ISO 9000 ff. noch im kommenden Jahr. Kümmern sie sich doch einmal darum!"

Da stehe ich nun! Von dieser DIN EN ISO 9000ff. hatte ich bereits mal was gehört, aber über Qualitätsmanagement weiß ich nicht mehr als jeder andere in der Firma auch. Aber ich habe einen gewaltigen Vorteil: ich habe ein großes Interesse an diesem Gebiet und mir macht es Spaß, mich auf Risiken einzulassen. Ich spüre, dies ist meine Chance, in meiner Firma und beruflich weiterzukommen. Und ich will diese Herausforderung annehmen! Ich habe die Chance, einen kreativen, innovativen Prozeß in Gang zu setzen und zu gestalten.

Als ich in der Mittagspause meinen Kollegen begeistert von meiner neuen Aufgabe erzähle, erhalte ich sehr unterschiedliche Reaktionen. Einige Kollegen scheinen verunsichert, so als hätten sie Angst vor der Veränderung. Andere Kollegen sind interessiert und fragen mich, wie es denn nun losgehen soll. Da fällt mir auf, daß ich das selbst eigentlich gar nicht so genau weiß und meine Anfangseuphorie verfliegt. Ich verlasse die Mittagsrunde sehr verunsichert.

Ich ziehe mich in mein Büro zurück und überlege, wie ich mich am besten über mein neues Aufgabenfeld informiere. Doch ich habe ja keine Ahnung und weiß auch nicht, an wen ich mich wenden soll. Plötzlich merke ich, ohne aufzublicken, daß sich irgend etwas im Raum verändert hat, so wie man manchmal einfach spürt, daß man nicht allein ist. Ich blicke auf und sehe einen Mann, etwa in meinem Alter, in einem Supermanndress, so wie ich ihn aus den Comics meiner Kinder kenne. Was hat das denn zu bedeuten?

„Darf ich mich vorstellen? Ich bin Mr. Change. Ich bin hier, um Dich auf Deinem Weg des Wandels zu begleiten, quasi als Dein Reisebegleiter. Du wirst in Deiner Unternehmung viel verändern müssen und das wird nicht immer leicht sein. Du wirst auf Hilfe, aber auch auf Widerstände stoßen, selbst wenn Du sie nicht erwartest. Ich werde versuchen, Dich vorzubereiten, so daß Du diese Reise bald allein weiterführen kannst, denn diese Reise ist niemals zu Ende. Du wirst Veränderungen von Prozessen in Deiner Firma anstoßen, die sich verselbständigen, und Du wirst diese Prozesse begleiten. Diese Unternehmensprozesse beeinflussen die Qualität, die im Unternehmen produziert wird. Du mußt diese qualitätsbeeinflussenden Prozesse, Verfahren und Systeme identifizieren, dokumentieren, ihre Verbesserung initiieren, organisieren und darauf achten, daß der Verbesserungsprozeß niemals endet. Deshalb nenne ich Dich Qualitätsprozeßmanager. Diese Prozesse, die Du verändern willst, sind immer mit den Menschen verknüpft, die diese Prozesse „leben". Du wirst also in Deinem neuen Arbeitsbereich sehr viel mehr mit Menschen in Kontakt kommen als bisher. Das macht viel Freude, aber der Umgang mit Menschen kann auch sehr anstrengend und schwierig sein. Es kommt also auf Deine sozialen Fähigkeiten an.

Wenn Du etwas nicht weißt, frag' mich einfach, ich helfe Dir. Nimm keinen Anstoß an meiner Kleidung, schließlich bin ich nicht real. Ich bin ein Supermann des Qualitätsmanagements. Du hast ausgesprochenes Glück, daß ich Dir helfe. Andere Prozeßmanager werden schon das Buch lesen müssen, in der Du die Hauptperson bist."

Sie können sich vorstellen, daß ich an meinem Verstand zweifele. Aber nach kurzem Überlegen wird mir klar, daß es ganz egal ist, wer dieser Mr. Change ist oder woher er kommt oder ob er tatsächlich existiert. Wichtig ist, daß er mir seine Hilfe anbietet – Hilfe zur Selbsthilfe. Während Mr. Change weiterredet, schaue ich mir diesen Mann nochmal genauer an. Er macht einen vertrauenerweckenden Eindruck auf mich, seine Augen blicken mich freundlich und offen an, in ihnen blitzt auch Schalk und Witz. Ja wirklich, Mr. Change strahlt einen unerschütterlichen Optimismus aus, seine Erscheinung signalisiert dynamische Entschlußkraft und gleichzeitig Ruhe und Besonnenheit.

Mr. Change redet weiter: „Ich möchte Dir eine Münze schenken. Sie ist die Währung in dem unbekannten Land, zu dem Du mit Deiner Firma aufbrechen willst. Diese Medaille hilft Dir, die Philosophie des lernenden Unternehmens zu verstehen. Sie hat zwei Seiten: In die eine Seite sind die Strukturveränderungen geprägt, das umfassende Qualitätsmanagement oder auch Total Quality Management. In die andere Seite ist die Verhaltensänderung der Menschen und Gruppen im Unternehmen eingeprägt, ihr Lernen und Verlernen, ihre Weiterentwicklung oder auch das Total Quality Learning. Nimm diese Münze zu Hilfe, wenn Du mich brauchst.

Aber zuerst möchte ich Dir zur Vision des Lernenden Unternehmens und der Währung in diesem Land noch einiges erklären.

1.1
Wohin geht die Reise? oder:
Die Vision des Lernenden Unternehmens

Die für Organisationen relevanten Umwelten sind durch eine zunehmende Diskontinuität, Instabilität, Komplexität und Dynamik gekennzeichnet. Zunehmende Turbulenz der Organisationsumwelten ist also das Charakteristikum gegenwärtiger Unternehmensentwicklung. Die Globalisierung der Wirtschaft, die Veränderung der Kundenmärkte, die Verkürzung der Innovationszyklen, der Verfall von Wissen und Wertewandel haben Konsequenzen für Unternehmen. Klassische Veränderungsmethoden versagen zunehmend: „Zwei Möglichkeiten bieten sich in solchen Situationen an: Wir bewältigen durch unsere Denkstrukturen, Gestaltungs- und Lenkungsmaßnahmen den Wandel, oder der Wandel lenkt uns" (Probst, 1995). Unternehmen müssen langfristige Entwicklungsfähigkeit und Innovationskraft sicherstellen, indem sie einen kontinuierlichen Veränderungsprozeß einleiten, der aus dem Alten das Neue entwickelt. Qualitätsrelevantes Lernen ist Voraussetzung für den organisatorischen Wandel, und organisatorischer Wandel ist Voraussetzung für die unternehmerische Existenzsicherung. Häufig zeigt aber die bei Routineaufgaben so überlegene hierarchische Primärorganisation ihre Schwächen in der Entwicklungs- und Innovationsfähigkeit. Ein Klima für Ideen und Projekte als Basis für die kontinuierliche Organisationstransformation ist in den Unternehmen häufig nicht vorhanden. Der Aufbau eines Qualitätsmanagementsystems ist eine große Chance zur Aktivierung oder Reaktivierung unternehmerischer Innovationspotentiale.

Der Aufbau eines Qualitätsmanagementsystems nach der DIN EN ISO 9000 ff. in einem Unternehmen beinhaltet die Beschreibung und Bewertung des Netzwerkes von Prozessen in einer Organisation.

Versteht man die Bedeutung in einem so umfassenden Sinne, dann wird klar, daß der Aufbau eines Qualitätsmanagementsystems den Charakter einer sozialorganisatorischen Innovation hat. Es geht dabei um die Gestaltung und Bewertung von Unternehmensprozessen. Qualitätsmanagement ist also Prozeßmanagement. Dies geht über das Lernen für sich hinaus, indem es um ein Lernen für die Organisation und letztlich ein Lernen der Organisation geht. Nur wenn die gesamte Organisation lernt, kann der Wandel bewältigt werden.

Während es unbestritten ist, daß Individuen lernen, ist das Lernen von Institutionen als Ganzheiten „bereits bedeutend schwieriger zu verstehen und zu erklären. Denn letztlich sind es doch die Menschen, die eine Institution, eine Organisation, bilden und die damit lernen (müssen). Deshalb sind heute wohl die meisten Ansätze in Theorie und Praxis nur eine Methapher" (Probst, 1995).

Am einfachsten lassen sich individuelles Lernen und das Lernen von Organisationen an der personenunabhängigen Wissensaufzeichnung und -speicherung unterscheiden.

Durch das Beschreiben und Registrieren von Handlungsabläufen und Festlegen von Arbeitsverfahren kann die Organisation Wissen unabhängig vom Individuum anspeichern und so für sich sichern. Neben technischen Abläufen und Handlungskompetenzen können aber auch Traditionen, Leitbilder, Brauchtum, Mythen gespeichert werden, da sie nicht von einzelnen, bestimmten Individuen abhängig sind.

Während also individuelles Lernen lediglich privates Wissen generiert, schafft organisationales Lernen öffentliches Wissen (Duncan & Weiss, 1979).
Dazu muß das Wissen
- kommunizierbar (zwischen den Organisationsmitgliedern)
- konsensfähig (intersubjektiv validierbar) und
- integriert (in Organisationsstrukturen und -prozesse) sein.

Lernende Organisationen zu schaffen, die individuelle und organisatorische Entwicklung integrieren, bedeutet:

„Lernen zum Tagesgeschäft zu machen, die Förderung natürlicher Lernprozesse, die Eröffnung von Lernfeldern für Persönlichkeitsentwicklung, die Institutionalisierung von Lern- und Feedbacksystemen mit der Umwelt, die Gestaltung von Planungs-, Strategiebildungs- und Controllingprozessen als Lernprozeß für die Beteiligten, die Förderung von Kulturentwicklungsprozessen und die Reintegration von Lernen und Arbeiten bzw. Lehren und Führen..." (Sattelberger, 1991)

Um die individuellen und organisationalen Lernprozesse im lernenden Unternehmen besser verstehen zu können, werden im folgenden die Konzepte organisationalen Lernens unter verschiedenen inhaltlichen Fragestellungen dargestellt, und schließlich in ein Rahmenmodell organisatinalen Lernens integriert.

1.1.1
Wer lernt?

Man kann vier Antworten in den Konzepten organisationalen Lernens identifizieren:
- Alle Organisationsmitglieder lernen. Organisationales Lernen wird hier als Veränderung des von allen Organisationsmitgliedern geteilten Wissens begriffen.
- Eine organisatorische Elite (hiermit ist i. allg. das Management gemeint) lernt (stellvertretend für alle).
- Verschiedene Personen(gruppen) lernen, d. h. die Träger des Lernprozesses sind nicht definiert. Hier wird organisationales Lernen als die Veränderung des für eine Organisation verfügbaren Wissens verstanden. Dabei können sowohl die oben genannten Gruppen als personale Träger des Lernprozesses in Frage kommen als auch Subkulturen der Organisation oder Individuen, allerdings unter der Bedingung, daß deren Wissen in die organisatorische Wissensbasis einfließt.
- Die Organisation selbst lernt. Bei diesem Ansatz wird gar kein personaler Träger des Lernprozesses benannt. „Lernen kann danach auch dann stattfinden, wenn Lernerfahrungen in organisatorische Standardprozeduren [...], Artefakte [...], Systeme [...] und anderes mehr einfließen und konserviert werden." (Müller-Stewens & Pautzke, 1991) Auf das Qualitätsmanagement bezogen heißt dies nichts anderes als die im Qualitätsmanagementhandbuch dokumentierten Abläufe und Verfahrensanweisungen. Das im QM-Handbuch eines nach DIN EN ISO 9000 ff. aufgebauten QM-Systems stellt somit den sichtbaren Teil der organisatorischen Wissensbasis zum Thema Qualität dar (Pautzke, 1989). Die Weiterentwicklung bzw. Veränderung des QM-Systems und deren Dokumentation sind somit als Prozesse bzw. Ergebnisse organisationalen Lernens aufzufassen.

1.1.2
Wo ist das Wissen verankert, d. h. wer ist der Wissensträger?

Dieser Aspekt ist für das individuelle Lernen eindeutig: Das als Ergebnis des Lernprozesses veränderte Wissen ist auch im Individuum verankert. In Konzepten organisationalen Lernens ist dies hingegen eine äußerst komplexe Fragestellung, da die „Lernenden" nicht identisch sein müssen mit dem Wissensträger, d.h. das dokumentierte QM-System. Über das Wesen der organisatorischen Wissensbasis gibt es unterschiedliche Auffassungen:

Die organisatorische Wissensbasis ist die Gesamtheit des individuellen Wissens aller Organisationsmitglieder. „Das Ganze ist mehr als die Summe seiner Teile". Doch nicht alle mit diesem Thema befaßten Autoren sind dieser Meinung. Stattdessen wird die organisatorische Wissensbasis als eine vom Wissen eines einzelnen Individuums abgrenzbare andere Qualität aufgefaßt. „Dabei geht es keineswegs um ein Mehr-als-Argument. Institutionen wissen oft weniger als die individuellen Beteiligten und manchmal scheint es, daß Institutionen das nicht lernen, was jedes Mitglied weiß" (Probst, 1987).

Die organisatorische Wissensbasis ist das von allen Individuen der Organisation geteilte Wissen. Hieraus ist zu schließen, daß der Inhalt der Wissensbasis in jedem individuellen Wissensbestand eines Organisationsmitgliedes enthalten ist. Allerdings ist nicht geklärt, wie sich dieses 'Organisationswissen' vom individuellen Wissen abgrenzen läßt.

Die organisatorische Wissensbasis ist dasjenige Wissen, das für die Organisation verfügbar ist. Mit dieser Definition ist die Möglichkeit gegeben, daß auch individuelles Wissen in die organisatorische Wissensbasis einfließen kann. Allerdings wird hier eher das Wissenspotential als konkrete Wissensinhalte betrachtet.

1.1.3
Wie wird gelernt?

Man unterscheidet zwischen folgenden Beschreibungen organisationalen Lernens:
- Erhöhung der Effizienz bzw. des Problemlösungspotentials organisatorischen Handelns
- Lernen aus Erfahrung bzw. Adaption an die Umwelt
- Lernen als Veränderung von Wissen und Wissensstrukturen in Organisationen.

Drei verschiedene organisationale Lernprozesse können unterschieden werden (Probst, 1995):
- *Anpassungslernen*
  als eine Korrektur normabweichender Handlungen der Mitglieder durch die Organsation;
- *Veränderungslernen*
  als die eigenständige Entwicklung neuer Normen und Ziele
- *Prozeßlernen*
  als die höchstentwickelste Lernform organisationalen Lernens, da das Lernen als solches analysiert wird. Wie läuft der Lernprozeß ab, welche Hindernisse und fördernden Faktoren gibt es und wie kann ich den Lernprozeß optimieren?

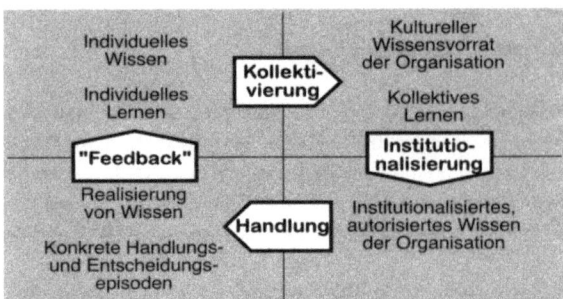

Abb. 1 Das Rahmenmodell organisatorischen Lernens (nach: Müller-Stewens & Pautzke, 119)

1.1.4
Das Rahmenmodell organisatorischen Lernens

In einem Prozeßmodell organisationalen Lernens wird die Verzahnung der Lernprozesse

- Individuelles Lernen
- Kollektives Lernen
- Institutionalisierung und
- Umsetzung in veränderte Handlungs- und Entscheidungsepisoden

deutlich (Müller-Stewens & Pautzke, 1991).

Das Modell besticht durch seinen offenen Charakter für diese ganz unterschiedlichen Lernprozesse in Organisationen. Vor dem Hintergrund der Integration individueller und organisationaler Lernprozesse ist dieses Modell innovativ, da es einerseits individuelles Lernen als Ausgangspunkt und auch Ausdruck organisationaler Lernprozesse betrachtet. Darüber hinaus erlaubt dieses Modell auf pragmatische Weise die Setzung von Lernstadien/ -stufen, die durch bestimmte Lernergebnisse gekennzeichnet sind (vgl. Abb. 1):

INDIVIDUELLES LERNEN
Diese Stufe organisationalen Lernens entspricht dem Lernen von Eliten oder Subgruppen, quasi stellvertretend für die ganze Organisation, kann aber grundsätzlich auf jedes Individuum erweitert werden. Ein Beispiel dafür ist der Besuch eines Weiterbildungsseminars, z.B. zur Einführung von multimedialen Arbeitsmethoden, durch die Abteilungsleiter.

Um also von organisatorischem Lernen zu sprechen, das seinen Ausgangspunkt beim Individuum hat, sind folgende Bedingungen notwendig:

- Zur Verfügung Stellen des individuellen Wissens.
- Permanentes Erfahrungs-Feedback über Handlungsweisen und Wiedereinbringen des dadurch veränderten Wissens in die Organisation.

Problematisch ist dieses ans Individuum gebundene Wissen, da es bei Ausscheiden einer Person aus der Organisation verloren geht.

KOLLEKTIVES LERNEN
Im Prozeß des kollektiven Lernens wird das individuelle Wissen Teil des gemeinsamen Wissensvorrates der Organisation oder einer -einheit. Die Individuen ringen in diesem

Prozeß um die Rechtfertigung eigener Positionen, revidieren, ergänzen oder korrigieren ihren individuellen Wissensstand und nähern sich einer gemeinsamen Wissensbasis an. Bis hierher bleibt es im Entscheidungsspielraum des Individuums, das neu erworbene oder veränderte Wissen tatsächlich in reales Entscheidungs- und Arbeitsverhalten umzusetzen.

INSTITUTIONALISIERUNG
Der Prozeß der Institutionalisierung von Wissen hat veränderte Standardprozeduren und -abläufe zum Ergebnis, d.h. die Anwendung und Umsetzung von Wissen in organisatorische Handlungen wird beschrieben bzw. festgeschrieben.

HANDLUNG/ UMSETZUNG
Mit der Institutionalisierung wird ein höherer Verpflichtungsgrad und Transparenz für das Individuum erreicht. Zudem wird mit dieser Autorisierung auch die tatsächliche Anwendung gegen evtl. Widerstände erleichtert.

Für alle drei organisationalen Lernstufen (Anpassungs-, Veränderungs- und Prozeßlernen) gilt, daß erst Feedbackprozesse der ständigen Verbesserung und Korrektur neuer Handlungs- und Entscheidungsregeln im Sinne eines Zirkels organisatorisches Lernen ausmachen.

Im Zusammenhang mit diesem Prozeßmodell organisationalen Lernens ist ein weiterer Aspekt relevant, nämlich die Lernform der „kooperativen Selbstqualifikation":

„Besonderes Merkmal der kooperativen Selbstqualifikation ist das partnerschaftliche Verhalten von Personen, meist mit unterschiedlichen Fachkenntnissen, die
1. im Gruppenverband (Projekten, Planungssitzungen, Lernstatt, Qualitätszirkel etc.) bei der Lösung von Problemen voneinander und miteinander lernen/ lehren und
2. die dabei bestehenden und entstehenden Konflikte handhaben."(Heidack, 1993)

Insgesamt kommt dieses Prozeßmodell der Auffassung organisationalen Lernens von Probst (1995) sehr nahe: „Organisationales Lernen erfolgt über Individuen und deren Interaktionen, die ein Ganzes mit eigenen Fähigkeiten und Eigenschaften schaffen. Das Lernen eines sozialen Systems ist also nicht mit der Summe der individuellen Lernprozesse und Ergebnisse gleichzusetzen, auch wenn diese Voraussetzung und wichtige Basis für ein institutionelles Lernen sind." (Hervorhebung der Autoren)

1.2
TQM und TQL – Die Währung im Land des lernenden Unternehmens

1.2.1
TQM – Total Quality Management

Der Begriff Total Quality Management ist in die internationale und die nationale deutsche Begriffsnormung (DIN ISO 8402) aufgenommen worden:

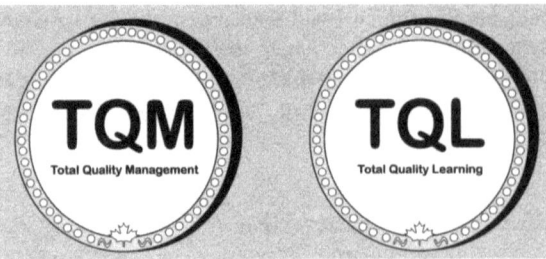

Abb. 2 Die zwei Seiten einer Medaille – TQM und TQL

> „Totales Qualitätsmanagement
> Auf der Mitwirkung aller ihrer Mitglieder basierende Führungsmethode einer Organisation, die Qualität in den Mittelpunkt stellt und durch Zufriedenstellung der Kunden auf langfristigen Geschäftserfolg sowie auf Nutzen für die Mitglieder der Organisation und für die Gesellschaft zielt.
>
> Anmerkung 1: „Alle ihre Mitglieder" bezeichnet jegliches Personal in allen Stellen und allen Hierarchie-Ebenen der Organisationsstruktur.
> Anmerkung 2: Wesentlich für den Erfolg dieser Methode sind die überzeugende und nachhaltige Führung durch die oberste Leitung sowie die Ausbildung und Schulung aller Mitglieder der Organisation.
> Anmerkung 3: Der Begriff Qualität bezieht sich beim totalen Qualitätsmanagement auf das Erreichen aller Management-Ziele.
> Anmerkung 4: Der „Nutzen für die Gesellschaft" bedeutet Erfüllung der Forderungen der Gesellschaft..."(DIN, 1992).

Der Begriff geht ursprünglich auf ein 1961 erstmalig erschienenes Buch von Feigenbaum (1983) zurück.

TQM basiert auf dem Grundgedanken, daß Qualität ein Anspruch im ganzen Unternehmen ist. Es ist eine unternehmensweite Strategie, mit deren Hilfe alle Bereiche eines Unternehmens eigenverantwortlich an der ständigen (Qualitäts-)Verbesserung ihrer Produkte, Prozesse und Dienstleistungen arbeiten. Das bedeutet, daß nicht nur im Produktionsprozeß, sondern auch im Einkauf, im Personalbereich, in der Konstruktion oder im Vertrieb Qualitätskriterien definiert und umgesetzt werden sollen.

Einer der wichtigsten Grundsätze ist: „Jeder ist Kunde und Lieferant gleichzeitig". D. h. als „Kunde" wird nicht nur der externe Partner, sondern auch der Partner innerhalb des Unternehmens gesehen. Die folgende Abbildung soll dies noch einmal verdeutlichen.

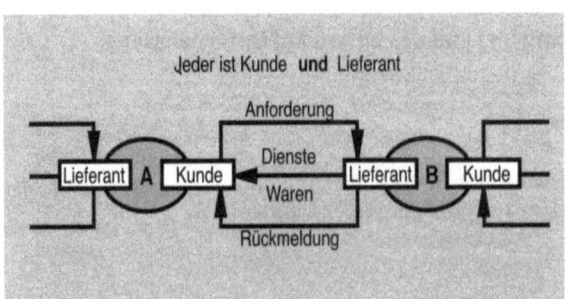

Abb. 3 Die Kunden-Lieferanten-Beziehung (nach: DGQ)

Der zweite wichtige Grundsatz im Total Quality Management ist das Bemühen um ständige Verbesserung.
Total Quality Management fußt somit auf folgenden drei Komponenten:

KUNDENORIENTIERUNG
Der Kunde steht im Mittelpunkt aller Bemühungen im Rahmen des Qualitätsmanagements. Das Ziel ist die Erreichung der Kundenzufriedenheit in allen Bereichen (Termin, Preis, Service, Qualität...). Grundsätzlich hat das Unternehmen aber die Bedürfnisse fünf verschiedener Interessenspartner zu erfüllen, nämlich der Kunden, Mitarbeiter, Eigentümer, Unterlieferanten und der Gesellschaft. Während Kunden beispielsweise zufriedenstellende Produktqualität erwarten, erwartet der Mitarbeiter Arbeitszufriedenheit, der Eigentümer Gewinne, der Unterlieferant eine partnerschaftliche Geschäftsverbindung und die Gesellschaft umweltbewußtes Handeln.

PROZESSORIENTIERUNG
Die stringente Ausrichtung des Unternehmens auf den Kunden hat Konsequenzen für die Gestaltung der internen Abläufe und Strukturen. Prozeßorientierung meint das ständige Bemühen, die Prozesse der Produktentstehung zu optimieren, in allen Phasen hohe Qualität zu erreichen und die Wirtschaftlichkeit sicherzustellen. Ziele umgesetzter Prozeßorientierung sind:
- Schnittstellen zu reduzieren
- Redundante Tätigkeiten zu eliminieren
- Überflüssige, tayloristisch geprägte Arbeitsteilung durch kundenorientierte umfassende Aufgabenerfüllung zu ersetzen
- Prozeßorientierte Organisationsstrukturen, insb. Teamorganisation zu schaffen.

MITARBEITERORIENTIERUNG
Die Integration und Partizipation aller Mitarbeiter schafft die Voraussetzung zur Erreichung der Unternehmensziele. Übergabe von Verantwortung, Mitarbeiterqualifizierung etc. sind wichtige Methoden, TQM im Unternehmen zu leben. Nur mit qualifizierten und motivierten Mitarbeitern kann man Produkte und Dienstleistungen erbringen, die den Kunde zufriedenstellen und dem Wettbewerb überlegen sind.
Mitarbeiterorientierung im Unternehmen wird an unterschiedlichen Punkten deutlich. Hier einige Beispiele:
Qualität der Personalführung durch:
- Führungskräfte als aktive Vorbilder,
- regelmäßige Information,
- Erreichbarkeit der Führungskräfte.

Hohe Motivation der Mitarbeiter durch:
- Übernahme von Verantwortung,
- Qualifizierung,
- Möglichkeiten, Einfluß zu nehmen,
- Teamarbeit,
- Verwirklichen des internen Kunden-Lieferanten-Prinzips,
- Erarbeiten und Umsetzen von Problemlösungen.

TQM ist mehr als ein „Management-Konzept". Total Quality Management stellt eine Grundhaltung verantwortungsbewußten unternehmerischen Handelns dar (vgl. Schnauber et al., 1994).

1.2.2
TQL – Total Quality Learning

Total Quality Learning ist die konsequente Umsetzung umfassenden Qualitätsmanagements im lernenden Unternehmen. Die prozeßorientierten Organisationsstrukturen, die unter Einbeziehung aller Mitarbeiter die Kundenwünsche erfüllen, müssen selbst wieder lernfähig sein. Das heißt nichts anderes, als daß den Prinzipien des TQM das Prinzip der Lernorientierung hinzugefügt wird, d.h. die ständige, flexible Anpassung, Weiterentwicklung oder gar Neugestaltung von Unternehmensprozessen. Mit Total Quality Learning werden diejenigen Unternehmensprozesse beschrieben, die das individuelle Lernen von Management und Mitarbeitern in allen möglichen Formen fördern und die sich gleichzeitig selbst fortwährend wandeln im Sinne organisationalen Lernens. TQL beteiligt alle Unternehmensangehörige frühzeitig und aktiv an Veränderungsprozessen. Die Mitglieder des Unternehmens erleben den Zustand anhaltender Erneuerung als selbstverständlich. Gemeinsam werden Lern- und Denkstrukturen erarbeitet, die das gesamte Unternehmen zur Weiterentwicklung anregen. Lern- und Innovationsbarrieren im technischen, organisatorischen und personellen Bereich werden identifiziert und abgebaut. TQL schafft eine unternehmerische Lernkultur, in der Lern- und Innovationsbereitschaft gefördert und gezielt in einen Prozeß eingebunden werden, der die gesamte Organisation erfaßt. Management und Mitarbeiter brauchen Mut und Durchhaltevermögen, um immer wieder eingeübte Denk- und Verhaltensweisen aufs Neue zu reflektieren und zu erweitern. Die Beherrschung des Lernprozesses und die Umsetzung des Gelernten in der betrieblichen Praxis werden dabei zum Garanten unternehmerischen Erfolges.

Literatur:
Argyris, C & Schön, D. (1978): Organizational Learning. Reading/Mass.
DIN-Deutsches Institut für Normung (Hrsg.): DIN ISO 8402, Ausgabe März 1992. Qualitätsmanagement und Qualitätssicherung – Begriffe.
Duncan, R.B. & Weiss, A. (1979): Organizational Learning: Implications for organizational design. In: Staw, B.M. (Hrsg.), ROB 1/1979, S. 75-123.
Feigenbaum, A.V. (1983): Total Quality Control. New York: McGraw-Hill.
Heidack, C. (Hrsg.) (1993): Lernen der Zukunft. München.
Müller-Stewens, G. & Pautzke, G. (1991): Führungskräfteentwicklung und organisatorisches Lernen. In: Th. Sattelberger (Hrsg.), 1991, S. 183-206.
Pautzke, G. (1989): Die Evolution der organisatorischen Wissensbasis. München.
Probst, G.J.B. (1987): Selbst-Organisation. Ordnungsprozesse in sozialen Systemen aus ganzheitlicher Sicht. Berlin – Hamburg.
Probst, G.J.B. (1995): Organisationales Lernen und die Bewältigung von Wandel. In: H. Geißler (Hrsg.), Organisationslernen und Weiterbildung (S. 163-184). Berlin.
Sattelberger, Th. (Hrsg.) (1991): Die lernende Organisation. Konzepte für eine neue Qualität der Unternehmensentwicklung. Wiesbaden.
Schnauber, H; Zülch, J. (1994): Zertifizierung – Chance für umfassendes Qualitäts- und Wertschöpfungsmanagement. In: Qualität und Zuverlässigkeit – Zeitschrift für industrielle Qualitätssicherung (QZ), 05/95, S. 509-514.

Kapitel 2

Reiseveranstalter überbetrieblicher Weiterbildungsangebote

Die Vision des Lernenden Unternehmens – ich finde, das ist eine sehr spannende Idee. Aber die Begriffe schwirren nur so in meinem Kopf herum: Umfassendes Qualitätsmanagement, ganzheitliche Lernstrategien, unternehmerische Interessenspartner, Kundenorientierung, Prozeß-, Mitarbeiterorientierung und Lernorientierung. Dies alles hängt eng miteinander zusammen. Aber wie soll ich dies in unserem Unternehmen verwirklichen? Hierüber möchte ich gern mehr erfahren. Vielleicht gibt es ja Weiterbildungsangebote zu diesen Themenkomplexen. In der nächsten Zeit achte ich verstärkt darauf, wenn ich auf Qualitätsveranstaltungen bin. Und tatsächlich – bei einer solchen Veranstaltung sehe ich eine Broschüre vom Bundesministerium für Bildung, Wissenschaft, Forschung und Technologie mit dem Titel „Qualitätsmanagement in der überbetrieblichen Umsetzung – Schlüsselfaktoren und Erfahrungen" (Kamiske, et al., 1995). Vielleicht hilft mir diese Broschüre ja weiter.

Nach dem Besuch von externen Fortbildungs- und Weiterbildungsmaßnahmen befinde ich mich häufig in der Situation, daß ich nicht genau weiß, wie ich das Gelernte auf meinen Arbeitsbereich übertragen soll. Ich habe vieles erfahren, muß aber eigenständig mein Wissen „transferieren", um es im Alltag anwenden zu können. Der Lern- oder Wissenstransfer ist einerseits entscheidend für den Erfolg von Weiterbildungen, zum anderen aber mit Problemen und Widerständen verbunden.

2.1
Was ist Wissenstransfer?

Unter Transfer versteht man „die Beeinflussung einer beruflichen Tätigkeit, also eines bestimmten Verhaltens, durch eine Lerntätigkeit" (Ochsner 1975, S. 58). Man kann zwei Transferformen (den vertikalen und lateralen Transfer), die für eine erfolgreiche Übertragung des Lerninhalts aus dem Lernfeld in das Transferfeld von Bedeutung sind, unterscheiden.

Vertikaler Transfer findet innerhalb des Weiterbildungsseminars, also im Lernfeld selbst, statt. Die Inhalte werden den Teilnehmern vom Einfachen zum Schwierigen vermittelt. Sie lernen zuerst bestimmte Dinge, um dann das Gelernte auf komplexere Sachverhalte eigenständig zu übertragen.

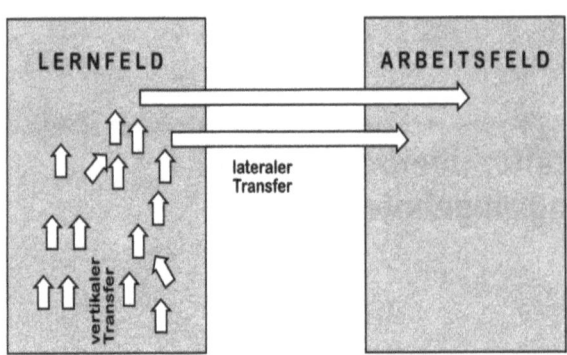

Abb. 4 Vertikaler und lateraler Wissenstransfer (nach: Ochsner, 1975)

Lateraler Transfer findet dann statt, wenn die im Seminar gelernten Inhalte auf eine andere Situation mit ähnlicher Komplexität angewendet werden sollen. Die Teilnehmer transferieren ihr neues Wissen aus dem Lernfeld in das Arbeitsfeld.

Grundsätzlich entstehen bei einem Transfer immer wieder Informations- und Wissensverluste. Wichtig ist es, diese Verluste minimal zu halten und das größtmögliche Wissen im Unternehmen weiterzugeben und dadurch allen Mitarbeitern zur Verfügung zu stellen.

2.2
Qualitätsmanagement im überbetrieblichen Wissenstransfer

Bei der überbetrieblichen Vermittlung und Aneignung von Qualitätswissen sowie seiner Umsetzung in Unternehmen gibt es fördernde und hemmende Faktoren. Zum einen stellt sich die Frage, inwieweit das überbetriebliche Wissensangebot in der Lage ist, Bedürfnisse und Wünsche der Teilnehmer zu erfüllen. Auf der anderen Seite ist überbetrieblich erworbenes Wissen nur dann von Vorteil, wenn es in der Praxis auch umgesetzt werden kann. Welche Kompetenzen Teilnehmer während der Aneignung von Qualitätswissen im Hinblick auf die betriebliche Umsetzung entwickeln, ist die andere Frage. Es gibt Schlüsselfaktoren für die Umsetzung von Qualitätswissen wie:

- fachliche Kompetenzen,
- soziale Kompetenzen und
- didaktisch-methodische Kompetenzen.

Diese Kompetenzen sollen Seminarteilnehmern möglichst integrativ vermittelt werden. Diese Vermittlung ist eine der wichtigsten Funktionen überbetrieblicher Seminaranbieter und Weiterbildungsträger. Bei der Umsetzung von Qualitätskonzepten besteht ein ständiger Qualifikationsbedarf, der sich nicht nur auf die Aneignung fachlicher Kompetenzen bezieht, sondern vor allem Aspekte der Sozialkompetenz und didaktisch-methodische Kompetenzen einschließt. Schulungen können bei der integrativen Vermittlung dieser Kompetenzen einen wesentlichen Beitrag leisten.

Im Rahmen des Programms Qualitätssicherung des Bundesministers für Bildung, Wissenschaft, Forschung und Technologie wurde das vielfältige Angebot überbetrieblicher Seminarveranstaltungen zum Thema Qualität im Hinblick auf diese Schlüsselfaktoren untersucht.

2.2.1
Beschreibung des Ist-Zustandes
bei dem überbetrieblichem Transfer von Qualitätswissen

Die Analyse von Weiterbildungsangeboten zeigte, daß der Impuls für Wissensinnovation nicht von der betrieblichen Bildungsplanung ausgeht, sondern sich vor allem an unternehmensinternen personalen Faktoren, z.B. an Anregungen von Managern und Mitarbeitern, orientiert. Zudem wird neu erworbenes Wissen nur selten an die Abteilung Bildungswesen/Personalabteilung weitergegeben. Externe Schulungen spielen bei der Vermittlung von Fähigkeiten für die Umsetzung von Qualitätswissen eine untergeordnete Rolle. Weiterhin hat man festgestellt, daß Bemühungen des Unternehmens bei der Anregung zur Wissensinnovation im Qualitätsbereich deren Umsetzung noch am meisten beeinflussen. Management-Bemühungen wird dabei der meiste Einfluß zugesprochen. Wichtig ist, daß für die ausführende Ebene das Angebot an integrativen Seminaren nur halb so hoch ist wie für das mittlere Management, und diese Ebene nimmt auch nur selten Weiterbildungsmaßnahmen in Anspruch.

2.2.2
Umsetzung von Qualitätswissen

Umsetzung von Qualitätskonzepten wurde auf zweierlei Wegen untersucht. Zum einen interessierte das Angebot überbetrieblicher Seminarveranstalter für verschiedene Phasen (Initiierung, Realisierung, Stabilisierung) der Qualitätsinnovation. Zum anderen ist die Umsetzung von Qualitätswissen in Unternehmen und der Einfluß von Schulungen bedeutsam. Die meisten Seminarangebote konzentrieren sich auf die Initiierung und Realisierung von Qualitätskonzepten, die wenigsten bieten Seminare zu deren Stabilisierung an. Der Transfererfolg überbetrieblicher Wissensangebote ist zwar nicht gut, aber zumindest zufriedenstellend, da die meisten Teilnehmer die Transferschwelle „Anwendung des erworbenen Wissens in der betrieblichen Praxis" überwunden haben. Weitergehende Umsetzungen sind eher gering, da hier Fachkompetenz allein nicht mehr ausreicht, sondern vor allem Methoden- und Sozialkompetenz gefordert sind. Zudem müssen Kenntnisse möglichst an alle Hierarchiestufen weitergegeben werden, um eine große Reichweite des Wissens und die daraus resultierende Verbesserung zu erzielen.

2.2.3
Wissensinhalte

Der Wissensbedarf wurde ermittelt und das Seminarangebot analysiert, und zwar aufgeteilt nach Fach-, Sozial- und Methodenkompetenz.

2.2.3.1
Der Ist-Zustand

Es gibt eine deutliche Diskrepanz zwischen Seminarangebot und Nachfrage. Es existieren genügend Seminare zur Vermittlung fachlicher Kompetenzen im Hinblick auf Qualitätszirkel, Total Quality Management etc. In diesen Seminaren wird aber zu wenig auf Schlüsselprozesse und Schnittstellendefinitionen eingegangen. Sowohl Mitarbeiterorientierung als auch Prozeßorientierung wird kaum Beachtung geschenkt.

2.2.3.2
Soziale Kompetenz

Soziale Kompetenzen werden im Rahmen von Seminaren zum Thema Qualität nur sehr selten angeboten. Sozialkompetenzen vereinigen in sich alle Erkenntnisse, Verfahren und Techniken, die sich auf den zwischenmenschlichen Umgang und auf das Erleben und Verhalten des einzelnen gegenüber anderen beziehen. Es werden hier vor allem persönlich-charakterliche Grundfähigkeiten und soziale Fertigkeiten der Person angesprochen, die für die Umsetzung von Qualitätskonzepten in Unternehmen benötigt werden. Besonders die folgenden Fähigkeiten der Mitarbeiter sollten im Rahmen von Qualitätsseminaren geschult werden:

- Kommunikation,
- Mitarbeitermotivation,
- Kooperation und Teamarbeit,
- Gruppenarbeitstechniken,
- Erkennen von Gruppenprozessen und Gruppenphänomenen sowie
- Konfliktmanagement.

Deutlich wird die Diskrepanz zwischen Bedarf und Angebot bei Themen, die sich mit der eigenen Person auseinandersetzen. Es gibt kaum Seminare, die Selbst- und Fremdwahrnehmung, Stärken und Schwächen bzw. den Umgang mit dem eigenen Erfolg und Mißerfolg zum Thema haben. Obwohl also Sozialkompetenz ein sehr wichtiger Faktor in der betrieblichen Umsetzung von Qualitätswissen ist, wird das Seminarangebot dieser Tatsache nicht gerecht, denn der Schwerpunkt liegt immer noch bei der Vermittlung von Fachkompetenz. Sicherlich werden im Rahmen von Qualitätskonzepten auch Aspekte wie Kooperation und Teamarbeit angesprochen. Für einen effektiven Wissenstransfer ist das jedoch nicht ausreichend, da vor allem Prozesse der Gruppen- und Konfliktdynamik die Weitergabe von Wissen hemmen. Darüber hinaus wünschen sich Seminarteilnehmer mehr Praxisnähe und Umsetzbarkeit dessen, was sie in Seminaren gelernt haben. Theoretische Kommunikationsmodelle oder Motivationstheorien bringen ihnen unter dem Anwendungsaspekt zu wenig Vorschläge zur Gestaltung sozialer Beziehungen und konkrete Handlungsanweisungen.

Die Vermittlung sozialer Kompetenzen im Rahmen des Seminarangebots zu Qualitätswissen liegt also noch weit hinter dem eigentlichen Bedarf potentieller Seminarteilnehmer. Am ehesten wurde sie in Seminaren für verschiedene Ebenen des Managements aufgenommen.

2.2.3.3
Didaktisch-methodische Kompetenzen

Bei der Vermittlung von didaktisch-methodischen Kompetenzen ist ebenfalls ein Defizit im Angebot überbetrieblicher Seminarveranstaltungen festzustellen. Didaktische Methoden und Techniken werden im Seminar eher indirekt durch Aufbau und Gestaltung des Seminars und Nutzung von Medien vermittelt. Die Teilnehmer erhalten auf diese Weise lediglich Anregungen für die eigene Arbeit, werden aber nicht gezielt methodisch und didaktisch geschult. Oft besitzen sie nur geringe Kenntnisse über Methoden des individuellen Lernens und didaktische Strukturierung von Lehr- und Lernprozessen. Aber gerade diese Fähigkeiten sind im Rahmen des betrieblichen Wissentransfers besonders gefordert, denn nur eine gute Weitergabe der erworbenen Kenntnisse garantiert eine optimale Nutzung und Anwendung. Dabei benötigen die „Wissensvermittler" Methodenfertigkeiten im Bereich individuellen Lernens und Gruppenlernen. Individuelles Lernen beinhaltet vor allem das Arbeiten mit Seminarunterlagen, schriftliches und mündliches Arbeiten und verschiedene Arbeitstechniken. Gruppenlernen wiederum beschäftigt sich mit Gruppenarbeit, Moderationstechniken und Problemlösetechniken. Lernmethoden sollen gezielt für die Wissensaneignung des einzelnen bzw. der Gruppe genutzt werden. Methodenkompetenz wird benötigt, um das Lernen im Betrieb und am Arbeitsplatz optimal zu gestalten und damit den Transfer von Qualitätswissen zu ermöglichen.

Methodenkenntnisse im didaktischen Sinne sollten gezielt zum Seminarinhalt gemacht werden, um Teilnehmern das Handwerkszeug zu geben, in ihrem eigenen Unternehmen betriebsinterne Schulungen durchführen und Wissen weitergeben zu können. Zu beachten ist, daß Schulungen an einem Ort durchgeführt werden, an dem der Bezug zur Arbeit deutlich ist. Denn je weiter sich der Lernort vom eigentlichen Arbeitsplatz entfernt, desto schwieriger ist die Anwendung des Gelernten in der Praxis.

2.2.4
Teilnehmerorientierung

Teilnehmer wünschen sich eine aktive Einbeziehung in das Seminargeschehen. Vor allem sollen die theoretisch vermittelten Seminarinhalte an Fallbeispielen durchgesprochen und eine Verbindung zur Praxis hergestellt werden. Auch Übungen zur Anwendung der Theorie können bei der Veranschaulichung sehr hilfreich sein und den Wissenstransfer verbessern. Der Anwendungsbezug in Seminaren sollte im Vergleich zur Aneignung von Spezialwissen überwiegen. Besonders hilfreich ist die Ermittlung des Schulungsbedarfs, um noch besser auf die Wünsche der potentiellen Schulungsteilnehmer eingehen zu können.

Ein wichtiger Aspekt ist die Integration von fachlichen, sozialen und methodisch-didaktischen Kompetenzen im Rahmen eines Seminarangebotes, denn erst alle drei Aspekte zusammen versetzen den Seminarteilnehmer in die Lage, sein erworbenes fachliches Wissen am Arbeitsplatz umzusetzen und an andere Mitarbeiter weiterzugeben. Seine Handlungskompetenz wird erst durch diese Integration erhöht. Darüber hinaus ist die umsetzungsorientierte Gestaltung der Seminarunterlagen von großem Nutzen. Der Teilnehmer kann sein Wissen zu einem späteren Zeitpunkt auffrischen und weitergeben. Desweiteren sollte das Unternehmen den Teilnehmern die Möglichkeit zur Nachbereitung des Seminars geben, denn nur so profitieren Mitarbeiter und das Unternehmen tatsächlich von der Teilnahme an Seminaren.

2.2.5
Wissenstransfer

Die Untersuchung hat gezeigt, daß es vielfältige Angebote extern durchgeführter Seminare gibt. Bei der Auswahl bestimmter Seminare für die Qualifikation seiner

Mitarbeiter sollte nicht nur auf die fachlichen Inhalte, sondern insbesondere auf die Vermittlung von Sozial- und Methodenkompetenzen Wert gelegt werden. Bei externen Weiterbildungsmaßnahmen ist das Transferproblem, also die Umsetzung des Gelernten im Arbeitsfeld, immer präsent. Den Teilnehmern gibt man durch die Förderung der oben beschriebenen Kompetenzen ein Handwerkzeug , mit dem sie diesen Transfer optimal gestalten können.

Die Inhalte dieser Broschüre haben mich sehr nachdenklich gemacht. Die vorhandenen Weiterbildungsangebote scheinen mit der Vision des Lernenden Unternehmens nicht viel gemein zu haben. Gerade die integrative Vermittlung von Fach-, Methoden- und Sozialkompetenz scheint m.E. für die Verwirklichung dieser Vision essentiell zu sein. Ich fühle mich wirklich etwas überfordert, aus diesem Wust von Angeboten von Seminaren und Veranstaltungen das Richtige für meine fachliche und sozial-methodische Qualifizierung herauszusuchen. Ich entschließe mich, ein paar Tage darüber nachzudenken. In dieser Zeit lese ich in einer Fachzeitschrift einen Artikel zum Aufbau eines Qualitätsmanagement-Systems. Dort wurde die Deutsche Gesellschaft für Qualität (DGQ) in Frankfurt erwähnt. Vielleicht erhalte ich ja dort Antwort auf meine Fragen. Ich besorge mir also die Telefonnummer und ordere mir Informationsmaterial dieser Gesellschaft.
Eine erste Durchsicht des Materials zeigt, daß die DGQ selbst eine Reihe von Aus- und Weiterbildungsangeboten macht.

2.3
Weiterbildungsangebote

Die einzelnen Lehrgangsschritte sind für die Zielgruppe „Personen mit Hochschul- und Fachhochschulausbildung" konzipiert. Die Weiterbildung umfaßt mehrere Lehrgänge, die aufeinander aufbauen.
Es werden Kenntnisse im Bereich des Qualitätsmanagements (QM) vermittelt. Teilnehmer werden anhand von Vorträgen und Fallbeispielen aus der Industriepraxis mit erforderlichen Kenntnissen und Führungspraktiken vertraut gemacht. Sie sind am Ende der Weiterbildung in der Lage, das eigene spezifische QM-System nach dem Stand der Technik auf- oder auszubauen, eine Nachweisdokumentation einzurichten und selbständig interne Audits zu planen und durchzuführen. Weiterhin werden Führungstechniken in Zusammenhang mit der Organisation des Qualitätsmanagement, dem Wissen und der Handhabung ablauforganisatorischer Verfahren, den Problemen bei Produktrisiken und Produkthaftung sowie der Qualitätskostenanalyse vermittelt. Die Regelwerke DIN EN ISO 9000-1 bis DIN EN ISO 9004-1 und die daraus abgeleitete Qualitätsmanagementmaßnahmen werden besprochen. Der Lehrgangsblock schließt mit dem DGQ-Zertifikat „Qualitätsmanager QM" ab.
Aufbau der einzelnen Lehrgänge:
1. Qualitätsmanagementsysteme
2. Werkzeuge und statistische Methoden für das Qualitätsmanagement

3. Qualitätsinformation und Qualitätskosten
4. Qualitätsförderung
5. Prüfungslehrgang Qualitätsmanagement-Praxis (Prüfung zum DGQ-Qualitätsmanager)
6. Prüfungslehrgang DGQ-Auditor/ DGQ-Fachauditor

Dieses Angebot von der DGQ finde ich sehr ansprechend. Ich habe den Eindruck, es würde mir mit diesem Lehrgangsblock QM solides Fachwissen vermittelt. Allerdings schockiert mich ein wenig, daß ich weit über 20 Tage aus dem Unternehmen weg bin auf Seminaren. Ich höre mich in der nächsten Zeit ein wenig bei befreundeten Unternehmen, Kunden und Zulieferern um, und erfahre, daß dieses „QM-Zertikat" in der Industrie recht anerkannt ist. Ich glaube, die QM-Ausbildung bei der DGQ in Frankfurt wird das Richtige für mich sein. Zunächst muß ich mir selbst einmal das notwendige fachliche Wissen für den Aufbau und die Weiterentwicklung von QM-Systemen aneignen, bevor ich dann Lern- und Veränderungsprozesse in meinem Unternehmen initiieren kann. Die Geschäftsführung ist dieser Argumentation auch gefolgt und hat mir die Teilnahme an den Lehrgängen in den nächsten Wochen und Monaten genehmigt.

Literatur:

Berger, K., Brauer, J.-P., Grabowski, S., Kamiske, G. F., Schnauber, H. & Specht, D. (1995): Qualitätsmanagement in der betrieblichen Umsetzung. Schlüsselfaktoren und Erfahrungen. Rhiem Druck, Kaiserstr. 163, 47178 Duisburg.

Qualitätsmanagement (1996): DGQ-Lehrgänge, DGQ-Prüfungen und Zertifizierung. Deutsche Gesellschaft für Qualität e. V.

Kapitel 3

Kräfte schöpfen: Die Kraftfeldanalyse

Die nächste Zeit verbringe ich nun in Seminaren und Lehrgängen. Ich lerne die Klaviatur des Qualitätsmanagements in allen Lagen zu spielen, zumindest in meiner Vorstellung. Und tatsächlich – Diese Seminare sind wirklich so gestaltet, als ob es im Betrieb dann reibungslos funktioniert, aber was in meinem Unternehmen für Personen und Königreiche existieren, davon wissen die Dozenten ja nichts. Alles erscheint immer so plausibel. Zwar gibt es auch Stimmen, die ihre eigene Ohnmacht im Unternehmen beklagen, aber alles in allem verlaufen die Lehrgänge recht reibungslos. Des Abends denke ich oft über mein eigenes Unternehmen nach. Wie werde ich das Gelernte umsetzen, wer oder was wird dabei wohl behindernd sein, oder welche Rahmenbedingungen werden das Vorhaben begünstigen?

Zu dieser Thematik haben wir eine interessante Methode kennengelernt, nämlich die sogenannte Kraftfeldanalyse. Wir haben die Kraftfeldanalyse auf die Einführung eines Qualitätsmanagementsystems in Unternehmen angewandt, und da zeigte sich ganz klar, welche fördernden und hemmenden Faktoren es bzgl. der Einführung des QMS gibt. Ich denke an die Präsentation zu dieser Gruppenübung und schaue die Unterlagen zur Kraftfeldanalyse einschließlich der Metaplancharts an.

Als ich das Ergebnis-Chart noch einmal in Ruhe betrachte, fällt mir auf, daß bei den hemmenden Faktoren auf einigen Karten das Wort „Widerstand" zu lesen ist: Widerstand von seiten der Mitarbeiter, Widerstand bei den Vorgesetzten und auch Widerstand bei der Geschäftsführung. Plötzlich steht Mr. Change neben mir:

„Die Kraftfeldanalyse hilft, auch zwischenmenschliche Aspekte zu beleuchten und das ist beim Management des Wandels von besonderer Bedeutung. Die Einführung eines Qualitätsmanagementsystems stellt einen Veränderungsprozeß dar, und es ist hilfreich, diese Situation als ein Kraftfeld zu betrachten. Aus dieser Perspektive ist Widerstand nicht negativ, sondern geradezu eine wesentliche Komponente im Veränderungsprozeß."

3.1 Der Veränderungsprozeß als Kraftfeld

Grundlage für das Verständnis von organisationalen Veränderungsprozessen ist die Feldtheorie von Kurt Lewin (1951). Lewin unter-

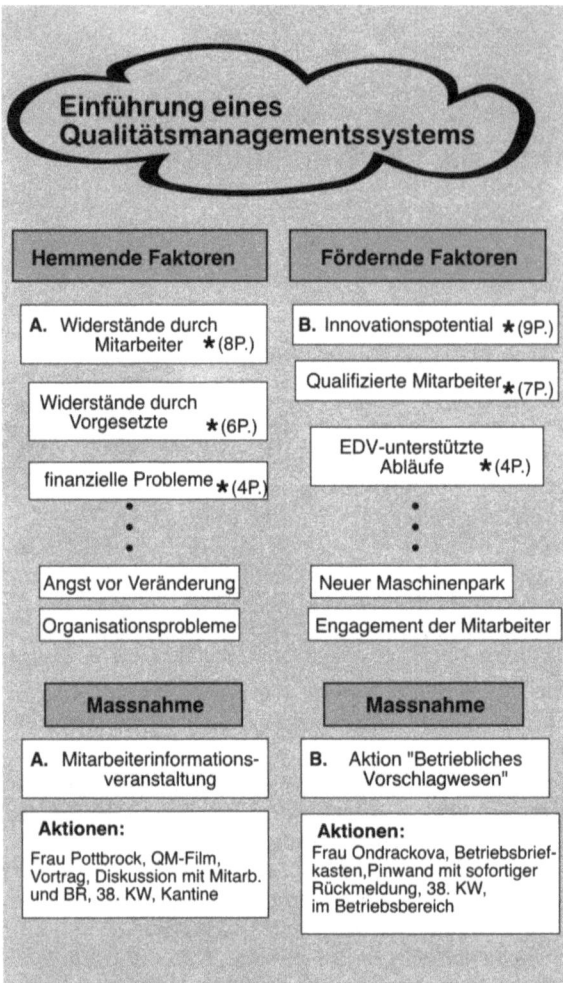

Abb. 5 Ergebnis-Chart der Kraftfeldanalyse

suchte das Verhalten von Personen in ihrem Lebensraum, d.h. in ihrem psychologischen Kräftefeld. Es umfaßt alle Kräfte, die das Verhalten eines Menschen beeinflussen bzw. verändern können: „Dieses Feld ist für das handelnde Individuum eine Anordnung und Gestalt von Bedeutungen. Der Mensch bewegt sich in einem für ihn bedeutungsvollen Raum: Eine bestimmte Situation wird als bedrohlich empfunden, eine Zielsetzung als Herausforderung, [...] ein Mensch als Ärgernis, etwas anderes als Hindernis auf dem Weg zum Ziel usw." (Comelli, 1985, S. 51) Diese Sichtweise der Situation in Organisationen ist deshalb hilfreich, weil sich hierdurch die Stabilität eines Systems gegenüber Veränderungsbemühungen beschreiben läßt. Lewin geht davon aus, daß in jeder Situation sowohl solche Kräfte existieren, die auf den Wandel drängen, wie auch Kräfte, die den Wandel behindern.

„Jede Organisation muß, wenn sie auf Dauer überleben will, für ein Gleichgewicht zwischen den die bestehende Struktur stabilisierenden und den progressiven, akzelerierenden Kräften sorgen. Sind die retardierenden Kräfte im Übergewicht, so ist der

Widerstand gegenüber Wandlungsprozessen zu stark; [...] überwiegen dagegen die progressiven Kräfte, und führen zu einem permanenten Prozeß des Wandels, so kommt die Organisation nicht zur Ruhe, die innere Unsicherheit verhindert eine notwendige Systemstabilität" (Staehle, 1994, S. 562)

Die Problemlösungstechnik „Kraftfeldanalyse" macht sich diese Sichtweise organisationaler Veränderung zunutze.

3.2
Die Kraftfeldanayse als Problemlösungstechnik

Das Charakteristikum der Kraftfeldanalyse ist also die Vorstellung von Ursache und Wirkung als hemmende und fördernde Kräfte innerhalb des (Lebens-) Raumes des handelnden Individuums bzw. einer Gruppe von Individuen.

Kern der Kraftfeldanalyse ist die Suche nach den hemmenden und fördernden (Feld-)Kräften für eine (Problem-)Situation, deren Bedeutungsgehalt (Definition des Problems und Zielformulierung) in der Gruppe bearbeitet wurde.

Wie die Abbildung 6 zeigt, erfolgt die Durchführung einer Kraftfeldanalyse in acht Schritten.

Die Kraftfeldanalyse vereinigt verschiedene bewährte Prinzipien der Problembearbeitung und -lösung:

- Zu Beginn das Problem genau definieren
- Unterscheiden von Problem und Ziel und die explizite Formulierung einer Zielhierarchie von Haupt-, Neben- oder Unterzielen
- Trennung von Ursachenanalyse und Lösungssuche
- Verpflichtung zur Planung der Umsetzung (Wer?, Was?, Wann?)

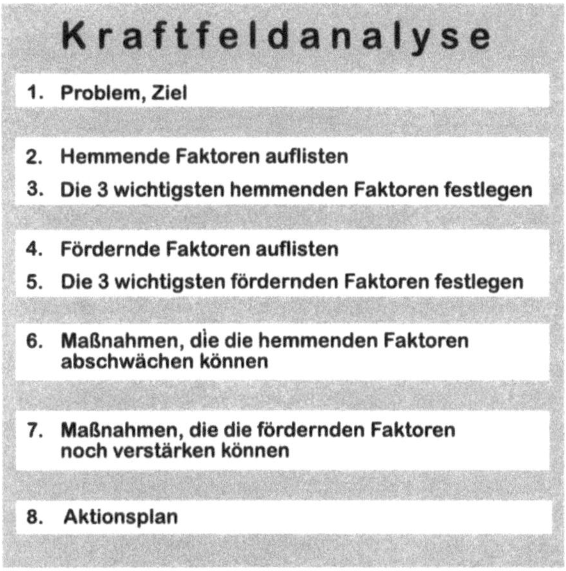

Kraftfeldanalyse

1. Problem, Ziel

2. Hemmende Faktoren auflisten
3. Die 3 wichtigsten hemmenden Faktoren festlegen

4. Fördernde Faktoren auflisten
5. Die 3 wichtigsten fördernden Faktoren festlegen

6. Maßnahmen, die die hemmenden Faktoren abschwächen können

7. Maßnahmen, die die fördernden Faktoren noch verstärken können

8. Aktionsplan

Abb. 6 Die acht Schritte der Kraftfeldanalyse

Im Vergleich zu anderen Problemlösetechniken bildet die Kraftfeldanalyse nicht nur einen Teil des Problemlösungsprozesses ab (z.B. Ursachenanalyse beim Ishikawa-Diagramm, siehe auch Kap. 15), sondern unterstützt den Prozeß von der Problemdefinition bis zum Aktionsplan. Somit sind bei der Bearbeitung einer Kraftfeldanalyse auch bzgl. des problemlösenden Verhaltens verschiedene Prozesse zu unterscheiden, vor allem eher analytisch-kognitiv orientierte und eher synthetisch-kreative Prozesse.

Beim Einsatz in Gruppen hat sich die Unterstützung durch Moderationstechniken bewährt. Insbesondere Kartenabfrage (Schritte 2 und 3) und Punktbewertung (Schritte 3 und 5) sind hier zu empfehlen.

Aufgrund der genannten Vorzüge ist die Kraftfeldanalyse in vielen Situationen von Veränderungsprozessen und -projekten einsetzbar. Besonders hilfreich ist sie jedoch zur Standortbestimmung zu Beginn oder während eines Veränderungsprojektes oder bei unscharf formulierten bzw. komplexen Problemen.

3.3
Retardierende Kräfte – der konstruktive Umgang mit Widerstand

Die Lewinsche Feldtheorie erleichtert auch den Umgang mit einer anderen bekannten Erscheinung im Veränderungsprozeß: Widerstände von beteiligten Personen bzw. Personengruppen.

Dieses Phänomen wird von Promotern des Wandels oftmals als unangenehm oder lästig empfunden. Aus der Sicht der Feldtheorie jedoch sind die retardierenden Kräfte unabdingbare Komponenten der Systemstabilität. Dennoch gilt es, diese hemmenden Kräfte zu vermindern, um eine Veränderung des Systems zu bewerkstelligen.

Was aber versteht man unter Widerstand?

Wenn Entscheidungen oder Maßnahmen, die der Unternehmensleitung als sinnvoll erscheinen, bei einzelnen Mitarbeitern, Gruppen oder bei der ganzen Belegschaft auf Ablehnung stoßen, Bedenken erzeugen oder unterlaufen werden, kann von Widerstand gesprochen werden (Doppler & Lauterburg, 1994).

Es gibt vier wichtige Grundsätze im Umgang mit Widerstand (Doppler & Lauterburg, 1994):

1. *ES GIBT KEINE VERÄNDERUNG OHNE WIDERSTAND!*
   Widerstand stellt eine Form von retardierenden oder hemmenden Kräften dar, ohne die eine Situation nicht denkbar ist. Aufgabe des Managers des Wandels muß es daher sein, diese hemmenden Kräfte entweder abzuschwächen, oder in eine andere Richtung umzulenken, so daß die darin blockierten Energien und Kräfte gewinnbringend für die Veränderung eingesetzt werden. Widerstand gegen Veränderung ist so selbstverständlich, daß eher das Ausbleiben von Widerstand Beunruhigung auslösen sollte als das Auftreten.

2. *WIDERSTAND ENTHÄLT IMMER EINE „VERSCHLÜSSELTE" BOTSCHAFT!*
   Hiermit ist gemeint, daß die Ursachen für Widerstand eher im emotionalen denn im rationalen Bereich liegen. Menschen hegen Bedenken, Befürchtungen oder Angst gegenüber den getroffenen oder einzuleitenden Veränderungsmaßnahmen. Jeder Mitarbeiter und jede Mitarbeiterin stellen sich einige der folgenden Fragen, wenn sie mit Veränderung konfrontiert werden: Warum und wozu das Ganze? Was ist das Ziel? Kann ich das?. Kann ich die neuen bzw. zusätzlichen Aufgaben erfüllen?

	verbal (Reden)	non-verbal (Verhalten)
aktiv (Angriff)	**Widerspruch** Gegenargumentation Vorwürfe Drohungen Polemik Sturer Formalismus	**Aufregung** Unruhe Streit Intrigen Gerüchte Cliquenbildung
passiv (Flucht)	**Ausweichen** Schweigen Bagatellisieren Blödeln ins Lächerliche ziehen Unwichtiges debattieren	**Lustlosigkeit** Unaufmerksamkeit Müdigkeit Fernbleiben innere Emigration Krankheit

Abb. 7 Symptome für Widerstand (nach: Doppler & Lauterburg, 1994))

Wie stehen meine Entwicklungschancen? Will ich das?, Welche Motive könnten mich dazu bewegen, diese Veränderung zu unterstützen? Ist die Tätigkeit interessant, ist sie im betrieblichen Umfeld gut angesehen? Komme ich in Kontakt mit beliebten Kollegen/ Vorgesetzten? Sind meine Sicherheitsbedürfnisse befriedigt? Besteht das Risiko des Arbeitsplatzverlustes? Widerstand entsteht dann, wenn eine oder mehrere dieser Fragen von den Mitarbeitern nicht oder nicht angemessen beantwortet werden können.

3. *NICHTBEACHTUNG VON WIDERSTAND FÜHRT ZU BLOCKADEN!*
   Widerstand ist ein (Alarm-) Signal, das nicht übergangen werden darf. Die Voraussetzungen für den Veränderungsprozeß sind nicht bzw. noch nicht gegeben. Um diesen Grundsatz zu erfüllen, muß man darin geübt sein, Widerstand zu erkennen. Es gibt eine Reihe von Symptomen für Widerstand (vgl. Bild 7). Eine wichtige Unterscheidung ist zwischen offenem und verdecktem Widerstand zu treffen. Letzere Form ist sehr viel schwieriger zu handhaben als die offene Konfrontation. Eine spezielle Form des verdeckten Widerstandes spiegelt sich in folgender Geschichte wider:
4. *MIT DEM WIDERSTAND, NICHT GEGEN IHN GEHEN!*
   Das japanische Prinzip des Judos ist auch für den konstruktiven Umgang mit Widerständen hilfreich: Die Energie des Gegners aufnehmen, d.h. den

> Diese Geschichte handelt von vier Personen. Sie hießen
> ***jeder,***
> ***irgendjemand,***
> ***irgendeiner*** und
> ***niemand***.
> Eines Tages war eine wichtige Aufgabe zu erledigen und ***jeder*** war sicher, daß ***irgendjemand*** sie erledigen würde. ***Irgendeiner*** hätte sie machen können, aber ***niemand*** tat es. ***Irgendjemand*** wurde wütend darüber, denn es war eine Arbeit, die eigentlich ***jeder*** hätte erledigen können. ***Jeder*** dachte, daß ***irgendeiner*** die Arbeit schon tun würde, aber ***niemand*** wurde klar, daß keiner sie tatsächlich in Angriff nahm. Es endete damit, daß ***jeder irgendjemand*** dafür verantwortlich machte, daß eine Arbeit, die alle hätten tun können, von ***niemand*** gemacht wurde.

Abb. 8 Vertikaler und lateraler Wissenstransfer (nach: Ochsner, 1975)

Bewegungen des Gegners folgen, und somit dem Widerstand Raum geben, die Energie in die eigene Bewegungsfolge einbauen, so daß die gegnerische Energie letztendlich in die gewünsche Bewegungsrichtung umgelenkt wird. Dieser fernöstlicher Weisheit entsprungene Umgang mit Widerstand erfordert vor allem einen selbst-reflexiven Umgang mit sich selbst. Oftmals steht sich der Manager des Wandels beim Auftreten von Widerständen selbst im Wege. Bereits lange Zeit mit der Konzeption und den Vorbereitungen für das Veränderungsprojekt beschäftigt, kann sich der Veränderungspromotor nicht mehr in die Lage der Betroffenen hineinversetzen, in der er ja selbst zu Beginn seiner Arbeit auch war. Die vielen Zweifel, Diskussionen, Bedenken und Schwierigkeiten, die er selbst zusammen mit seinem Projetkteam über längere Zeit hinweg ausgeräumt hat, sind ihm nun, da es an die Umsetzung des Projektes gehen soll, nicht mehr gegenwärtig. Daher reagieren viele Promotoren des Wandels beim Auftreten von Widerständen eher mit Ärger und Ungeduld. Die Verwirklichung des „Judo"-Prinzips fordert hingegen von ihm, sich von seinen eigenen Gedanken zu lösen, sich in die Lage des anderen hineinzuversetzen, seine Sicht der Dinge anzuhören, zu begreifen und nachzuempfinden, um dann zusammen mit den beteiligten Personen (-gruppen) in Konsens ein gemeinsames Vorgehen festzulegen und durchzuführen.

Die meistgenannten Formen des Umgangs mit Widerstand sind:

- Information,
- Partizipation,
- Unterstützung/Hilfe,
- Verhandlung,
- Kooptation/Manipulation und
- Zwang. (Staehle, 1994, S. 925)

„Nicht die Dinge selbst beunruhigen die Menschen, sondern ihre Urteile und Meinungen über sie" (Epiktet, ca. 1. Jh. n. Chr.).

Literatur:
Comelli, Gerhard (1985): Training als Beitrag zur Organisationsentwicklung, Handbuch der Weiterbildung für die Praxis in Wirtschaft und Verwaltung, Bd. 4. München – Wien.
Doppler, K. & Lauterburg, Ch. (1994): Change Management: Den Unternehmenswandel gestalten. New York – Frankfurt/ Main.
Lewin, Kurt (1938): The conceptual representation and the measurement of psychological forces, Durham/ N.C. 1938. Zitiert in Comelli (1985): Training als Beitrag zur Organisationsentwicklung.
Lewin, K. (1951): Field theory and social science. New York.
N.N.: Epiktet, Teles und Musonius – Wege zum Glück. München (1991).
Staehle, W. (1994): Management, 7. Auflage. Wiesbaden.

Kapitel 4

Reiseproviant

Die Lehrgangs- und Seminartage fliegen nur so an mir vorbei. Und eines Montags morgens sitze ich wieder in meinem Büro und plane die zukünftige Vorgehensweise. Dabei sortiere ich meine Unterlagen nach den für mich wesentlichen Themen. Ich bereite eine Informationsunterlage für eine Auftaktsitzung vor, die die wesentlichen Inhalte des Lehrgangs, wie die Gründe für die Einführung eines QMS, Begriffe des QMS, die DIN EN ISO 9000-Familie und deren wesentliche Komponenten enthält. Ich denke, ich muß in kürzester Zeit in unserem Unternehmen arbeitsfähig werden und mich zunächst einmal auf das Wesentliche beschränken.

4.1
Gründe für die Einführung eines Qualitätsmanagementsystems

Qualität ist ohne Zweifel einer der bedeutendsten Wettbewerbsfaktoren. Unternehmen, die die immense Bedeutung des Qualitätsmanagements nicht erkennen, werden in Zukunft Schwierigkeiten haben, sich auf den immer globaler werdenden Märkten mit gestiegenen Kundenanforderungen zu behaupten.

Weiterhin verlangen zahlreiche öffentliche und private Auftraggeber von ihren Lieferanten den Nachweis eines funktionierenden und zertifizierten Qualitätsmanagementsystems. Die Normenreihe der ISO 9000ff. bietet die Möglichkeit eines solchen Nachweises und ist vielfach ein Hauptkriterium bei der Lieferantenauswahl geworden.

Ein weiterer Grund für die Einführung eines Qualitätsmanagementsystems ist die Verschärfung des Produkthaftungsgesetzes (ProdHaftG). Dieses trat am 1.1.1990 in Kraft und legte die verschuldensunabhängige Haftung des Herstellers fest. Dabei ist der Begriff *Hersteller* sehr weit gefaßt. Auch Händler und Vertreiber von Produkten können als Hersteller angesehen werden, insbesondere dann, wenn der eigentliche Hersteller nicht ermittelt werden kann. Diese haften für Schäden, die durch ein fehlerhaftes Produkt entstanden sind. Eine Möglichkeit einer Schuldenbefreiung ist in Einzelfällen der Nachweis des Vorhandenseins eines Qualitätsmanagementsystems (vgl. Kamiske/ Brauer, 1992).

4.2
Der Begriff Qualitätsmanagement

Bei der Einführung von Qualitätsmanagementsystemen muß man sich zuerst über den Begriff Qualität im klaren sein. Umgangssprachlich wird Qualität häufig gleichgesetzt mit hervorragender Güte.

In der ISO 8402 wird Qualität definiert als:
„Gesamtheit von Merkmalen (und Merkmalswerten) einer Einheit bezüglich ihrer Eignung, festgelegte und vorausgesetzte Erfordernisse zu erfüllen."

Abweichungen von den festgelegten und vorausgesetzten Erfordernissen sind Fehler. Demzufolge bedeutet Qualität die Abwesenheit von Fehlern.

Managen wird im Duden als *leiten, geschickt bewerkstelligen, organisieren* beschrieben. „Qualitätsmanagement ist demnach so zu verstehen, daß die Unternehmensleitung (das Management) das Sachgebiet Qualität selbst in die Hand nimmt und die entsprechenden Werkzeuge so handhabt, daß konsequent und permanent Verluste bekämpft und vermieden werden. Dies wird dann am wirkungsvollsten sein, wenn alle Funktionen und alle Mitarbeiter Qualitätsmanagement als Teil ihrer eigenen Aufgabenstellung verstehen" (DGQ, 1994). Die DIN ISO 8402 definiert Qualitätsmanagement als:

> „alle Tätigkeiten der Gesamtführungsaufgabe, welche die Qualitätspolitik, Ziele und Verantwortung festlegen sowie diese durch Mittel wie Qualitätsplanung, Qualitätslenkung, Qualitätssicherung und Qualitätsverbesserung im Rahmen des Qualitätsmanagementsystems verwirklicht."

Zusammengefaßt besteht die Aufgabe des Qualitätsmanagements darin, die grundlegenden Ziele und Absichten hinsichtlich Qualität in der Qualitätspolitik festzuschreiben. Diese werden durch Mittel wie Qualitätsplanung, Qualitätslenkung, Qualitätssicherung und Qualitätsverbesserung unter Einbeziehung aller Mitarbeiter realisiert. Die Qualitätssicherung macht also lediglich einen Teil des Qualitätsmanagements aus. Seine Aufgabe besteht darin, alle geplanten Tätigkeiten strukturiert und systematisch innerhalb des Qualitätsmanagements zur Umsetzung zu bringen.

4.3
Die Normen – Familie DIN EN ISO 9000 ff.

4.3.1
Einführung, Idee und System der DIN EN ISO 9000 ff.

In den 80er Jahren entstanden in zunehmendem Maße sowohl branchenspezifische als auch nationale Regelwerke, die in erheblichem Maße zu Handelshemmnissen führten (DGQ, 1994). Die Unternehmen waren gezwungen, für unterschiedliche Kunden in den einzelnen Ländern unterschiedliche Dokumentationen anzufertigen, um die jeweils national geforderten Qualitätsstandards erfüllen zu können. Dies machte einen erheblichen organisatorischen Aufwand erforderlich.

Die ISO (Internationale Organisation für Normung), eine weltweite Vereinigung nationaler Normungsinstitute, betraute ein Komitee mit der Ausarbeitung einer international einheitlichen, branchenübergreifenden Norm für Qualitätsmanagementsysteme.

Das ISO Komitee TC 176 befaßte sich mit der Ausarbeitung einer Norm auf der Grundlage der damals bekannten Regelwerke und legte 1987 die erste Fassung der ISO 9000-Familie vor. Zahlreiche Überarbeitungen folgten.

Mit dem Normenwerk der DIN EN ISO 9000-9004 existiert nunmehr ein internationaler Leitfaden, der mit Hilfe von Qualitätselementen ein branchenneutrales, weitgehend allgemeingültiges Qualitätsmanagementsystemmodell beschreibt.

„Hauptzweck der Norm ist es, die Systeme und Prozesse so zu verbessern, daß eine kontinuierliche Qualitätsverbesserung erreicht werden kann." (ISO 9000)

Auch wenn es ein standardisiertes Qualitätsmanagementsystem nicht geben kann, da ein Qualitätsmanagementsystem immer unternehmensspezifisch ist und das Umfeld des Unternehmes berücksichtigen muß, lassen sich Rahmenempfehlungen formulieren. Das ISO – Modell kann Ausgangspunkt für die Gestaltung eines Qualitätsmanagementsystems sein. Daher beschreiben die internationalen Normen der 9000-Familie, was Elemente eines Qualitätssicherungssystems bewirken sollen, nicht aber, wie die jeweilige Organisation diese Elemente ausgestalten sollte. Somit läßt sich ein Qualitätsmanagementsystem objektivierbar hinsichtlich der Kernelemente überprüfen, ohne es zu standardisieren.

4.3.2
Aufbau des Regelwerkes

Die Normen DIN EN ISO 9000-9004 stellen zusammen ein abgestuftes Regelwerk dar. Das Regelwerk besteht zum einen aus einem Leitfaden, der aufzeigt, wie dieses Regelwerk angewendet und verstanden werden soll (DIN EN ISO 9000). Weiterhin ist die Handlungsanleitung zur Gestaltung von Qualitätsmanagementsystemen im Sinne dieses Regelwerkes (DIN EN ISO 9004) ein wesentlicher Bestandteil der Norm. Die sogenannten „Nachweisstufen" (DIN EN ISO 9001, 9002, 9003) sind die eigentlichen Normen, nach denen sich die Unternehmen zertifizieren lassen können.

Die Normen im einzelnen:

- *DIN EN ISO 9001: Qualitätsmanagementsystem; Modell zur Darlegung des Qualitätsmanagements in Design/ Entwicklung, Produktion, Montage und Wartung*
  Dieses Regelwerk wird angewendet, wenn Forderungen an Produkte und Dienstleistungen oder Prozesse gestellt werden, für die Leistungsangaben zu spezifizieren sind und der Lieferant bzw. Auftragnehmer die volle Verantwortung von der Entwicklung bis zur Wartung übernimmt.

- *DIN EN ISO 9002: Qualitätsmanagementsystem; Modell zur Darlegung des Qualitätsmanagements in Produktion, Montage und Wartung*
  Dieses Regelwerk wird angewendet, wenn die Entwürfe und die Spezifikation für Produkte und Prozesse sowie andere Tätigkeiten vorliegen und sich die Forderungen der Nachweisführung nur auf Eignung der Produktion bzw. Montage beziehen.

- *DIN EN ISO 9003: Qualitätsmanagementsystem; Modell zur Darlegung des Qualitätsmanagements bei Endprüfung*
  Dieses Regelwerk wird angewendet, wenn Entwicklung/Konstruktion, Produktion und Nutzung sowie Produkt- und Prozeßinformationen festliegen und die Forderungen der Nachweisführung sich hauptsächlich auf die Endprüfung beziehen.

Abb. 9 Aufbau des Regelwerkes

Der Aufbau der einzelnen Nachweisstufen von 9001–9003 unterscheidet sich nicht. Die Anforderungen, welche die einzelnen Nachweisstufen verlangen, sind jedoch unterschiedlich. So stellt die Nachweisstufe 9001 die höchsten Anforderungen und die Stufe 9003 die geringsten. Die Unternehmen werden nach der Nachweisstufe zertifiziert, die für ihre Gegebenheiten vorgesehen ist.

4.4 Qualitätsmanagementelemente

Im folgenden werden die 20 Elemente der DIN EN ISO 9001–9003 kurz aufgelistet und steckbriefartig beschrieben.

4.4.1
Verantwortung der Leitung

Die Norm verlangt von der Unternehmensleitung, die Qualitätspolitik festzulegen. Alle Mitarbeiter sind auf diese Qualitätspolitik und die Zielsetzung des Unternehmens zu verpflichten. In der Verantwortung der Unternehmensleitung liegt es, dafür Sorge zu tragen, daß die Qualitätspolitik von allen Mitarbeitern verstanden und gelebt wird. Die Verantwortungen und Befugnisse aller Mitarbeiter in bezug auf die Qualität müssen geregelt sein. Die Wirksamkeit des QM-Systems ist in festgelegten Zeitabständen zu bewerten.

4.4.2
Qualitätsmanagementsystem

Um sicherzustellen, daß ein Produkt die festgelegten Qualitätsforderungen erfüllt, muß ein QM-System eingeführt, dokumentiert und aufrechterhalten werden. Hierbei legt die Qualitätsplanung fest, wie die Qualitätsforderungen (an Produkte) erfüllt werden sollen.

4.4.3
Vertragsprüfung

Durch die Vertragsprüfung wird sichergestellt, daß vor der Unterbreitung eines Angebotes oder der Annahme eines Vertrages oder Auftrages eine Prüfung erfolgt. Die Vertragsprüfung stellt sicher, daß Zusagen hinsichtlich Funktion, Termin, Menge, ggf. Preis erst nach positiver Prüfung gegenüber dem Kunden gemacht werden. Es sind entsprechende Dokumente zu erstellen und aufzubewahren.

4.4.4
Designlenkung

Bereits bei der Entwicklung und Konstruktion wird das Fundament für die spätere Qualität des Erzeugnisses gelegt. Um die Erfüllung der festgelegten Qualitätsforderung sicherzustellen, muß die Entwicklung und Konstruktion von Produkten geplant, gelenkt und überwacht werden. Die Pläne müssen die erforderlichen Tätigkeiten beschreiben oder auf sie Bezug nehmen sowie die Verantwortung für ihre Verwirklichung festlegen.

4.4.5
Lenkung der Dokumente und Daten

Zur Lenkung der Dokumente und Daten muß der Lieferant Verfahrensanweisungen erstellen und aufrechterhalten sowie die Erstellung, Kennzeichnung, Prüfung, Freigabe, Verteilung, Einzug, Änderung und Aufbewahrung der Dokumente festlegen. Dokumente externer Herkunft sind dabei eingeschlossen.

4.4.6
Beschaffung

Zur Sicherstellung der Einhaltung von Qualitätsforderungen beschaffter Produkte ist es notwendig, geeignete Unterlieferanten auszuwählen. Eine Beschaffung erfolgt nur bei freigegebenen, qualitätsfähigen Unterlieferanten, die einer Bewertung unterliegen. Zu beschaffende Produkte sind in der Bestellung klar zu spezifizieren. Beschaffte Produkte unterliegen einer Prüfung.

4.4.7
Lenkung der vom Kunden beigestellten Produkte

„Vom Kunden beigestellte Produkte" sind Eigentum des Kunden (Auftraggeber). Sie werden an den Hersteller zur Weiterverarbeitung oder Integration in das zu liefernde Produkt abgegeben. Mit diesem Element wird sichergestellt, daß beigestellte Produkte eine angemessene Überprüfung (Verifizierung), Lagerung und Erhaltung erfahren.

4.4.8
Kennzeichnung und Rückverfolgbarkeit von Produkten

Dieses Element beschreibt die Verfahren zur Kennzeichnung und Rückverfolgbarkeit von Produkten ausgehend von der Entgegennahme und während aller Phasen der Produktion, Lieferung und Montage. Der Werdegang und der Ort eines Produktes werden anhand von Aufzeichnungen nachgewiesen.

4.4.9
Prozeßlenkung

In diesem Element wird gefordert, daß alle Produktions-, Montage- und Wartungsprozesse, welche die Qualität direkt beeinflussen, identifiziert, geplant und beherrscht werden. Die Produktionseinrichtungen müssen geeignet sein, die festgelegten Qualitätsanforderungen zu erfüllen. Die qualitätsbeeinflussenden Faktoren müssen ermittelt und die Abläufe entsprechend geplant werden.

4.4.10
Prüfungen

Dieses Element beschreibt die Maßnahmen, die sicherstellen, daß die hergestellten bzw. zugelieferten Produkte oder Dienstleistungen die festgelegten Qualitätsforderungen erfüllen. Als Qualitätsforderung sind hierbei sowohl die Kundenanforderungen und die gesellschaftlichen Forderungen als auch die internen Forderungen an das Produkt oder Teilprodukt zu sehen. Prüfungen werden als Eingangsprüfungen, Zwischenprüfungen und Endprüfungen durchgeführt. Diese Prüfungen müssen geplant, ausgewertet und dokumentiert werden.

4.4.11
Prüfmittelüberwachung

Dieses Normelement regelt die Überwachung und Auswahl aller Prüf- und Meßmittel, welche zur Einhaltung von geforderten Produkt-Qualitätsmerkmalen eingesetzt werden.

4.4.12
Prüfstatus

Es ist sicherzustellen, daß nur solche Produkte weitergeleitet werden (betriebsintern oder extern), welche die jeweils vorgesehenen Qualitätsprüfungen bestanden haben. Weiterhin sollte aus dem Prüfstatus auch der Prozeßfortschritt erkennbar sein.

4.4.13
Lenkung fehlerhafter Produkte

Dieses Element beschreibt den Umgang mit solchen Produkten, welche Abweichungen von der Qualitätsforderung aufweisen. Hierbei ist sicherzustellen, daß fehlerhafte Produkte nicht weiterverarbeitet oder ausgeliefert werden. Dabei bezieht sich die Auslieferung auch auf eine innerbetriebliche Auslieferung bzw. Weiterleitung zwischen zwei Bearbeitungsstationen.

4.4.14
Korrektur und Vorbeugemaßnahmen

Um fortwährende Qualität sicherzustellen und Wiederholungsfehler zu vermeiden, müssen Störursachen gezielt lokalisiert und beseitigt werden können. Dieses Element fordert, die hierfür festzulegenden Maßnahmen zu dokumentieren.

4.4.15
Handhabung, Lagerung, Verpackung, Konservierung und Versand

Dieses Element fordert eine Dokumentation der notwendigen Maßnahmen, um einen qualitätsgerechten Umgang mit Produkten sicherzustellen. Der Schwerpunkt dieses Normenelementes ist es, in jeder Phase eine Beeinträchtigung oder Beschädigung des Produktes zu verhindern und Verwechselungen auszuschließen.

4.4.16
Lenkung von Qualitätsaufzeichnungen

Qualitätsaufzeichnungen dienen als Nachweis der geforderten Qualität und der Wirksamkeit des Qualitätsmanagementsystems. In diesem Element werden die erforderlichen Maßnahmen zur ordnungsgemäßen Zusammenstellung, Archivierung und Pflege von Qualitätsaufzeichnungen beschrieben.

4.4.17
Interne Qualitätsaudits

Um die Einhaltung und Wirksamkeit des Qualitätsmanagementsystems systematisch zu überprüfen und neuen Anforderungen anzupassen, werden interne Qualitätsaudits durchgeführt. Hierbei kann zwischen Systemaudits (Betrachtung des Gesamtsystems), Verfahrensaudits (Untersuchung von Verfahrensanweisungen und Arbeitsanweisungen) und Produktaudits (Betrachtung eines bestimmten Produktes) unterschieden werden. Dieses Element fordert nun eine Festlegung und Dokumentation der Audits. Dies bezieht sich nicht nur auf die Ergebnisse der Audits, sondern auch auf die Planung und Festlegung der Zuständigkeit.

4.4.18
Schulung

Ziel dieses Normenelementes ist es, eine ausreichende Personalqualifikation sicherzustellen und aufrechtzuerhalten, wobei das Qualitätsbewußtsein auf allen Mitarbeiterebenen gefördert werden muß.

4.4.19
Wartung

In zunehmenden Maße wird Qualität nicht nur anhand des Produktes, sondern auch Wartung/ Kundendienst und hinsichtlich Verhalten des Unternehmens am Markt beurteilt. Es muß betont werden, daß sich dieses Element nicht auf die innerbetriebliche Wartung von Betriebsmitteln bezieht. Vielmehr ist hier die Wartung beim Kunden bezüglich Installation, Inbetriebnahme, Reparatur/ Wiederaufarbeitung usw. gemeint. Es ist sicherzustellen und nachzuweisen, daß die vertraglich vereinbarte Wartung den festgelegten Forderungen entspricht.

4.4.20
Statistische Methoden

Dieses Element beschreibt die zweckmäßige Einführung und Anwendung statistischer Methoden.

4.5
Erläuterungen zur DIN EN ISO 9004

4.5.1
DIN EN ISO 9004 Teil 1

Die DIN EN ISO 9004 Teil 1 ist ein Dokument für den internen Gebrauch durch eine Organisation. Sie versteht sich als eine Anleitung für Qualitätsmanagement und

Qualitätsmanagementelemente. „Dieser Teil von ISO 9004 ist nicht vorgesehen für den Gebrauch in vertraglichen, gesetzlichen oder Zertifizierungs-Situationen und demzufolge ist er auch keine Richtlinie zum Vollzug von ISO 9001, ISO 9002 und ISO 9003. Für diesen Zweck sollte ISO 9000-2 angewendet werden." (ISO) Ihr Aufbau gleicht jedoch den Nachweisnormen DIN EN ISO 9001-9003, geht aber bei näherer Betrachtung über die Elemente hinaus. So sind hier finanzielle Überlegungen zum Qualitätsmanagementsystem und Produktsicherheit aufgenommen worden.

„Bei den finanziellen Überlegungen handelt es sich um ein Managementinstrumentarium, für das eine Nachweisforderung ungerechtfertigt wäre, insbesondere was die Angabe der Qualitätskosten angeht."(DGQ, 1995)

Auch bei der Produktsicherheit sieht der Normengeber keinen Darlegungsbedarf. Mit diesem Abschnitt soll jedoch auf die Bedeutung der Sicherheitsaspekte, der Einhaltung von Sicherheitsvorschriften, der Bewertung der Sicherheit bereits in der Vorproduktionsphase und an das Schaffen von Maßnahmen von Voraussetzungen für die Produktverfolgbarkeit erinnert werden.

4.5.2
Übersicht über die DIN EN ISO 9004 Teil 2

Die DIN EN ISO 9004 Teil 2 ist ein Leitfaden für die Einrichtung eines Qualitätsmanagementsystems für Dienstleistungen. Das in ihr beschriebene Konzept ist auf alle Arten von Dienstleistungen anwendbar, ungeachtet dessen ob es sich um reine Dienstleistungen oder um eine in Verbindung mit Fertigung und Lieferung eines materiellen Produktes stehende Dienstleistung handelt. Die DIN EN ISO 9004 Teil 2 ist genau wie die DIN EN ISO 9004 Teil 1 keine Zertifizierungs- bzw. Nachweisnorm. Dienstleister werden also auch nach den Normen DIN EN ISO 9001-9003 zertifiziert.

Der Aufbau der DIN EN ISO 9004 Teil 2 weicht von dem Aufbau der anderen Normen ab. Inhaltlich sind vor allem folgende Punkte hervorzuheben:
- die Denkweise in Dienstleistungsmerkmalen, die anders geartet sind als die Merkmale von Produkten;
- die entsprechende Qualitätspolitik;
- die an den Dienstleistungsmerkmalen orientierten Qualitätsziele;
- der Dienstleistungs-Qualitätskreis;
- die entsprechende Spezifikation der Dienstleistungen;
- die Eigen- und Kundenbeurteilung von Dienstleistungen;
- die daraus folgenden Korrekturen.

Als verbindendes Element kann wohl der Dienstleistungs-Qualitätskreis gesehen werden. Dieser von Masing entwickelte und in der Norm enthaltene Kreis zeigt modellhaft auf, daß in allen Phasen der Planung, der Realisation und der Nutzung eines Produktes dessen Qualität beeinflußt wird und daß alle Bereiche miteinander verzahnt sind.

Erst die geschlossene Folge qualitätswirksamer Maßnahmen und die Ergebnisse in den Phasen der Entstehung und der Anwendung eines Produktes oder einer Tätigkeit führen zu bewußt erzeugter Qualität. Diese Forderung ergibt sich aus der Tatsache, daß die in den einzelnen Phasen des Qualitätskreises gewonnenen Ergebnisse voneinander abhängen. So ist die Qualität des Konzeptes unzureichend, wenn der Vertrieb die Anforderungen des Kunden unvollkommen darstellt oder nicht richtig erkennt, bzw.

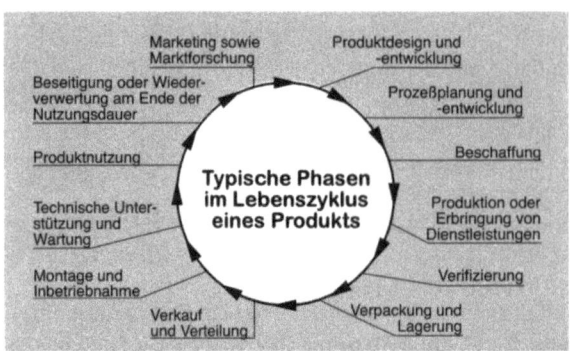

Abb. 10 Der Qualitätskreis (nach: Masing 1994)

wenn die Kundenanforderungen unzureichend ermittelt oder festgelegt worden sind. Die Qualität des Einkaufes ist nicht befriedigend, wenn die Forderungen an das zugekaufte Material nicht den Wünschen der Produktion entsprechen. Dies gilt für alle Stationen innerhalb des Qualitätskreislaufes. Immer müssen Anforderungen und Ausführung übereinstimmen und von den Kundenanforderungen hergeleitet werden.

4.6
Einführung eines Qualitätsmanagementsystems

4.6.1
Voraussetzungen für die Einführung eines Qualitätsmanagementsystems

Die Einführung von Qualitätsmanagementsystemen ist eine Entscheidung der Untenehmensleitung, die als Führungsaufgabe verstanden werden muß. Das Qualitätsmanagementsystem beinhaltet, daß Qualitätsziele und Qualitätspolitik festgelegt werden sowie die notwendigen personellen und finanziellen Mittel zur Verfügung gestellt werden.

Darüber hinaus kommt der Unternehmensleitung die überaus wichtige Aufgabe zu, Überzeugungsarbeit zu leisten. Die Vergangenheit hat gezeigt, daß Einwände von Teilen der Belegschaft in fast jeder Organisation vorkommen. Dies beruht auf der Angst vor dem Unbekannten. Die Unternehmensleitung sollte daher altbewährte Arbeitsabläufe nur schrittweise ändern. Es empfiehlt sich die Argumentation, auf die sich die Veränderung stützt, mit Zahlen, Daten und Fakten zu untermauern.

4.6.2
Die Dokumentation des Qualitätsmanagementsystems

Sind erst einmal die oben genannten Voraussetzungen geschaffen, beginnt die eigentliche Arbeit.

Die ISO verlangt eine umfangreiche Dokumentation des Qualitätsmanagementsystems. Diese besteht aus Qualtiätsmanagementhandbuch, Verfahrensanweisungen und Qualtitätsmanagementunterlagen (Formulare, Berichte, Arbeitsanweisungen, Stellenbeschreibungen etc.).

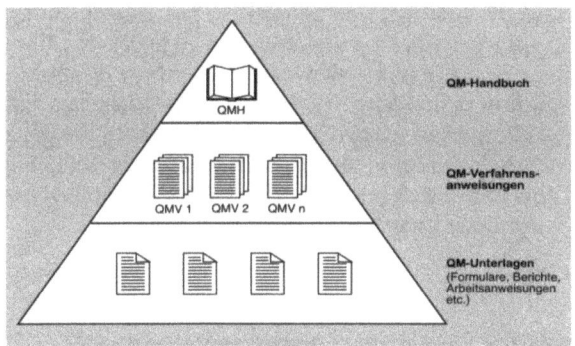

Abb. 11 Die Pyramide der qualitätsbezogenen Elemente (nach: DIN EN ISO 10013)

4.6.2.1
Das Qualitätsmanagementhandbuch

„Das Qualitätsmanagementhandbuch ist die Dokumentation eines Qualitätsmanagementsystems und gibt gleichzeitig die grundsätzliche Einstellung des Managements sowie ihre Absichten und Maßnahmen zur Sicherung und Verbesserung der Qualität im Unternehmen wieder" (Kamiske & Brauer, 1992). Weiterhin sind in ihm die aufbau- und ablauforganisatorischen Regelungen sowie die Festlegung der Zuständigkeit für Qualität enthalten. Somit ist das Handbuch das zentrale Element der Dokumentation einer Unternehmung.

Es gibt keine Formvorschriften für den Aufbau des Handbuches; traditionell ergibt sich sein Aufbau aus den Elementen der angewandten Zertifizierungsnorm. Häufig wird empfohlen, zwei Ausgaben des Handbuches zu erstellen. Die eine ist für den internen Gebrauch bestimmt. Sie enthält auch Verfahrens- und Arbeitsanweisungen, die nicht für Externe zugänglich sein sollen. Die andere Version ist als Kundeninformation gedacht und wird ohne „Firmengeheimnisse" wie z.B. Herstellungsverfahren und die damit in Zusammenhang stehenden Qualtiätsmaßnahmen veröffentlicht (Kamiske & Brauer, 1992). Sinnvoll ist es, die entsprechenden Verfahrens- und Arbeitsanweisungen in dem Anhang des Qualitätsmanagementhandbuches zu plazieren.

4.6.2.2
Die Verfahrensanweisungen

Die Zertifizierungsnormen fordern explizit die Erstellung von Verfahrensanweisungen. In Verfahrensanweisungen werden einzelne Verfahren, Abläufe, Verantwortungen, Schnittstellen und Informationsflüsse festgelegt und dokumentiert.

Hierbei empfiehlt es sich, immer die gleiche Form im Aufbau zu verwenden. Eine beispielhafte Verfahrensanweisung befindet sich im Anhang 1.

4.6.2.3
Weitere Qualitätsmanagementunterlagen

In jedem Unternehmen gibt es zahlreiche Dokumente, Formulare und Unterlagen, die sich mit Qualität beschäftigen. Dies können Zeichnungen, Produktspezifikationen, Qualitätspläne, Prüfspezifikationen, Qualitätsaufzeichnungen, Arbeitsanweisungen, Stellenbeschreibungen usw. sein.

Zu Beginn sollten diese gesammelt, gesichtet und sortiert werden. Danach gilt es, diese Unterlagen auf ihre Verwendbarkeit hin zu analysieren und gegebenenfalls ihre Form zu modifizieren. Sinnvoll ist es, die Dokumente dann den einzelnen Elementen der verwendeten Zertifizierungsnorm zuzuordnen. Hierbei wird man feststellen, daß die Dokumentation im Sinne der ISO noch nicht ausreichend ist. Fehlende Dokumente müssen erstellt und nicht ausreichende ergänzt werden. Dabei kann eine Beschreibung und Analyse der Prozesse und Abläufe hilfreich sein. Weiterhin sollten Regelungen zur Aufbewahrung und Aktualisierung dieser Unterlagen festgelegt werden.

Literatur:
Deutsches Institut für Normung e.V. (Hrsg.): DIN ISO 8402. Qualitätsmanagement und Darlegung des QM-Systems – Begriffe. Berlin 1992.
Deutsches Institut für Normung e.V. (Hrsg.): DIN EN ISO 9000. Normen zum Qualitätsmanagement und zur Qualitätssicherung/QM-Darlegung. Berlin 1994.
Deutsches Institut für Normung e.V. (Hrsg.): DIN EN ISO 9001. Qualitätsmanagementsysteme – Modell zur Qualitätssicherung/QM – Darlegung in Design, Entwicklung, Produktion, Montage und Wartung. Berlin 1994.
Deutsches Institut für Normung e.V. (Hrsg.): DIN EN ISO 9002. Qualitätsmanagementsysteme – Modell zur Qualitätssicherung/QM – Darlegung in Produktion, Montage und Wartung. Berlin 1994.
Deutsches Institut für Normung e.V. (Hrsg.): DIN EN ISO 9003. Qualitätsmanagementsysteme – Modell zur Qualitätssicherung/QM – Darlegung bei der Endprüfung. Berlin 1994.
Deutsches Institut für Normung e.V. (Hrsg.): DIN EN ISO 9004. Qualitätsmanagement und Elemente eines Qualitätsmanagementsystems. Berlin 1994.
Deutsches Institut für Normung e.V. (Hrsg.): E DIN ISO 10013. Leitfaden für die Erstellung von Qualitätsmanagement-Handbüchern. Berlin 1994.
Kamiske, G.F. & Brauer, J.P. (1993): Qualitätsmanagement von A bis Z. Erläuterung moderner Begriffe des Qualitätsmanagements. München – Wien.
Masing, Walter (1988): Handbuch der Qualitätssicherung. München – Wien.
Qualitätsmanagement: DGQ-Lehrgänge, DGQ-Prüfungen und Zertifizierung (1995/1996). Deutsche Gesellschaft für Qualität e.V. (Hrsg.). Geschäftsstelle Berlin: Allee der Kosmonauten 28, 12681 Berlin.
Wissenschaftlicher Rat der Dudenredaktion (Hrsg.): Duden Bd.5 „Fremdwörterbuch", Mannheim – Wien – Zürich 1982.

Kapitel 5

Fit für die Reise

Manchmal überlege ich, welche meiner Eigenschaften sich eigentlich günstig auf den Beruf des Qualitätsprozeßmanagers auswirken und welche sich eher ungünstig auswirken. Es ist sehr schwer, das zu beurteilen, da man sich selbst immer nur in einer spezifischen Situation, von bestimmten Gefühlen begleitet, betrachten kann. Besser wäre es, man könnte sich von außen betrachten, wie bei einem Schauspiel. Dennoch versuche ich, auch in Gesprächen mit Qualitätsprozeßmanagern aus anderen Unternehmen, die ich auf Weiterbildungen treffe, gute und schlechte Eigenschaften zusammenzutragen. Alle sind sich einig, daß Spontanität und die Bereitschaft, immer neue Erfahrungen zu machen, wichtig sind. Ebenso muß man mit Ungewißheit leben können und kompromißbereit sein. Man muß Spaß am ständigen Lernen haben, und man muß Mißerfolge einstecken können, ohne gleich aufgeben zu wollen, denn Rückschläge gibt es immer wieder. Als besonders wichtig wird die Fähigkeit empfunden, auf seine Mitmenschen einzugehen und sich selbst dabei zurückstellen zu können, da der Beruf des Qualitätsprozeßmanagers vom Kontakt mit den Mitarbeitern lebt und Konflikte dabei unumgänglich sind. Alle sind sich einig, daß an einen Qualitätsprozeßmanager vielfältige Ansprüche gestellt werden. Es reicht eben nicht aus, über das nötige Fachwissen zu verfügen, sondern man muß ebenso Methodenkenntnisse haben und seine sozialen Kompetenzen schulen.

Ich habe zwar das fachliche Wissen, aber ich allein werde die Einführung eines Umfassenden Qualitätsmanagementsystems nicht bewältigen können. Dabei fühle ich mich überfordert. Wer könnte oder besser: wer sollte mitmachen? Was sind denn nun die Anforderungen? Nach welchen Kriterieren soll ich die Leute auswählen?

5.1
Anforderungen an den Qualitätsprozeßmanager

Für das Unternehmen stellt es einen hohen finanziellen Aufwand dar, einen Qualitätsprozeßmanager auszubilden. Er soll nicht nur das Qualitätsfachwissen erlernen, sondern er muß über eine Vielzahl von sozialen Kompetenzen verfügen, die er zum einen schon als persönliche Eigenschaft miteinbringen soll, zum anderen aber sich noch aneignen muß. Das Unternehmen muß externe oder interne Trainer dazu bezahlen und den Arbeitsausfall der betreffenden Mitarbeiter in dieser Zeit in die Kosten miteinbeziehen. In der Praxis wurde die Erfahrung gemacht, daß sich nicht alle Menschen gleich gut für eine solch komplexe und sozial oft schwierige Aufgabe des Qualitätsprozeßmanagers eignen. Es ist nicht nur kostspielig für das Unternehmen, wenn die Ausbildung eines Qualitätsprozeßmangers vergeblich war, sondern darüber hinaus ist es möglicherweise für den entsprechenden Mitarbeiter, der dieser Aufgabe nicht gewachsen ist, sehr unangenehm zuzugeben, daß er nicht geeignet ist. Sein Selbstbild wird erheblich leiden, vielleicht wird er sogar lieber unglücklich bei dieser Aufgabe bleiben, weil er es als persönlichen Mißerfolg wertet, eine ihm zugetragene Aufgabe nicht zu erfüllen. Wie kann man aber geeignete Qualitätsprozeßmanager auswählen, um dies zu vermeiden? Gibt es ein ideales Qualitätsprozeßmanagerprofil?

Das Lernende Unternehmen benötigt Qualitätsprozeßmanager, die sukzessive Veränderungs- und Lernprojekte initiieren, fördern und begleiten. Sie stellen diejenige Personengruppe dar, die im Unternehmen die Möglichkeit des Prozeßlernens voranbringen soll: Beim Prozeßlernen geht es darum, „zu erkennen, welche Hindernisse und Abwehrmechanismen eine Rolle spielen, welche Denkweisen, Kommunikations- oder Dialogfähigkeiten verbessert werden müssen. Voraussetzungen für ein Prozeßlernen sind Selbstreflexion und Selbstkritik, zur Infragestellung unserer kognitiven Strukturen und Prozesse und des Sinnbezugs der Handlungen", (Probst, 1995).

Es ist offensichtlich, daß die Anforderungen an den Qualitätsprozeßmanager nicht nur hinsichtlich seiner fachlichen Kompetenz, sondern auch hinsichtlich seiner persönlichen und sozialen Kompetenz sehr hoch sind:

Der Qualitätsprozeßmanager
- schafft den Kontext für Veränderungen und Entwicklungen, nicht die Veränderung selbst,
- schafft den Rahmen, der die für den Veränderungsprozeß notwendigen Informationen und Trainingsmaßnahmen sicherstellt,
- hat ein großes und variables Repertoire an Methodenkenntnissen, d.h. beraten, moderieren, intervenieren, supervidieren sowie die Vermittlung dieser Fähigkeiten und
- besitzt hohe soziale Kompetenz, i.S. von
- selbstreflektierender Persönlichkeit,
- auf andere Menschen zugehen können,
- wertschätzender Haltung,
- Hilfe zur Selbsthilfe als innerem Auftrag,
- Unterscheiden können zwischen Sach- und Beziehungsebene.

Aufgrund dieser Anforderungen ist ein Standard – Fach- und Verhaltenstraining zur Förderung dieser Qualifikationen nicht ausreichend.

Ein Ideal gibt es sicherlich nicht, doch kann anhand verschiedener Persönlichkeitseigenschaften zwischen erfolgreichen und weniger erfolgreichen Qualitätsprozeßmanagern unterschieden werden. Erfolgreiche Qualitätsprozeßmanager waren termintreuer, zeigten mehr Initiative und Interesse in der Ausbildung, schätzten die Transferhemmnisse (s. Kap.6, zum Transferanalysebogen) geringer und ihr Bewältigungsvermögen höher ein. Dieses wurde anhand des Transferanalysebogens (TAB) gemessen, der im folgenden Kapitel genauer beschrieben wird. Zu der Gruppe der nicht erfolgreichen Qualitätsprozeßmanager gehörte ebenso eine Person, die nach der Ausbildung freiwillig aus der Gruppe ausgeschieden ist. Die Persönlichkeitseigenschaften, von denen hier die Rede sein wird, sind das Attributionsmuster bzgl. Erfolgs- und Mißerfolgs- sowie die Handlungs- oder Lageorientierung.

5.2
Wer ist Schuld?

Der Mensch hat ein Bedürfnis, sich seine Umwelt, aber auch sein eigenes Verhalten zu erklären. So wird das Verhalten der Mitmenschen, aber auch das eigene Verhalten gewissen Ursachen zugeschrieben (attribuiert). Die Attribution von Ursachen hat Einfluß darauf, wen man für das entsprechende Ereignis verantwortlich macht, z.B. sich selbst oder andere. Ereignisse können also unterschiedlichen Quellen zugeordnet werden. Ebenso kann man Urachen als zeitlich stabil oder instabil, also eher zufällig, betrachten. Eine Ursache für die unterschiedlichen Attributionsmuster von Menschen mag in den Erfahrungen liegen, die sie in ihrem Leben gemacht haben. Menschen haben die Tendenz, Umweltereignisse dadurch erklären zu wollen, daß sie sie auf Eigenschaften von Personen, Objekten und Ereignissen ursächlich zurückführen. Dadurch wird die Welt erklärbar und vorhersagbar und man erhält ein Gefühl von Sicherheit.

Eine Grundvoraussetzung, die ein Qualitätsprozeßmanager erfüllen sollte, ist die Attribution auf seine eigenen stabilen Fähigkeiten und Leistungen.

5.2.1
Attribution

Der Begriff der Attribution geht auf eine Theorie von Heider (1958) zurück. Es kann zwischen interner und externer Attribution unterschieden werden. Man kann als Ursache für Ereignisse sich selbst betrachten (intern attribuieren) oder man kann andere Menschen oder die Situation für das Ereignis verantwortlich machen (extern attribuieren). Wenn ein von Ihnen vorgenommenes Projekt scheitert, können Sie die Gründe bei sich selbst suchen (intern attribuieren) oder Sie können Herrn X von der Abteilung Y dafür verantwortlich machen oder es der schlechten Konjunktur zuschreiben (extern attribuieren). Natürlich gibt es immer objektiv vorhandene Gründe für eine Ursachenzuschreibung. Aber wie wir alle wissen, sieht der Mensch die Realität durch seine subjektive Brille. Die meisten Menschen attribuieren, unabhängig von den „objektiven" Ursachen, generell eher intern oder extern.

Es kann aber nicht nur zwischen interner und externer Attribution, also im Hinblick auf die Ursachenquelle, sondern auch zwischen einer stabilen und einer instabilen Attribution, also im Hinblick auf eine zeitliche Dimension, unterschieden werden.

Wenn Sie sich für das Scheitern des Projektes selbst verantwortlich machen, haben Sie immer noch zwei Möglichkeiten. Sie können stabil attribuieren, d.h. das Scheitern Ihren mangelnden Fähigkeiten zuschreiben. Sie können aber auch instabil attribuieren, d.h. das Scheitern mangelnder Antrengung zuschreiben.

Wenn Sie andere Personen oder die Situation für das Scheitern verantwortlich machen, haben Sie ebenfalls noch zwei Möglichkeiten. Stabile Attribution hieße, daß

	interne Faktoren	externe Faktoren
stabile Faktoren	Fähigkeiten Kompetenzen (Können)	Aufgaben- schwierigkeit (Umstände)
variable Faktoren	Anstrengung Motivation (Wollen)	Glück oder Pech (Zufall)

Abb. 12 Vierfeldertafel der Attribution (nach: Weiner, 1972)

Sie das Projekt als nicht durchführbar betrachten. Wenn sie instabil attribuieren, glauben Sie, daß Sie einfach Pech hatten.

In der folgenden Abbildung werden die zuvor genannten Attributionstendenzen auf Leistungssituationen bezogen.

Die Auswirkungen dieser unterschiedlichen Attributionstendenzen sind offensichtlich: Menschen, die gerade in Leistungssituationen die Verantwortung für ein Scheitern extern suchen, werden niemals etwas an sich verbessern können. Das gleiche gilt für instabile Attribution. Wenn man glaubt, man hätte sich nur mehr anstrengen müssen oder es wäre Pech gewesen, wird man an seinen Fähigkeiten oder der Situation nichts ändern. Natürlich ist es sehr viel angenehmer für das Selbstbild, zu sagen: „Ich habe mich nicht genug angestrengt", als zu sagen „Ich konnte das einfach nicht".

5.2.2
Erfolgs-/ Mißerfolgsorientierung

Neben der Externalitäts- (intern vs. extern) und der Variabilitätsdimension (variabel vs. stabil) kann zwischen Erfolgssuchern und Mißerfolgsmeidern unterschieden werden (Weiner, 1972). Erfolgssucher und Mißerfolgsmeider unterscheiden sich nicht nur hinsichtlich der unterschiedlichen Stärke des Leistungsmotives (Erfolgssucher wählen Aufgaben mittlerer Schwierigkeit/ Mißerfolgsmeider wählen sehr leichte oder sehr schwierige Aufgaben), sondern sie lassen sich auch bezüglich ihrer Neigung differenzieren, Erfolge und Mißerfolge ursächlich zu deuten.

Es gibt zwei Idealtypen von Menschen, die sich aufgrund ihrer Dispositionen unterscheiden, und zwar im Verhalten wie auch in der Wahrnehmung von Kausalfaktoren. „Erfolgsmotivierte schreiben Erfolg stärker internalen Faktoren zu als Mißerfolgsmotivierte ...Erfolgsmotivierte schreiben Mißerfolg dem variablen Faktor mangelnde Anstrengung zu, Mißerfolgsmotivierte dem stabilen Faktor mangelnde Begabung." (Dorrmann & Hinsch, 1981, S.362)

ERFOLGSMOTIVIERTE:

- Sie tendieren dazu, leistungsbezogene Aufgaben zu akzeptieren, da Erfolge vorwiegend auf Fähigkeiten und Einsatz zurückgeführt werden, wobei der persönliche Einsatz besonders wichtig ist.
- Bei Mißerfolg beharren sie eher auf Leistungsbemühungen, da dieses primär auf mangelnden Einsatz zurückzuführen ist, den man aber durch entsprechende

Anstrengungen wieder beheben kann. Erfolgsmotivierte Personen neigen nicht dazu, andere Personen um Unterstützung zu bitten, sondern versuchen Probleme durch vermehrte (eigene) Anstrengung zu beheben.
- Bei Aufgaben mit unterschiedlichen Schwierigkeitsgraden wählen Leistungsmotivierte eher Aufgaben mit mittlerem Schwierigkeitsgrad, denn diese Aufgaben beinhalten den bestmöglichen Informationsgehalt über die eigene Fähigkeit. Dadurch versucht die Person die eigenen Fähigkeiten zu testen, um zu möglichst realistischen Informationen über das eigene Können zu gelangen.
- Erfolgsmotivierte neigen dazu, mit großer Energie und Dynamik an Aufgaben heranzugehen, da sie meinen, die Leistungsergebnisse seien eine Funktion des eigenen Einsatzes. Dieses trifft auch z.T. zu, da die Bewältigung der Aufgaben im mittleren Schwierigkeitsgrad in hohem Maße vom persönlichen Einsatz abhängt.

MISSERFOLGSMEIDENDE PERSONEN:
- Sie neigen dazu, leistungsbezogenen Aktivitäten aus dem Wege zu gehen. Erfolge werden vor allem Aufgabenschwierigkeit und Glück (externe Elemente) zugeschrieben.
- Aufgrund dieser Attribution kommt es bei Erfolg zu geringen Belohnungswerten. Der eigene Einsatz wird als Ursache ausgeschlossen.
- Die Personen neigen dazu, angesichts von Mißerfolg zu resignieren und aufzugeben. Mißerfolge in leistungsrelevanten Situationen werden vor allem der eigenen Unzulänglichkeit, also mangelnden Fähigkeiten, zugeschrieben. Die Attribution auf mangelnde Fähigkeit impliziert die Erwartung weiterer Mißerfolge, da die vorhandenen Fähigkeiten als relativ stabil erscheinen und somit eine wirkungsvolle Beeinflussung nicht möglich erscheint. Durch das Gefühl der persönlichen Verantwortung für Mißerfolg kommt es bei der Person zu Schamgefühl.
- Bei Aufgaben mit unterschiedlichem Schwierigkeitsgrad wählen mißerfolgsvermeidende Personen Aufgaben mit sehr hohem oder sehr niedrigem Schwierigkeitsgrad. Leichte Aufgaben führen eher zu Erfolg und dieses zu einer Minimierung des Schamgefühls bzw. zu Erleichterung; das eigene Können wird nicht bloßgestellt. Schwierige Aufgaben führen eher zu Mißerfolg, der aber auf die hohe Schwierigkeit der Aufgabe und keinesfalls auf die eigenen mangelnden Fähigkeiten zurückgeführt werden kann. „Schließlich sind die anderen bei dieser Aufgabe ja auch nicht besser", denkt sich der Mißerfolgsorientierte.
- Hilfe und Unterstützung wird häufig von dritten Personen gesucht.
- Geringe Dynamik, d.h. Unentschlossenheit, da die Überzeugung vorherrscht, das Ergebnis sei nur im geringen Maße vom eigenen Einsatz abhängig.

5.3
Man muß sich entscheiden können

Entscheidungen werden auf einen rationalen Prozeß zurückgeführt, der durch das Abwägen der Vor- und Nachteile sämtlicher zu erwartender Folgen der verschiedenen Handlungsalternativen gekennzeichnet ist. Gewählt wird schließlich diejenige Alternative, die den maximalen subjektiven Nutzen verspricht. In der Managementpraxis kommt es also darauf an, die nützlichste Entscheidung zu treffen und die getroffene

Entscheidung zu realisieren. Dabei scheint es Personen zu geben, denen es leichter fällt, auch in schwierigen Situationen, z.B. bei Konflikten oder Widerständen, den einmal eingeschlagenen Weg durchzuhalten.

Auch hierbei sind individuell unterschiedliche Handlungsmuster in der Bewertung und im Umgang mit Konflikten anzutreffen. Das fängt bei der Wahrnehmung des Konflikts als negative Störung oder als regulative Chance an und hört bei der Konfliktstrategie (z.B. Konfliktvermeidung, -stimulation, -lösung) auf.

Der Qualitätsprozeßmanager befindet sich häufig in Entscheidungssituationen. Schnelles und zielgerichtetes Handeln kann zum Garanten der erfolgreichen Einführung eines effizienten betrieblichen Qualitätsmanagementsystem werden. Eine Entscheidung muß aber nicht nur getroffen, sondern auch verwirklicht werden. Im folgenden wird daher kurz auf das Themenfeld Handlungs- und Lageorientierung eingegangen.

Handlungs- und Lageorientierung

„Ein optimales Handeln setzt optimale Entscheidungen voraus, Entscheidungsoptimierung garantiert aber keineswegs Handlungskompetenz" (Sarges, 1990, S. 247). Handlungsfähigkeit erfordert neben Abstimmung von wichtigen Informationen in einer bestimmten Entscheidungszeit, auch das Festhalten an einer einmal getroffenen Handlungsalternative gegenüber konkurrierenden Alternativen.

Es können zwei Entscheidungstypen unterschieden werden: zum einen die handlungsorientierte und zum anderen die lageorientierte Person.

Handlungsorientierte Personen sind eher in der Lage, Entscheidungen durchzuhalten und auch unter wichtigen Umständen zu realisieren.

Lageorientierte Personen dagegen vollziehen zwar eine gründliche Entscheidungsanalyse, haben aber Schwierigkeiten bei der Realisierung von Entscheidungen, weil sie sich oft mit den Aspekten der vergangenen, gegenwärtigen oder zukünftigen Lage beschäftigen.

Handlungsorientierte Personen können Mißerfolge gut verarbeiten, während es bei lageorientierten Personen häufig im Anschluß an Mißerfolgserlebnisse zu Leistungsstörungen kommt.

Da lageorientierte Personen sich nicht von einer einmal gefaßten, aber nicht durchgeführten Idee lösen können, kommt es zur Blockierung des Kurzzeitgedächtnisses oder zu einer verminderten Verarbeitungskapazität, so daß es den Personen schwer fällt, Entscheidungen zu realisieren.

Handlungsorientierte Personen verwirklichen mehr von ihren Absichten als lageorientierte Personen und sie besitzen einen Wahrnehmungsfilter, der Irrelevantes oder Verführerisches in der Umgebung automatisch ausblendet.

5.4
Der ideale Qualitätsprozeßmanager

Der ideale Qualitätsprozeßmanager sollte *möglichst intern und stabil attribuieren, erfolgsorientiert und handlungsorientiert sein.* Er sollte also sich selbst und seine Fähigkeiten als verantwortlich für seine Situation sehen, den Erfolg aufsuchen und handlungsbereit sein. Es gibt sicherlich Berufe, in denen Menschen gebraucht werden, die erst nach sehr langem Nachdenken zu einer Entscheidung kommen, aber in dem hektischen und konfliktreichen Berufsalltag eines Qualitätsprozeßmangers sind schnelle und realistische Entscheidungen unabdingbar.

5.5
Wie erfaßt man das ideale Qualitätsprozeßmanagerprofil?

Zur Erfassung der *Attributionstendenzen in Erfolgs- und Mißerfolgssituationen* kann ein *Fragebogen von Dorrmann und Hinsch (1981)* verwendet werden. Der IE-SV-F (für: Internal/External-Stabil/Variabel-Fragebogen). Der Fragebogen ist auf Leistungssituationen in verschiedenen Lebensbereichen anzuwenden, wie z.B. Partnerschaft, Beruf, Gesundheit. Mit Hilfe von acht Skalen werden neben internalen und externalen auch stabile und variable Attributionen in Erfolgs- und Mißerfolgssituationen erfaßt. Der Fragebogen besteht aus 84 Items, die sich auf 8 Skalen und 29 Situationen aus allen Lebensbereichen verteilen. Jedes Item besteht aus einer fünfstufigen Skala, auf denen die Personen angeben sollen, ob das dargestellte Verhalten in bestimmten Situationen auf sie zutrifft oder nicht. Nach einem angegebenen Schlüssel kann man die Punkte für jede Person zusammenzählen und ihre Attributionstendenz bzgl. internaler vs. externaler sowie bzgl. stabiler vs. variabler Ursachenzuschreibung in Leistungssituationen beschreiben und mit dem beschriebenen Idealprofil vergleichen.

Zur Erfassung der *Handlungs- vs. Lageorientierung* des Mitarbeiters kann man einen Fragebogen (ACS-90) verwenden (Kuhl & Beckmann, 1994). Die Fragen beziehen sich auf Entscheidungssituationen unter unterschiedlichen Bedingungen, wie z.B. nach Mißerfolgsituationen, unter schwierigen Bedingungen oder in negativen Stimmungslagen.

Für die Fragen gibt es einen Schlüssel, der eine Einteilung in eher handlungs- oder lageorientierender Personen erlaubt.

Man muß sich jedoch immer im klaren sein, daß die zuvor beschriebenen Fragebögen lediglich eine Entscheidungshilfe, nicht aber ein Dogma darstellen.

Literatur:
Dorrman, W. & Hinsch, R. (1981): Die IE-SV-F. Ein differentieller Fragebogen zur Erfasung von Attributionsgewohnheiten in Erfolgs- und Mißerfogssituationen. Diagnostica, 1981, 27, 4, S. 360-378.
Heider, Fritz (1958): The psychology of interpersonal relations. New York.
Irle, M. (1975): Lehrbuch der Sozialpsychologie. Göttingen.
Kuhl, J. & Beckmann, J. (Eds.) (1994): Volition and Personality-Action versus State Orientation. Seattle.
Probst, G.J.B. (1995): Organisation. Strukturen, Lenkungsinstrumente und Entwicklungsperspektiven. Landsberg/Lech.
Sarges, W. (Hrsg.) (1990): Management-Diagnostik. Göttingen.
Weiner, B. (1972): Theories of motivation. From mechanism to cognition. Chicago.
Wiendieck, G. (1994): Arbeits- und Organisationspsychologie, S.114-126. München.

Kapitel 6

Das Reisetagebuch

6.1
Qualifizierungskonzept für Qualitätsprozeßmanager

Das ist ja alles schön und gut, ich weiß jetzt einiges über die Kompetenzen, die Qualitätsprozeßmanager besitzen sollen, aber wie befähige ich meine Kollegen und auch mich in Richtung dieser Anforderungen, vor allem im Bereich der Sozialkompetenz, wo doch der Weiterbildungsmarkt so unübersichtlich ist. Mr. Change sagt dazu: „Ich möchte Dir ein Beispiel für ein Qualifizierungskonzept vorstellen, welches ich in einem anderen Unternehmen kennengelernt habe.

Hierbei wurde eine Gruppe von zehn Personen aus verschiedenen Abteilungen zunächst fachlich geschult.

Die Inhalte der Informationsunterlage für die Auftaktsitzung dieser Schulung sind für die fachliche Qualifikation ausreichend. In der Einführung willst Du ja etwas über die Begriffe und Definitionen des Qualitätsmanagements und deren unternehmerische Bedeutung sagen. Denke dabei an den Qualitätsregelkreis, die rechtlichen und wirtschaftlichen Aspekte und die Nachweisforderungen der DIN EN ISO 9001-9003. Stelle aber auch die wesentlichen Werkzeuge und Beschreibungsmöglichkeiten eines QMS dar.

In dem Unternehmen, von dem ich Dir berichte, lief neben dieser fachlichen/ methodischen Qualifikation auch noch ein sozialkommunikatives Training zur Erhöhung der alltäglichen betrieblichen Handlungskompetenz. Das Training lief über einen Zeitraum von meheren Monaten in 4-6 wöchigen Abständen. Dabei wurden Themen zur Personalführung und Motivation, zur Kommunikation und Kooperation, aber auch zum Lernen für, in und durch Organisationen in Form von Referaten, Fallbeispielen, Diskussionen und videounterstützten Rollenspielen durchgeführt. Begleitend wurden konkrete Arbeitssituationen gecoacht. Coaching ist, verkürzt formuliert, die personenbezogene Einzelberatung von Menschen in der Arbeitswelt.

In sogenannten „Supervisionssitzungen" wurden arbeits- und beziehungsbezogene Themen zwischen Gruppenmitgliedern besprochen. Dies geschah in der Regel durch einen externen Berater, der nicht in die Vorgänge und Abhängigkeiten des Unternehmens eingebunden war. Die Gruppenmitglieder waren einem Mentor zugeordnet, also so einer Art Paten. Dieser Mentor oder Pate war eine höhergestellte

Führungskraft, die die Qualitätsprozeßmanager bei den ersten „Gehversuchen" begleiteten und somit auch die Verantwortung für ihre Schützlinge unternahmen. Beide Konzepte haben sich in diesem Unternehmen als sehr sinnvoll erwiesen. Aber weißt Du, Adam, ein solches Konzept brauchen Unternehmen nur, wenn sie ohne mich auskommen müssen. Ich werdeDir an den richtigen Stellen in Deinem Projekt Hilfestellungen bezüglich interessanter Themen und Übungen geben und mit Dir meine Erfahrungen als Unternehmer, Trainer und Berater diskutieren."

6.2
Reiseplanung: Aktions- und Terminpläne

Im fachlichen Bereich kann ich sicherlich meine Kollegen schulen. Ich glaube, ich werde zunächst einmal die allgemeine Vorgehensweise planen und die ersten Schritte gründlich bedenken. Dabei ist folgendes zu beachten:
- Volle Unterstützung durch die Geschäftsleitung erforderlich,
- Einbeziehung aller Unternehmensbereiche,
- Bedeutung der DIN EN ISO 9000 ff. vermitteln,
- Bestimmung der zentralen Geschäftsprozesse,
- Eindeutige Interpretation der Normenelemente auf die festgelegten Geschäftsprozesse,
- Optimierung der Geschäftsprozesse.

Abb. 13 gesamter Projektablaufplan

Aufbau des QM-Systems	I. Quartal 1994						II. Quartal 1994				
Woche	1	2	3	4	5	...	...	20	21	22	23	24
Projektfreigabe												
1. QM-Beauftragten ernennen												
2. Qualifizierung (extern)												
3. Arbeitsgruppen bilden												
4. Qualifizierung (intern) (Q-Beauftragter)												
5. QMH-Kapitel												
6. QM-Verfahrensanweisung												
7. QM-Verantwortungsmatrix												
...												
13. Prozeßbewertung / Audits												

QME Woche	1	2	3	4	5	...	...	...	...	...	...	48	49	50
1. Verantwortung der Leitung														A
2. QM-System														U
3. Vertragsprüfung														D
. . .														I
18. Schulung														T
19. Kundendienst														
20. Statistische Methoden														
. . .														

Abb. 14 Projektablaufplan für QM-Elemente

Dazu lege ich mir eine Gesamtübersicht bis zum Abschluß des ersten Teilabschnittes (Zertifizierung) an.

Ein Projektplan, geordnet nach QM-Elementen, ist dabei hilfreich und Grundlage für die ersten IST-Zustandsbeschreibungen.

Aktions- und Terminpläne für die jeweiligen Maßnahmen sind dabei sehr hilfreich und dienen der Steuerung der Arbeitsgruppen.

Die Arbeitsgruppen werden aufgabenspezifisch und nach ihren betrieblichen Funktionen zusammengestellt. Die Arbeitsgruppen haben folgende Aufgaben:

- Ansprechpartner für einzelne Teilaufgaben festlegen,
- Feststellen der Tätigkeiten in Übereinstimmung mit den Normenforderungen,

Kundenauftrags-abwicklung	Kalenderjahr 1994								1 von 5	
Aufgabe	1	2	3	4	5	6	7	...		
Arbeitsgruppenbildung										
Schulung "QMH, QMV"										
Erarbeitung des QM-Handbuchkapitels "Vertragsprüfung"										
Ablaufbeschreibung und Verantwortungsmatrix										

Abb. 15 Aktions-und Terminplan

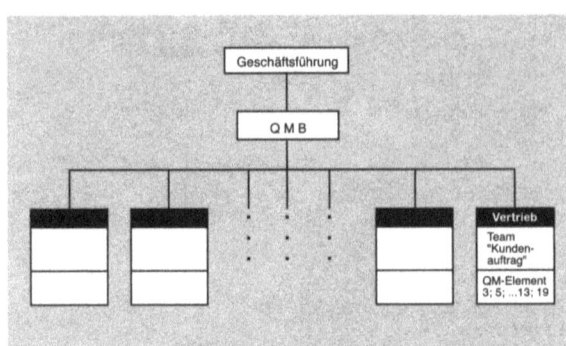

Abb. 16 Projektorganisation „Arbeitsgruppen"

- Unterscheidung der Tätigkeiten als Ablauf (mehrere Funktionen) oder als Einzelaufgabe (Arbeitsanweisung),
- Sammeln von Unterlagen, Mitarbeitergesprächen und -befragungen,
- Darstellung der Prozesse,
- Mögliche Verbesserungen der Prozesse,
- Umsetzung der Verbesserungsmaßnahmen.

Neben dem Projektplan, den Aktions- und Terminplänen und der Bildung von Arbeitsgruppen können noch andere Instrumente eingesetzt werden. Der Transfer-Analyse-Bogen (TAB) kann als Ersatztagebuch dienen, in dem aufgetretene Probleme dokumentiert werden. Ich fülle den TAB aus, wenn es Probleme bei dem Transfer des in den Schulungen gelernten theoretischen Wissens in die Praxis gibt. Vierteljährlich sprechen wir meine Probleme durch und verdeutlichen mir auf diese Art und Weise meine Entwicklung anhand der gesammelten TAB's. Eine vierteljährliche Supervision durch einen unabhängigen Berater ist gerade zu Beginn eine Hilfe bei dem Umgang mit dem TAB. Ich empfinde den TAB als sinnvolles Reflektionsinstrument meiner Entwicklung als Qualitätsprozeßmanager.

6.3
Der Transfer-Analyse-Bogen als Reisetagebuch

Der Transfer-Analyse-Bogen (TAB) beschäftigt sich mit verschiedenen Problemen, die beim Transfer des in der Ausbildung zum Qualitätsprozeßmanager Gelernten in die Praxis auftreten können. (Sie finden den Transfer-Analyse-Bogen im Anhang 2). Nachdem sich der Qualitätsprozeßmanager theoretisch das qualitätsrelevante Fach-, Methoden- und Sozialwissen angeeignet hat, tritt er in die berufliche Realität ein. Dort treten unvorhergesehene Schwierigkeiten auf, die er im TAB dokumentieren kann, um seinen persönlichen Fortschritt nachvollziehen zu können. Der TAB bietet ihm die Möglichkeit, selbständig eine Analyse seiner Entwicklung als Qualitätsprozeßmanager vorzunehmen, wodurch es ihm erleichtert wird, Schwachstellen herauszufinden, um an diesen zu arbeiten. Zudem stellt es sicherlich zu Beginn eine Erleichterung dar, in z.B. vierteljährlichen Supervisionssitzungen die aufgetretenen Probleme mit einem externen oder internen Berater zu besprechen.

Der TAB beinhaltet folgende Transferaspekte:
- die Transferrahmenbedingungen,
- die Transferproblembewältigung
- und die Transferergebnisbeschreibung.

6.3.1
Die Transferrahmenbedingungen

Die Transferrahmenbedingungen beschreiben folgende Aspekte:
- Mit welcher Zielgruppe hat der Teilnehmer ein Transferproblem? Dabei kann es sich um eine Einzelperson oder eine Gruppe handeln. Der potentielle Konfliktpartner kann der Vorgesetzte, eine hierarchisch gleichgestellte oder unterstellte Person sein.
- Wie kategorisiert der Teilnehmer das Problem? Hierbei kann es sich um personelle, organisatorische, technische oder finanzielle Transferprobleme handeln.

6.3.2
Transferproblembewältigung

Dieser Fragenkomplex umfaßt die folgenden Punkte:
- Wie schätzt der Teilnehmer das Transferproblem subjektiv ein? Auf einer fünfstufigen Skala kann er die Einschätzung von sehr gering bis sehr groß vornehmen.
- Wie schätzt der Teilnehmer sein subjektives Bewältigungsvermögen ein? Auch hierbei ist die Einschätzung von sehr gering bis sehr groß auf einer fünfstufigen Skala möglich.
- Welche Bewältigungsstrategien stehen dem Teilnehmer zur Verfügung, wie erfolgreich sind sie und wie ist die Art der konkreten Bewältigungsstrategie? Mögliche Bewältigungsstrategien werden vorgegeben, wobei sie von der Information und Beteiligung über Unterstützung und Hilfe bis hin zu Verhandlung, Beeinflussung und Zwang reichen können. Darüber hinaus kann man in offenen Fragen die konkrete Situation beschreiben.

6.3.3
Transferergebnisbeschreibung

- Worauf attribuiert der Qualitätsprozeßmanager Erfolgs- und Mißerfolgs-Erlebnisse? Hierbei wird das Attributionsschema (s. Kapitel 5) zugrunde gelegt, welches für Erfolgssituationen die Antwortkategorien Fähigkeit, leichte Aufgabe, Anstrengungen und Glück und für Mißerfolgssituationen die Antwortkategorien mangelnde Fähigkeit, schwere Aufgabe, mangelnde Anstrengung und Pech, vorgibt.
- Wie hält der Qualitätsprozeßmanager im Projektablauf vereinbarte Termine ein? Hierbei gibt es die Kategorisierung „Termineinhaltung (Zeit) Ja/Nein".
- Wie eigeninitiativ zeigt sich der Qualitätsprozeßmanager? Hierbei werden Impulse bewertet, die ein Qualitätsprozeßmanager von sich aus setzt. Die Bewertung erfolgt über die ordnungsgemäße Projektabwicklung mit und ohne

Zeitverschiebung und über die mittlere bis hohe Eigeninititative bei Projektinitierung. Projektaufgaben können darin liegen, daß der Qualitätsprozeßmanager seine Mitarbeiter schult, aus Schwachstellen Projekte definiert und der Entscheidungsebene zum Vorschlag bringt oder ein abteilungsübergreifendes Team zur Optimierung von Prozessen ins Leben ruft. Diese Initiativen, die häufig unternehmerisch von essentieller Bedeutung sind, werden in einer offen Kategorie gelistet.

Anhand dieser drei zuvor genannten Aspekte kann der Qualitätsprozeßmanager sehr gut seine Entwicklung in der Rückschau nachvollziehen und zielgerichtet an sich arbeiten. Der TAB sollte ihm als Tagebuch dienen, in das er immer dann Eintragungen macht, wenn Probleme auftreten. Die Erfahrung mit dem TAB hat gezeigt, daß im Verlauf einer umfassenden Ausbildung zum Qualitätsprozeßmanager, so wie sie in diesem Buch beschrieben wird, die subjektive Hemmniseinschätzung geringer wird, die Einschätzung der eigenen Bewältigungsstrategien aber größer wird.

Die Einschätzung der Transferhindernisse kann in folgende Rangreihe gebracht werden:
1. personelle,
2. organisatorische,
3. technische und
4. finanzielle Transferhindernisse.

Für den Qualitätsprozeßmanager wird es interessant, wenn er in den genannten drei Bereichen im Verlauf seiner Aufzeichnungen Veränderungen feststellt und vielleicht Bestätigung für sein Bemühen, ein guter Qualitätsprozeßmanager zu werden, erfährt.

Der Transfer-Analyse-Bogen bietet sicherlich eine sinnvolle Unterstützung im stressreichen Qualitätsprozeßmanageralltag.

Kapitel 7

Der Weg ist das Ziel: Prozesse

Die Rahmenpläne für das Projekt habe ich jetzt erstellt und das ganze Projekt der Geschäftsführung und dem Führungskreis, d.h. den Bereichs- und Abteilungsleitern, vorgestellt. Ich habe die Vorteile der Einführung eines QM-Systems und in groben Zügen die DIN EN ISO 9000ff. dargestellt. Wir haben einen Lenkungskreis gebildet, dem ein Geschäftsführer oder dessen Stellvertreter angehört. Die Aufgaben dieses Kreises liegen in der Festlegung der Vorgehensweise im Projekt, dem Setzen von Prioritäten, Budgetierung und Terminierung anstehender Aufgaben, Entscheidungen über Zuständigkeitsfragen, die Freigabe der Unterlagen und das Informieren des Betriebsrates, obwohl keine Mitbestimmungspflicht besteht. Die ersten formellen Schritte sind gegangen worden, und fachlich fühle ich mich den anstehenden Aufgaben gewachsen. Doch wie setze ich den Projektplan konkret mit den einzelnen Personen um? Zunächst einmal wird es jetzt darum gehen, die zentralen Geschäftsprozesse zu definieren und entsprechende Subprozesse zu benennen. In meinen Seminarunterlagen gibt es dafür nur wenig Hinweise. Die Struktur der DIN EN ISO 9000 ff. steht stets im Vordergrund. Es ist wichtig, sich auf die wesentlichen Kernprozesse zu konzentrieren, sonst würde ich mich in den QM-Verfahrensanweisungen, Arbeitsanweisungen etc. unweigerlich verzetteln.

Mr. Change und ich sprechen über die DIN EN ISO 9000-Familie als Minimalbasis für den Aufbau eines Umfassenden Qualitätsmanagementsystems.

Sehr engagiert diskutieren wir das Thema „prozeßorientierte Unternehmensstrukturen".

7.1
Was ist ein Prozeß?

Prozesse müssen beschrieben, klassifiziert und typisiert werden, um verbessert werden zu können. Aspekte, die Prozesse charakterisieren, sind folgende: Prozesse sind diejenigen Kräfte, welche verschiedene Inputs in einem System in ganz bestimmte Ergebnisse bzw. Produkte verwandeln (vgl. Hahn & Laßmann, 1986). Der Prozeß selbst ist eine Umwandlung, die dem Ausgangsprodukt (dies kann auch Information sein) einen Wert hinzufügt und den Menschen und/oder

andere Mittel in verschiedener Weise mit einbezieht. Er wird durch zwei Aspekte gestaltet:
- Die Struktur und Arbeitsweise des Prozesses, innerhalb dessen das Produkt oder die Information fließen.
- Die Qualität oder die Information, die innerhalb der Organisationsstruktur fließen.

7.2
Das Netzwerk von Prozessen

In der DIN EN ISO 9000, Teil 1 wird das Netzwerk von Prozessen wie folgt beschreiben:
Jedes wirtschaftliche Unternehmen besteht zu dem Zweck, wertsteigernde Arbeit zu schaffen. Die Arbeit wird vollendet durch ein Netzwerk von Prozessen. Die Struktur des Netzwerkes ist keine einfache sequentielle Struktur, sondern typischerweise komplex.

In einem Unternehmen müssen viele Funktionen ausgeführt werden. Sie umfassen Produktion, Produktdesign, Technologie-Management, Marketing, Schulung, Management zur Personalausstattung, strategische Planung, Auslieferung, Rechnungsstellung und Instandhaltung. Bei gegebener Komplexität der meisten Organisationen ist es wichtig, die hauptsächlichen Prozesse hervorzuheben und Prozesse für Zwecke des Qualitätsmanagements zu vereinfachen und einer Rangfolge zu unterwerfen.

Eine Organisation muß im Netzwerk von Prozessen Schnittstellen feststellen, organisieren und handhaben. Die Organisation schafft, verbessert und liefert durch das Netzwerk von Prozessen gleichbleibende Qualität in ihren Angeboten. Dies ist eine fundamentale Konzeptbasis für die DIN EN ISO 9000-Familie. Prozesse und ihre Schnittstellen sollten einer Analyse und ständiger Verbesserung unterworfen werden (siehe auch unten).

Probleme entstehen tendenziell dort, wo Menschen mehrere Prozesse und Schnittstellen zwischen den Prozessen zu bewältigen haben. Dies gilt insbesondere für umfangreiche Prozesse, die mehrere Funktionen überspannen. Um Schnittstellen, Verantwortlichkeiten und Befugnisse zu klären, sollte ein Prozeß einen „Eigner" als die verantwortliche Person haben.

7.3
Prozeßanalyse

Die Prozeßfrage ist in der letzten Zeit besonders wichtig geworden, weil im Rahmen der Zertifizierung nach DIN EN ISO 9000 ff. die Unternehmen ihre Aufmerksamkeit auf Prozesse in allen Bereichen richten müssen. Vor allem auf dem Gebiet der Qualitätssicherung ist eine Prozeßdokumentation unumgänglich und daher auch das Erfassen der Prozesse notwendig. Das TQM wiederum konzentriert sich auf Schlüsselprozesse und orientiert sich an den Kunden, also nach außen, im Gegensatz zur DIN EN ISO 9000, wo sich die Prozeßanalyse nach innen richtet. Eine kontinuierliche Prozeßsteuerung, Überprüfung und Verbesserung geschieht jedoch eher im Rahmen des TQM. Prozesse durchziehen das gesamte Unternehmen und erfüllen dabei zwei unterschiedliche Aufgaben:
1. Prozesse dienen der Erhaltung des Unternehmens und
2. Prozesse unterstützen die Erneuerung, Verbesserung und strukturelle Innovation des Unternehmens. (Zink, 1994)

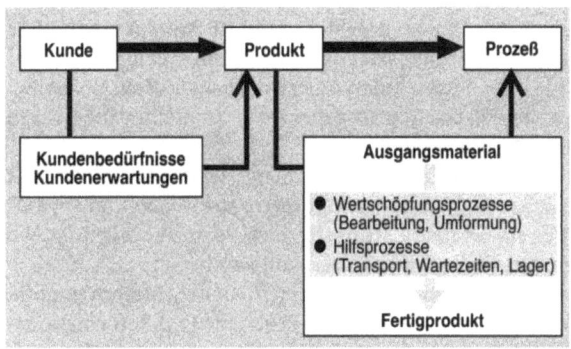

Abb. 17 Die Prozeßanalyse
(nach: Zink, 1994)

Bei beiden Prozeßarten unterscheidet man weiterhin zwischen Schlüssel- und Hilfsprozessen, die im folgenden näher erläutert werden. Wie lassen sich in einem so komplexen System wie dem Unternehmen Schlüsselprozesse identifizieren? Bei diesen Überlegungen sollten folgende Aspekte berücksichtigt werden:
- Prozesse müssen von Tätigkeiten und Arbeitsabläufen getrennt werden;
- für gleiche Teilprozesse in verschiedenen Abteilungen sollen immer dieselben Begriffe verwendet werden;
- Prozeßmanagement soll sich auf die Vermeidung von Verschwendung und die Verbesserung von Wertschöpfung (s.u.) konzentrieren.

Um zu Schlüsselprozessen zu gelangen, muß zuerst analysiert werden, welche Schlüsselkunden das Unternehmen hat und welche Schlüsselprodukte gefordert werden. Das können einfache industriell gefertigte Stücke sein, oder aber Dienstleistungen wie Beratung oder Konstruktionen. Die Abbildung 17 stellt die wichtigsten Elemente der Prozeßanalyse dar.

Der erste Schritt in der Prozeßbeschreibung ist die Identifizierung von Schlüsselkunden des Unternehmens, und zwar unter Einbeziehung aller Personen oder Institutionen, die zufriedengestellt werden müssen, um das Überleben des Unternehmens zu sichern. Mögliche Personen/Institutionen und deren Erwartungen sind:
- Markt/Kunden: Produkt- und Servicequalität, Schnelligkeit, Flexibilität, geringe Kosten, Zuverlässigkeit etc.,
- Lieferanten: frühzeitige Information, feste Rahmenbedingungen etc.,
- Mitarbeiter: Arbeitsschutz, Erhalt des Arbeitsplatzes, Lohn, Selbstbestätigung etc.,
- Gesellschaft: Umweltverträglichkeit, Recyclingfähigkeit etc.,
- Gesellschafter: Gewinn etc.

Aus diesen Kundenbedürfnissen und Kundenerwartungen ergeben sich Schlüsselprodukte. Jetzt müssen die zur Herstellung benötigten Ausgangsmaterialien identifiziert werden. Danach erst können Schlüsselprozesse (aus der Sicht des Materials) ausgemacht werden, die zur Fertigstellung des Produktes führen. Bei diesem Prozeß gibt es Teilprozesse, wie z.B. die Bearbeitung oder Verarbeitung und Umformung des Ausgangsmaterials, die für die Fertigstellung unersetzlich sind und den Wert des Produktes bestimmen. Diese Prozesse werden Wertschöpfungsprozesse (konkrete Beispiele sind Produktentwicklung, Auftragsabwicklung, Reklamationsbearbeitung,

Produktion, Montage etc.) genannt. Daneben gibt es weitere Hilfsprozesse, wie Qualitätsprüfungen, Lieferungen oder Transporte, die nichts zum eigentlichen Wert des Produktes beitragen und für das Unternehmen nur zusätzliche Kosten bedeuten. Ziel der Prozeßanalyse ist es, die Wertschöpfungsprozesse zu unterstützen und Ursachen für zusätzliche Kosten zu reduzieren.

Diese Prozeßbeschreibung ist nicht nur auf Produktionsprozesse anwendbar, sondern auch auf Managementprozesse und Vorgänge im organisatorischen und verwaltungstechnischen Bereich oder im Dienstleistungsbereich, also überall dort, wo Produkte in materieller oder immaterieller Form hergestellt werden.

In die Prozeßanalyse und -beschreibung fließen verschiedene Abteilungen ein. Daher treten an den entstandenen Schnittstellen häufig Probleme (z.B. Informationstransfer) auf, die gelöst werden müssen. Alle Verbesserungsprozesse, die im Rahmen einer Qualitätssicherung aufgrund einer Prozeßbeschreibung angeregt werden, sollen anschließend regelmäßig überprüft und optimiert werden. Das TQM leistet hier konkrete Hilfestellung, da es Qualität als meßbar definiert. Schlüsselprozesse werden jetzt mit Hilfe konkreter Maßzahlen beschrieben, die eine Grundlage für diese regelmäßige Überprüfung bilden und eine optimale Kontrolle der Prozesse ermöglichen. Bei der Beurteilung von Qualitätsmanagement-Systemen (QM-System) müssen drei wesentliche Fragen in bezug auf jeden zu beurteilenden Prozeß gestellt werden:

- Sind die Prozesse festgelegt und sind ihre Verfahren angemessen dokumentiert?
- Sind die Prozesse vollständig entwickelt und verwirklicht?
- Sind die Prozesse effektiv bei der Bereitstellung der erwarteten Ergebnisse? (DIN EN ISO 9000, Teil 1)

Bei der Prozeßbeschreibung und Kontrolle sollte man sich von diesen Fragen leiten lassen, denn ein QM-System kann nur erfolgreich sein, wenn Prozesse und die zugehörigen Verantwortlichkeiten, Befugnisse, Verfahren und Mittel festgelegt und in einer gleichbleibenden Art eingesetzt werden. Schnittstellen zwischen einzelnen Prozessen müssen gefunden und beschrieben werden, um eine optimale Koordination und Verträglichkeit zu gewährleisten.

Bis jetzt ist den Prozessen zu wenig Bedeutung und Raum im Unternehmen eingeräumt worden. Eine Ausnahme bildete lediglich die Fertigung, weil hier Kennzahlen für unterschiedliche Fertigungsprozesse bereits seit längerer Zeit erhoben werden. In Bereichen der Verwaltung oder Arbeitsvorbereitung dagegen werden Prozesse nur selten systematisch untersucht. Dabei nimmt der Prozeßaspekt einen immer größer werdenden Raum im Unternehmen ein. Durch die Verbesserung von Prozessen werden die Produkte qualitativ hochwertiger und das Unternehmen flexibler und somit kundenorientierter. Unternehmen sollten der Prozeßanalyse und -verbesserung im Rahmen von Qualitätssicherung deshalb einen höheren Stellenwert als bisher einräumen, damit sie auf dem Markt konkurrenzfähig bleiben.

Literatur:

Deutsches Institut für Normung e.V. (Hrsg.): DIN EN ISO 9000. Normen zum Qualitätsmanagement und zur Qualitätssicherung/ QM-Darlegung. Berlin 1994.

Gaitanides, M.(Hrsg.) (1994): Prozeßmanagement – Konzepte, Umsetzungen und Erfahrungen des Reengineering. München.

Hahn, D. & Laßmann, G. (1986): Produktionswirtschaft: Controlling industrieller Produktion. Band 1: Grundlagen Führung und Organisation, Produkte und Produktionsprogramm, Matrial und Dienstleistung. Heidelberg – Wien.

Nippa, M. & Picot, A. (1996): Prozeßmanagement und Reingeneering. Die Praxis im deutschsprachigen Raum – Konzepte und Praxisbeispiele. 2. Auflage. Frankfurt/Main.

Zink, K.J. (1994): Business excellence durch TQM: Erfahrungen europäischer Unternehmen. München – Wien.

Kapitel 8

Gemeinsam sind wir stark

Ich habe viel gelesen über Geschäftsprozesse, Schlüsselprozesse, Leistungsprozesse und Unternehmensprozesse. Ich habe etwas über das Netzwerk von Prozessen in einem Unternehmen und über den Prozeßeigner erfahren. Bevor ich aber mit der konkreten Definition und Auswahl von Kernprozessen beginne, plane ich erst einmal eine Vorgehensweise, durch die ich die Funktionsverantwortlichen aus allen Abteilungen einbeziehe. In einem konkreten Fall stelle ich ein Team zusammen, das den Prozeß der Kundenauftragsabwicklung beschreiben und ggf. bewerten soll, um dann Veränderungen einleiten zu können. Eine Reihe von Prozessen wie z.B. Beschaffungsvorgänge, Entwicklungs- und Produktionsvorgänge, aber auch Marketing oder Budgetierungs- und Planungsvorgänge scheinen geeignet zu sein. Ich werde entsprechende Teams bilden. Ein Team unter meiner Moderation wird sich mit der Kundenauftragsabwicklung beschäftigen.

„*Adam, Du bist jetzt wieder an einer entscheidenden Stelle angelangt. Ich will Dir mal ein paar Tips geben, denn es reicht nicht aus, sich mit ein paar Kollegen zusammenzusetzen und mit der Arbeit zu beginnen. Bis eine Gruppe ein wirkliches Team wird, sind einige wichtige Dinge zu beachten bzw. von der Gruppe zu bearbeiten. Dazu möchte ich Dir drei Arbeitspapiere geben.*"

8.1
Teamentwicklung

Teamarbeit stellt eine Form der Zusammenarbeit dar und findet in vielen Methoden des Qualitätsmanagements (QFD, FMEA, Wertanalyse) Anwendung.

Ein erfolgreiches Team weist folgende Charakteristika auf:
- Die Mitglieder fühlen sich für die Arbeit und Ziele des Teams verantwortlich.
- Sie vollbringen außerordentliche Leistungen auch unter erschwerten Bedingungen.
- Die Mitglieder reden offen über entstandene, bzw. entstehende Probleme und bewältigen sie.

- Die Fähigkeiten der Einzelnen werden geschickt zu einer Gesamtleistung verbunden (Hinkel, 1991, S. 318).

Der Begriff „Team" wird in der Unternehmung seit einigen Jahren inflationär gebraucht und mit vielen Attributen versehen: Projektteam, Produktionsteam, Fertigungsteam, Leitungsteam, Innovationsteam. Er steht synonym für Gruppen, Arbeitskreise, Projektgruppen und Organisationseinheiten. Die Mitglieder dieser Teams werden oft durch den Vorgesetzten bestimmt, d.h. die Teilnahme ist eher unfreiwillig und in der funktionalen Bedeutung der Personen begründet. Das bewirkt, daß Vorgesetzte und Auftraggeber die Ansammlung von Personen als Team bezeichnen, die Teammitglieder aber erst einmal einen Prozeß durchlaufen, bevor sie sich selbst als Team sehen (Hinkel, 1991, S. 317).

Eine Gruppe durchläuft folgende Entwicklungsphasen, bevor sie ihren Namen zurecht trägt (Francis & Young, 1982):

1. *Testphase:* Die Reaktion jedes Menschen auf das Zusammentreffen bzw. die Zusammenarbeit mit anderen Personen ist unterschiedlich, z.B. Neugier, Interesse, Ängstlichkeit, Gleichgültigkeit und Arroganz. Diese Phase kennzeichnet die Kontaktaufnahme mit den übrigen Gruppenmitgliedern, das Finden der Position innerhalb der Gruppe und die Klärung der eigenen Beziehung zur Gruppe.
2. *Nahkampfphase:* Hier geht es um den Aufbau von Beziehungen, die Macht und Einfluß beinhalten. Der Teamchef muß seine Stellung vor den anderen Gruppenmitgliedern rechtfertigen. Das Problem der Kontrollfunktion muß gelöst werden: Welche Person(en) übt/üben Kontrollfunktionen aus und wie werden sie ausgeübt? Was passiert bei Verstoß gegen Gruppenregeln? Daraus kristallisiert sich die Form der Zusammenarbeit und der Umgang mit Problemen und Schwierigkeiten heraus.
3. *Organisierungsphase:* Der Schwerpunkt liegt hier auf der Organisation der Zusammenarbeit, um größere Ökonomie bei der Planung und Ausführung der Arbeit zu erreichen. Die Leistung und das Engagement jedes einzelnen Gruppenmitgliedes und der jeweilige Beitrag zum Gesamtergebnis wird hinterfragt. Aktives Zuhören, hohe Kreativität und hohe Problemlösefähigkeit sind Merkmale dieser Phase.
4. *Verschmelzungsphase:* Enge Beziehungen innerhalb der Gruppe und Geschlossenheit als Team sind die Kennzeichen eines „entwickelten" Teams. Jedes Gruppenmitglied hat die Gewißheit, einen unverwechselbaren Beitrag zu liefern und besitzt innerhalb der Gruppe eine festgelegte Funktion. Nun geraten Beziehungen zu anderen Gruppen und zur Gesamtorganisation in den Blickpunkt des Interesses.

Die Abbildung 18 stellt den zuvor beschriebenen Ablauf der Teamentwicklungsphasen dar.

Deutlich wird, daß gezielte Teamentwicklung stattfinden muß, bis das Team über die aufgeführten Merkmale verfügt und die Vorteile der Gruppenarbeit ausgeschöpft werden können (siehe unten). Der Ablauf eines Team-Trainings läßt sich in vier Schritte aufteilen (Francis & Young, 1982):

Voraussetzung: Leidensdruck, Wunsch nach Veränderung, Diskrepanz zwischen IST- und SOLL-Zustand sind vorhanden;

1. Definition eines Problems (IST-Zustand);
2. Definition des gewünschten Zustandes (SOLL-Zustand/ Vision, Ziele);

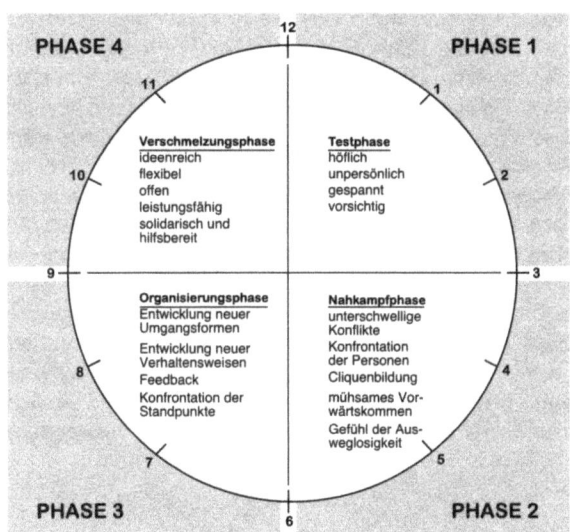

Abb. 18 Die Team-Entwicklungs-Uhr (nach: Francis & Young, 1982)

Tabelle 1 Teamvorteile für Organisation und Mitglieder (nach: Francis & Young, 1984)

Vorteile für die Organisation	Vorteile für jedes Teammitglied
- eine Vielfalt an Wissen, Fähigkeiten und Erfahrungen ermöglicht auch den Umgang mit komplexen Problemen und eine hohe Qualität der Entscheidung - bei Kreativitätsaufgaben und Problemlösungen ist eine höhere Innovationskraft durch gegenseitige Inspiration gegeben - hohe Flexiblilität bei neuen Situationen - hohe Motivation/hohes Engagement durch Art der Zusammenarbeit	- bei Problemlösungen und Entscheidungen trägt die gesamte Gruppe die Verantwortung (Verantwortungsdivisionalisierung) - Transparenz des Lösungsweges für jedes Gruppenmitglied - Akzeptanz der Problemlösung oder Entscheidung innerhalb der Gruppe - Problemlösungen oder Entscheidungen eines Teams haben größeren Einfluß auf die Gesamtorganisation als Lösungen Einzelner

3. Problemlösung und Aufbau des gewünschten Zustandes durch konkrete Maßnahmen und Handlungen;
4. Erfolgskontrolle: Ist Diskrepanz zwischen IST- und SOLL-Zustand verringert worden?

Die Arbeit entwickelter Teams weist folgende Vorzüge für die Organisation und die Gruppenmitglieder auf:

Die Stärke eines Teams liegt darin begründet, daß die Gruppe einen größeren Wissenspool hat und die Ergebnisse der Gruppenarbeit damit von einer höheren Qualität sind als die jedes Einzelnen. Bevor ein Team seinen Namen aber zurecht trägt und die Vorteile der Teamarbeit voll ausgeschöpft werden können, durchläuft es mehrere Entwicklungsphasen. Diese haben unterschiedliche Funktionen inne, wie Kontaktaufnahme, Aufbau von internen Beziehungen, Organisation der Zusammenarbeit und Aufbau von externen Beziehungen. Eine Befähigung aller Mitglieder zur Teamarbeit und Unterstützung an kritischen Punkten des Entwicklungsprozesses ist notwendig.

Daß die individuellen Stärken optimal zum Tragen kommen und jedes Gruppenmitglied einen unverwechselbaren Beitrag zum Gesamtergebnis liefert, liegt in der Verantwortung des Teamleiters. Die erfolgreiche Leitung einer Gruppe erfordert spezielles Wissen über die Eigendynamik einer Gruppe und Techniken zur Teammoderation.

Das Bewußtsein der Seminarmitglieder sollte hinsichtlich des Teamgedankens geschärft und die Voraussetzungen für eine erfolgreiche Teamarbeit geschaffen werden. Die Teamleitung sollte über Kenntnisse zum Gruppenverhalten und zur Anwendung von Moderationstechniken verfügen.

8.2
Moderieren von Gruppen

Im Unternehmen findet ständig eine Interaktion zwischen Menschen statt. Sie finden sich in Arbeitsgruppen, Qualitätszirkeln oder Abteilungsbesprechungen zusammen und bringen ihre Fachkenntnisse und Erfahrungen mit. Auch hier gilt: Das Ganze ist mehr als die Summe seiner Teile, und das Unternehmen macht sich diesen Wissens- und Erfahrungsvorteil der Gruppe zunutze, denn eine Gruppe kann sehr produktiv und kreativ arbeiten und aus gebündelten Ressourcen schöpfen. Wenn sich viele Menschen zusammenfinden, um an einem Projekt zu arbeiten, entstehen aber auch Probleme, zum Beispiel in der Koordination oder Organisation des Arbeitsablaufes, da jeder einzelne Teilnehmer seine eigenen Vorstellungen davon hat. Um den Ablauf produktiv zu gestalten und eine förderliche Arbeitsatmosphäre zu schaffen, kann man sich unterschiedlicher Methoden bedienen. Eine sehr häufig angewandte Methode ist die Moderation von Gruppen unter Zuhilfenahme der Metaplantechnik.

8.2.1
Der Moderator

Der Moderator ist nicht mit einem Lehrer oder Gruppenführer zu verwechseln, der eine Gruppe in eine bestimmte Richtung straff führt und bestimmt, an welchen Aufgaben die Gruppe arbeitet. Seine Aufgabe ist vielmehr in der Prozeßbegleitung der Gruppe zu sehen, die er als Fachmann für ein bestimmtes Fachgebiet unterstützen kann. Er ist der methodische Helfer, wenn während des Prozesses Fragen oder organisatorische Schwierigkeiten auftreten, oder aber der Arbeitsprozeß an einem bestimmten Punkt zu stocken droht. Auf keinen Fall ist der Moderator ein Leiter und Alleswisser, der über Dinge entscheidet oder auftretende Probleme löst. Er sollte auf keinen Fall als Alleinunterhalter die Arbeit der Gruppe leisten oder nur als Protokollant fungieren.

Der Moderator hat zwei Kernaufgaben, welche die Basis seiner Arbeit darstellen:
- die Aufgabe, welche der Gruppe gestellt wurde, gemeinsam mit ihr zu lösen und
- das Klima in der Gruppe so zu gestalten, daß eine gemeinsame Arbeit mit allen möglich ist.

Er kümmert sich sowohl um die Sachebene als auch um die Beziehungsebene in der Gruppenarbeit (s. Kap. 13.3). Zu seinen Aufgaben gehören zum Beispiel das Sammeln, Strukturieren und Visualisieren von Informationen und Ideen. Er soll die Gruppe zur offenen Diskussion aufrufen und anregen, indem er sie durch Fragen aktiviert oder sich anderer erforderlicher Arbeitstechniken bedient. Zudem achtet er auf die Anwendung und Einhaltung der Besprechungsregeln, die im Kapitel über Kommunikation näher erläutert werden, und sorgt für ein angenehmes Gruppenklima. Seine eigenen Meinungen und Ziele stellt er zurück und behält das Gruppenziel immer im Auge.

Durch die folgenden Verhaltensweisen des Moderators wird ein aufgabenorientiertes Gruppenklima unterstützt und gefördert.

Die Einhaltung der Spielregeln sollte er überwachen und dabei Ängste der Gruppenteilnehmer abbauen. Durch Hinterfragen und Provozieren aktiviert er die Gruppe und motiviert die Teilnehmer zur Mitarbeit. Außerdem ist es hilfreich, Teilergebnisse noch einmal zusammenzufassen und Probleme zu notieren, aufzugreifen und in das Thema einzubinden. Auf Zwischenrufe und -bemerkungen sollte der Moderator ruhig und sachlich eingehen und sich nicht zu einer unsachlichen Diskussion provozieren lassen. Folgende Spielregeln, die der Moderator zu Beginn der Gruppenarbeit mit den Teilnehmern vereinbart, haben sich in der Praxis als hilfreich erwiesen:

- Alle Informationen sollen erst einmal wertfrei hingenommen werden, denn alle sind gleichberechtigt und jeder erkennt die Meinung des anderen an.
- Zuhören ist genauso wichtig wie reden.
- Der persönlichen Ehrgeiz soll zurückstellt werden.
- Wissen ist keine Machtquelle, sondern ein Allgemeingut.
- Jeder darf frei sprechen, Entscheidungen werden einvernehmlich getroffen.
- Killerphrasen sollen vermieden werden, wie z.B.: „Das haben wir doch schon immer so gemacht"; „Das haben wir doch schon alles versucht!" oder „Das funktioniert sowieso nicht."

8.2.2
Voraussetzungen für ein erfolgreiches Team

Es gibt Rahmenbedingungen, die bei der Vorbereitung einer Moderation beachtet werden müssen. Das sind vor allem das Wissen und Können der Teilnehmer und ihre Erwartungen und Ziele. Zudem sollten auch das Verhältnis der Gruppenmitglieder untereinander, die Gruppengröße und schließlich auch räumliche und sachliche Mittel berücksichtigt werden.

- *Gruppengröße*
  Optimal sind sechs Teilnehmer, da unter dieser Bedingung für jeden eine aktive Diskussionsteilnahme möglich ist. Bei mehr als zehn Teilnehmern und einer Stunde Sitzungszeit bleibt kaum Raum für Diskussionen, der Sitzungsverlauf

besteht fast nur aus Abfragen und Notieren und ist für die Mitglieder ziemlich unbefriedigend.
- *Interaktionsstruktur*
  In kleinen Gruppen wird offener, engagierter und kontroverser diskutiert, da die Gruppenteilnehmer besser miteinander ins Gespräch kommen können. In großen Gruppen findet die Diskussion überwiegend zwischen einzelnen Gruppenmitgliedern und dem Moderator statt.
- *Gruppentreffen*
  Die Häufigkeit und Regelmäßigkeit beeinflußt den Erfolg maßgeblich. Deshalb sind regelmäßige Sitzungen unbedingt notwendig, um die Glaubwürdigkeit und Ernsthaftigkeit des gesamten Gruppenarbeitsprogramms zu gewährleisten. Zudem fördert Regelmäßigkeit den Gruppenbildungsprozeß und die Bindung der einzelnen Gruppenmitglieder an die Gruppe.
- *Verhalten des Moderators*
  Er soll sich partnerschaftlich und einsatzbereit verhalten, denn wenn er sich desinteressiert zeigt oder starken Druck ausübt, wird die Gruppenarbeit eher zu einer Pflichtübung. Ein unbeliebter und autoritärer Vorgesetzter hat z.B. kaum Chancen, sinnvolle Gruppenarbeit durchzuführen.
- *Erfolg und Mißerfolg*
  Erfolge sind wichtig und fördern das Selbstvertrauen; aber auch eine negative Rückmeldung an den Moderator ist für ihn und seine Entwicklung hilfreich, sofern die Kritik in einer sachlichen Art und Weise vorgetragen und begründet wird. Den Moderator macht das Umgehen mit negativer Rückmeldung glaubwürdiger und gibt dem Teilnehmer das Gefühl, ernst genommen zu werden.

8.2.3
Der Moderationszyklus

Der Ablauf einer Moderation läßt sich in sechs Schritte einteilen, die sich auf den fortschreitenden Problemlösungsprozeß in der Gruppe beziehen.
- *Einstieg*
  Hier findet eine Begrüßung und Vorstellung der Teilnehmer und die Klärung ihrer Erwartungen und Ziele statt. Methoden und Protokollfragen werden geklärt und der Moderator leitet zum Thema über.
- *Themen sammeln*
  Hier wird die Methode der Kartenabfrage eingesetzt. Die Fragestellung wird diskutiert und visualisiert, Moderationskarten werden ausgeteilt und beschrieben. Fragen zu den einzelnen Karten können von den Teilnehmern diskutiert und geklärt werden. Anschließend werden die Karten an der Pinnwand geordnet, wobei die Kriterien für die Anordnung z.B. Ähnlichkeit, gemeinsamer Oberbegriff, Inhalt etc. sein können.
- *Thema auswählen*
  Aus einer Fülle von Ideen werden jetzt sinnvolle und realisierbare Themen ausgewählt und der anfänglichen Fragestellung angeglichen. Einzelne Themen werden der Wichtigkeit nach geordnet.

- *Thema bearbeiten*
  Hier versucht man, geeignete Methoden zur Bearbeitung des Themas zu finden und eine präzise Fragestellung zu formulieren. Dies ist die Hauptphase der Moderation, da der gesamte weitere Verlauf der Gruppenarbeit nach dieser Planung ausgerichtet und durchgeführt wird. Eventuell muß man für diese Phase mehrere Sitzungen einplanen, um genügend Informationen sammeln zu können. Hilfreich eingesetzt werden kann an dieser Stelle die Methode des Brainstorming.
- *Maßnahmen planen*
  Hier plant die Arbeitsgruppe gemeinsam den weiteren Verlauf der Arbeit und erstellt mit Hilfe des Moderators einen Maßnahmenplan. Es werden weitere Aktivitäten organisiert, Aktivitäten und Aufgaben einzelner Teilnehmer und Termine für künftige Treffen festgelegt.
- *Abschluß*
  Der Gruppenprozeß soll im Hinblick auf Erwartungen der Teilnehmer, Effektivität der Arbeit, Zufriedenheit mit dem Verlauf und Gefallen an der Arbeit analysiert und reflektiert werden.

8.3
Ausgewählte Moderations- und Problemlösetechniken

8.3.1
Metaplan

Zur Unterstützung seiner Arbeit bedient sich der Moderator vor allem zu Beginn seiner Arbeit der Metaplantechnik. Er setzt sie während des Arbeitsprozesses immer wieder ein. Die Methode dient vor allem dem Sammeln und Strukturieren von Ideen, der Erarbeitung von Konzepten und der anschließenden Visualisierung.

Der Problemlösungsprozeß in Gruppen wird in den verschiedenen Phasen durch unterschiedliche Methoden wie Kartenabfrage, Zurufabfrage, Brainstorming, Gruppendiskussionen und Gruppenmoderation unterstützt. Der Moderator benötigt dafür folgende Materialien:

- Metaplanwand oder Flip-Chart,
- Karten in verschiedenen Farben, Formen und Größen,
- dicke Filzschreiber und
- Stecknadeln oder Klebepunkte.

Die Kartenabfrage wird in Moderationssitzungen häufig angewendet. Sie dient vor allem der Sammlung und Strukturierung von Ideen, Themen, Problemen, Lösungsvorschlägen oder Maßnahmen. Grundregeln der Kartenabfrage sind:

- nur auf eine Karte schreiben,
- nicht mehr als drei Zeilen auf eine Karte,
- mit dickem Filzstift deutlich schreiben,
- genügend Zeit geben,
- Karten einsammeln, Karten können noch nachgereicht werden,

- Karten mischen, jede Karte einzeln vorlesen und an die Pinnwand heften (Nachfragen nur zum Verständnis, keine Wertung vornehmen),
- Ordnen der Karten nach gleichem oder ähnlichem Inhalt,
- Bilden von Gruppen, diese dann unter einem Oberbegriff zusammenfassen,
- Abstimmung der Ergebnisse mit der Gruppe, Einwände mit einem Blitz markieren,
- verabreden, was weiter zu tun bleibt.

8.3.2
Brainstorming

Brainstorming ist eine Kreativitätstechnik, bei der das Ideenpotential optimal genutzt wird, um eine maximale Anzahl von Ideen in bezug auf eine Zielsetzung (Ursachenfindung oder mögliche Lösungen) zu ermitteln. Bei dieser Technik gelten 4 Grundregeln:

1. *Keine Kritik,*
   denn jede Idee kann weitere Denkanstöße liefern, und eine Ideenauswahl erfolgt erst zu einem späteren Zeitpunkt.
2. *Zuhören und Ideen aufgreifen*
   Das Ergänzen, Weiterentwickeln und Kombinieren mit anderen Ideen ist erwünscht und eine Teamleistung, keine Einzelleistung.
3. *Frei und spontan spinnen*
   Je ungehemmter, desto besser, denn auch phantastische und absurde Ideen sind erwünscht; sie können fruchtbar sein für weitere Denkanstöße und weiterentwickelt werden.
4. *Viele Ideen*
   Quantität ist hier wichtig, da mehr Einfälle auch mehr Chancen zur Lösung bieten.

Literatur:
Francis, Dave & Young, Don (1982): Mehr Erfolg im Team. Essen.
Hinkel, Norbert (1991): Teamentwicklung in einer Bildungsabteilung. In Sattelberger, Thomas (Hrsg.), Innovative Personalentwicklung. 2. Auflage. Wiesbaden.
Löhmer, Claudia (1992): Themenzentrierte Interaktion (TZI): Die Kunst, sich selbst und eine Gruppe zu leiten. Mannheim: PAL.
Seifert, Josef W. (1993): Visualisieren – Präsentieren – Moderieren. Speyer.

Kapitel 9

Im Land der Kundenauftragsabwicklung – Prozeßverbesserung

Es ist Mittwoch morgen, 10.00 Uhr, gleich wird die erste Teamsitzung „Kundenauftragsabwicklung" beginnen und ich erwarte die Teammitglieder aus den Bereichen Außendienst, Absatz, Controlling, Technik, EDV, Produktion und Logistik. Zunächst einmal werde ich erläutern, daß in einem Unternehmen die Arbeit durch ein Netzwerk von Prozessen vollendet wird. Qualitätsmanagement ist also Prozeßmanagement im Sinne einer permanenten Organisationsentwicklung. Die Teilnehmer treffen ein und nach Begrüßung und Einleitung beginnen wir mit der Arbeit. Die Arbeitsgruppe „Kundenauftragsabwicklung", die ich selbst moderiere, beginnt nach meinen Ausführungen zum Element Vertragsprüfung zunächst einmal die Anforderungen der DIN EN ISO 9000 ff. zu beschreiben.

9.1
Textanalyse der Norm: Element 3 – Vertragsprüfung

Aus der DIN EN ISO 9001:

4.3 VERTRAGSPRÜFUNG

4.3.1 *Allgemeines*
Der Lieferant muß Verfahrensanweisungen zur Vertragsprüfung und für die Koordinierung dieser Tätigkeiten einführen und aufrechterhalten. Die Vorgehensweise in der Anfrage- und Angebotsphase soll beschrieben werden. Die Verfahren und Verantwortlichkeiten für die Angebots- und Vertragsprügung müssen festgelegt werden.

4.3.2 *Prüfungen*
Vor Unterbreitung eines Angebots oder der Annahme eines Vertrags oder Auftrags (Feststellung der Forderung) muß das Angebot, der Vertrag oder Auftrag durch den Lieferanten geprüft werden, um sicherzustellen, daß

    a) die Forderungen angemessen festgelegt und dokumentiert sind; wo keine schriftliche Festlegung der Forderung für einen mündlich erhaltenen Auftrag verfügbar ist, muß der Lieferant sicherstellen, daß über die Forderungen zum Auftrag vor ihrer Annahme Einverstehen besteht;

Es soll sichergestellt werden, daß der Kunde zu allen für das Unternehmen notwendigen Informationen zu seinen Wünschen befragt wird. Die Forderungen der Kunden müssen angemessen festgelegt und dokumentiert sein; wo keine schriftliche Feststellung der Forderungen für einen mündlich erhaltenen Auftrag verfügbar ist, muß sichergestellt sein, daß vor Annahme des Auftrags Einvernehmen über die Forderungen besteht.

b) Forderungen eines Vertrages oder eines angenommenen Auftrags, die von denen im betreffenden Angebot abweichen, geklärt sind; Angebot und Auftrag/Vertrag müssen verglichen werden. Falls im Auftrag/ Vertrag Abweichungen vom Angebot festgestellt werden, müssen diese Abweichungen vor Abgabe einer Auftragsbestätigung mit den Kunden geklärt werden. Dabei ist sicherzustellen, daß Abweichungen zwischen den Forderungen eines Vertrages/ Auftrages und dem Angebot vor Vertragsschluß geklärt werden.

c) der Lieferant die Fähigkeit zur Erfüllung der Forderungen des Vertrages oder des angenommenen Auftrages besitzt.

Die Machbarkeit muß sofern möglich vor Annahme des Auftrages geprüft werden, d.h. es muß sichergestellt sein, daß die Forderungen des Kunden durch das Unternehmen erfüllt werden können. Hier muß in der Regel zwischen einer generellen Prüfung für Standardware, Katalogware, Rahmenaufträge etc. und einer auftragsbezogenen Prüfung für jeden einzelnen Auftrag unterschieden werden.

4.3.3 *Vertragsänderung*

Der Lieferant muß feststellen, wie eine Vertragsänderung durchgeführt und korrekt an die betroffenen Funktionen in der Organisation des Lieferanten weitergegeben ist. (DIN EN ISO 9001, 1994)

Es muß festgelegt werden, wie vorgegangen werden soll, wenn der Kunde an der Bestellung etwas ändern möchte, nachdem ein Auftrag angenommen wurde. Dabei ist festzulegen, bis wann eine Änderung berücksichtigt werden kann und wer wen und womit informieren muß, d.h. es müssen ein Verfahren und Verantwortlichkeiten festgelegt werden, wie Vertragsänderungen durchgeführt werden und wie alle betroffenen Stellen angemessen informiert werden.

4.3.4 *Aufzeichnungen*

Aufzeichnungen über Vertragsprüfungen müssen aufbewahrt werden. DIN EN ISO, 1994)

Es müssen Aufzeichnungen vorhanden sein, mit denen die Durchführung der genannten Festlegungen nachgewiesen werden können, wie z.B.: Wurden Auftrag und Angebot verglichen? Wann und von wem im Falle einer nachträglichen Änderung der Bestellung? Welcher Mitarbeiter des Kunden hat wann angerufen?

9.2
Erstellen einer Dokumentation im Team
– am Beispiel des Elementes 3 „Vertragsprüfung"

Aus diesen Normenforderungen entwickle ich das Handbuchkapitel 3 zum Element „Vertragsprüfung" und erarbeite mit der Projektgruppe die Prozeßbeschreibung des Geschäftsprozesses „Kundenauftragsabwicklung", die den Kern der Verfahrensanweisung darstellt. Dazu erläutere ich zunächst einmal die Benutzung von Sinnbildern zur Ablaufbeschreibung entsprechend der DIN 66001 und darüber hinaus die schriftliche Gestaltung einer entsprechenden Qualitätsverfahrensanweisung i.S. einer textlichen Darstellung. Mit Hilfe einiger Symbole beschreiben wir den Geschäftsprozeß „Kundenauftragsabwicklung" in einer moderierten Sitzung mit Hilfe der Metaplantechnik. Begleitend hierzu legen wir eine Verantwortungsmatrix an, die den einzelnen Ablaufschritten die Verantwortung, Mitwirkung und den Informationsstatus zuweist.

9.2.1
Beispielhafter Aufbau eines QM-Handbuch-Kapitels

Titel: Erstellung, Änderung und Pflege von Verfahrens- Arbeits- und Prüfanweisungen

1. *Zweck*
   Mit dieser Verfahrensanweisung soll der einheitliche formale Aufbau aller Verfahrens-, Arbeits- und Prüfanweisungen der FA. Mustermann GmbH & Co. KG sichergestellt werden.
2. *Geltungsbereich*
   Die VA-QS-01 gilt für die Erstellung von Verfahrens-, Arbeits- und Prüfanweisungen in allen Betrieben und allen Abteilungen der Fa. Mustermann.
3. *Verantwortlichkeit/Zuständigkeit*
   Für die Erstellung und den Inhalt von Anweisungen sind die Fachvorgesetzten verantwortlich. Für die Aufnahme von Verfahrensanweisungen in das dokumentierte QM-System ist die Freigabe des QM-Beauftragten bzw. des Leiters der Qualitätssicherung erforderlich.
   Für Arbeitsanweisungen und Prüfanweisungen sind die jeweiligen Abteilungen verantwortlich und zuständig.
4. *Begriffe, Definitionen, Symbole*
   Verfahrensanweisungen (VA's) sind am Ablauf orientierte, die Bereiche übergreifende Anweisungen.
   Die Verfahrensanweisung beschreibt die Zuständigkeiten, Abläufe und dazugehörigen Hilfsmittel für einen bestimmten Vorgang. Die schriftliche Festlegung eines Ablaufes in der Verfahrensanweisung dient unter anderem der Dokumentation, Festlegung und Sicherstellung der Abläufe und einer einheitlichen Bearbeitung.
   In den Verfahrensanweisungen der Fa. Mustermann werden die Aufbau- und Ablaufstruktur des Unternehmens klar definiert und Verantwortungen zugewiesen.

Arbeitsanweisungen (AW's) und Prüfanweisungen (PA's) sind auf den Arbeitsplatz bezogene Darstellungen und enthalten das technische und technologische Know-How der Fa. Mustermann.

Aus diesem Grunde dürfen weder Verfahrens- noch Prüf- oder Arbeitsanweisungen Dritten ohne Genehmigung des Qualitätsbeauftragten/der Geschäftsleitung zugänglich gemacht werden.

Ein ausführliches Beispiel für die Erstellung eines QM-Handbuch-Kapitels finden Sie in Anhang 1.

9.2.2
Beispiel eines konkreten QM-Handbuch-Kapitels

Der theoretische Aufbau eines QM-Handbuch-Kapitels ist mir nun klar. Deshalb erstelle ich jetzt ein konkretes Handbuchkapitel für den Kernprozeß „Kundenauftragsabwicklung".

I.N.NOVA

Qualitätsmanagement-Handbuch

3 Titel „Kundenauftragsabwicklung"
3.1 Zweck
In diesem Abschnitt wird die Verfahrensweise der Auftrags- und Angebotserarbeitung mit dem Kunden aufgezeigt. Mit dem festgelegten Ablauf wird die Realisierung und Terminierung der Kundenwünsche geprüft und bearbeitet.
3.2 Geltungsbereich
Der Bereich der Vertragsprüfung gilt für die Anfrage- und Angebotserstellung von Kundenaufträgen bis zur Freigabe an die Fertigung, wobei je nach Auftragsart die Auftragsbearbeitung Stangen bzw. jeweils zuständige Produktgruppe der Technik zur Bearbeitung oder auch Beratung hinzugezogen wird.
3.3 Zuständigkeiten
Die Mitarbeiter im Bereich Absatz bilden die Schnittstelle zu unseren Kunden. Ihnen obliegt die Bearbeitung aller Kundenaufträge ggf. in Zusammenarbeit mit angrenzenden Abteilungen.
Der Bereich Absatz ist vertriebsgruppenspezifisch aufgegliedert.
3.3 Begriffsdefinitionen
3.5 Vorgehen
3.5.1 Aufgabe Absatz
Der Vertrieb im Bereich Absatz nimmt Aufträge und Anfragen entgegen und sorgt für die weitere Bearbeitung bis zur Freigabe an die Fertigung oder Abgabe eines Angebots (siehe auch QM-VA AB XYZ und QM-VA AB XYZ Angebotsbearbeitung). Der Verkaufssachbearbeiter ist für eine ordnungsgemäße Entgegennahme des Auftrags zuständig und hat die Entscheidung zu treffen, ob eine Weitergabe an die Technik oder auch Werbung erforderlich ist. Eine weitere Aufgabe ist die Beratung von Kunden.

Bei der Bearbeitung der Kundenaufträge stehen folgende Unterlagen zur Verfügung:
- XYZ-Programmübersicht
- XYZ-Katalog
- XYZ-Einzelteillisten
- XYZ-Preisliste
- XYZ-Formbriefe

Standardartikel werden im Absatz direkt bearbeitet. Es erfolgt eine Überprüfung der Machbarkeit mit anschließender Erfassung der Aufträge. Die Bearbeitung der Aufträge erfolgt mit einer DV-gestützten Kundenauftragsabwicklung.

3.4.4 *Vertragsüberprüfung*
Aufträge werden im Absatz auf Machbarkeit überprüft (QM-VA AB XYZ Bearbeitung von Kundenaufträgen) und an die entsprechenden Stellen weitergegeben. Die Weitergabe an die Fertigung erfolgt über den zuständigen Mitarbeiter im Absatz.

3.4.5 *Auftragsarchivierung*
Die Archivierung der Aufträge erfolgt im Absatz mit Hilfe der DV-gestützten Kundenauftragsabwicklung und einem Ablagesystem nach Kundennummer und Auftragsdatum. Da in der Technik und der Auftragsbearbeitung Sonderanfertigungen zu bearbeiten sind, wird hier jeder Auftrag mit den dazugehörigen Zeichnungen und evtl. Stücklisten in einer Ablage nach Auftragsdatum archiviert.

3.4.6 *Änderungen*
Auftragsänderungen sind nur in Absprache mit den betroffenen Fertigungsabteilungen möglich. Die einzubeziehenden Abteilungen ergeben sich aus dem jeweiligen Status des Auftrages. Der Status ist aus der EDV ersichtlich.

3.5 *Mitgeltende Unterlagen*
QM-VA AB XYZ   Angebots- und Auftragsbearbeitung
QM-VA AB XYZ   Reklamation und Reklamationsbearbeitung

9.2.3
Beispiel einer Verfahrensanweisung

Verfahrensanweisungen sind wesentlicher Bestandteil der Dokumentation eines QM-Systems (s. Kapitel 4). Sie werden nach einem einheitlichen Aufbau geschrieben (s. Anhang 1). Kern einer VA ist die Ablaufbeschreibung des Prozesses.
Bei der Darstellung der Ablaufbeschreibungen kann zwischen drei Varianten gewählt werden:
a) Text
b) Flußdiagramm mit Erläuterungen (Sinnbilder nach DIN 66 001)
   Abbildung 19 zeigt die DIN-gerechten Symbole
c) Matrix/Tabelle

Wesentlich hierbei ist die Zuordnung von Verantwortlichkeiten und Zuständigkeiten in Form einer sog. Verantwortungsmatrix. Ein Beispiel ist in Kapitel 9.2.4 beschrieben.

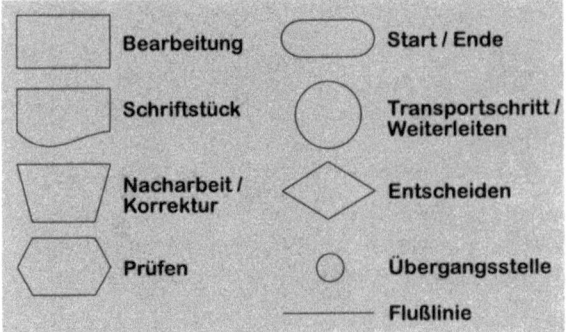

Abb. 19 Sinnbilder in Ablaufplänen (nach: DIN 66001, 1983)

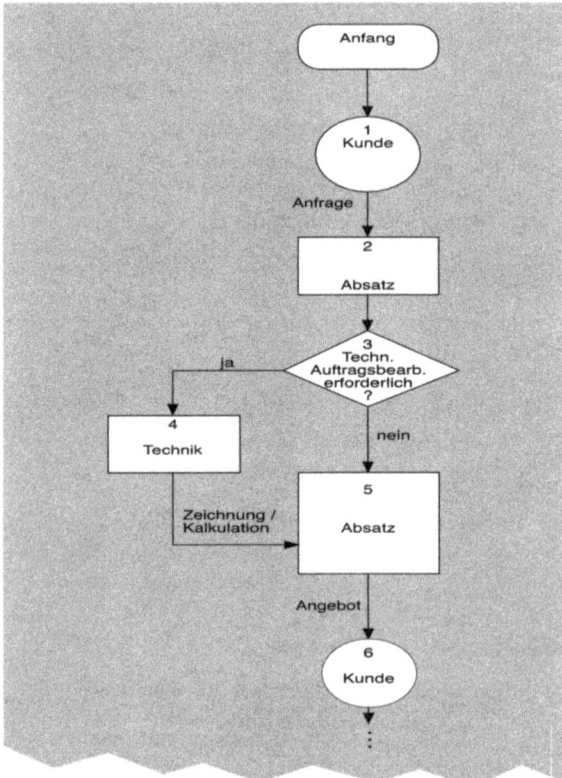

Abb. 20 Kundenauftragsabwicklung, Teil 1

Zu wählen ist die Darstellungsform, die den zu beschreibenden Vorgang am deutlichsten beschreibt. Erfahrungsgemäß ist eine Kombination aus allen drei Formen am sinnvollsten.

Eine ausführliche Beschreibung einer beispielhaften Verfahrensanweisung finden Sie ebenfalls im Anhang 1.

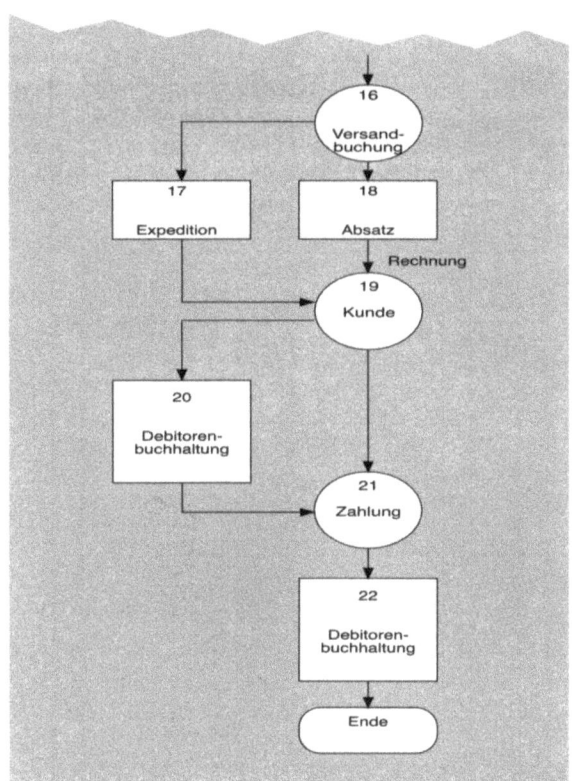

Abb. 21 Kundenauftragsabwicklung, Teil 2

9.2.4
Das Erstellen einer konkreten Verfahrensanweisung – Kundenauftragsabwicklung

Im folgenden sehen Sie eine visualisierte Verfahrensanweisung für den Kernprozeß Kundenauftragsabwicklung:

Durch die Verantwortungsmatrix wird den einzelnen Abteilungen die Verantwortung für die verschiedenen Schritte der Kundenauftragsabwicklung zugeordnet [siehe Abb. 22].

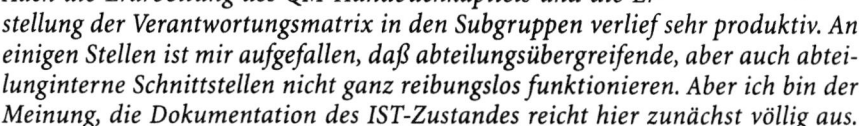

Ich bin mit den Sitzungen sehr zufrieden, da ich mit Hilfe der Metaplantechnik sehr flexibel die Abläufe visualisieren konnte. Auch die Erarbeitung des QM-Handbuchkapitels und die Erstellung der Verantwortungsmatrix in den Subgruppen verlief sehr produktiv. An einigen Stellen ist mir aufgefallen, daß abteilungsübergreifende, aber auch abteilungsinterne Schnittstellen nicht ganz reibungslos funktionieren. Aber ich bin der Meinung, die Dokumentation des IST-Zustandes reicht hier zunächst völlig aus.

Mr. Change: „Sicher Adam, Du hast vollkommen Recht, die Forderungen der DIN EN ISO 9001 sind für diese Teilaufgabe weitestgehend erfüllt. Aber ich möchte Dich

Pos.-Nr.	V = verantwortlich M = notwendige Mitarbeit I = Information Abteilung / Fachbereich						Erklärung / Beschreibung der Tätigkeiten
	Kunde	Absatz	Technik	...	Versand	Buchhaltung	
1	V						• Anfrage an FIRMA senden
2	(M)	V					• Bearbeitung der Kundenanfrage, evtl. Rückfragen bei Kunden
3		V	(M)				• Prüfung, ob technische Angebotsbearbeitung erforderlich, • falls ja, Vergabe der Angebotsnummer
4		(M)	V				• Technische Bearbeitung, • Kalkulation des Angebotspreises, • Erstellung technischer Angebotsunterlagen
5		V					• Komplettierung des Kundenangebots, • Erfassung des Angebots, • Erstellung eines Anschreibens, • Sendung des Angebots an den Kunden
6	V						• Prüfung des Angebots, • Kaufentscheidung
...							...
16					V		• Versandbuchung, • Lieferscheinerstellung, • Lagerentnahmebuchung
17					V		• Zusammenstellung der Sendungen, • Erstellung der Frachtpapiere, • Expedition der Ware, • Lieferschein an Kunden
18		V					• Fakturierung, • Rechnungserstellung, • Druck und Versand, • Fortschreibung der Statistikdaten, • Löschen der Kundenbedarfe
19	V						• Rechnungserhalt und Rechnungsprüfung
20						V	• Bei nicht rechtzeitigem Zahlungseingang wird Mahnverfahren eingeleitet
21						V	• Zahlungseingang und Buchung

Abb. 22 Verantwortungsmatrix

hier an die Beurteilungskriterien erinnern, wie sie in der DIN EN ISO 9000 T1 formuliert sind, insbesondere an die folgende Formulierung:
   ... c) sind die Prozesse effektiv bei der Bereitstellung der erwarteten Ergebnisse(DIN EN ISO 9000, 1994)?"

9.3
Einführung in die Prozeßbewertung (DIN EN ISO 9000)

„Ich will Dir nur ein paar Möglichkeiten darlegen, nach welchen Kriterien Prozesse bewertet werden können.

   Du kannst Dir an der Verantwortungsmatrix den Ablauf verdeutlichen, wer in den einzelnen Teilschritten für eine Aufgabe verantwortlich ist, wer mitwirken oder informiert werden muß. Wenn zum Beispiel viele Personen mitwirken müssen oder viele informiert werden sollen, so schaue nach, ob diese Arbeiten nicht durch eine Person vollzogen werden können. Was geschieht mit den Informationen? Füllen diese bloß Ordnerreihen? Gehe mit einfachen Mitteln auf die Suche nach möglichen betrieblichen Verschwendungen.
   Hinterlege den Ablauf, soweit das möglich ist, mit Reklamationsquoten. Hierbei kannst Du Reklamationsnester erkennen und betriebliche Problemlösungsgruppen bilden, die sich mit der Problemstellung auseinandersetzen.
   Du kannst auch Durchlaufzeiten messen oder messen lassen (z.B. in Form von Selbstaufschreibungen). Die Durchlaufzeit umfaßt dabei die gesamte Zeitspanne von der Eingabe- bis zur Ausgabestelle eines definierten Prozesses. Du kannst Dir hierbei auch interne Übergabepunkte oder spezielle Schnittstellen anschauen. Die Durchlaufzeit kannst Du nach Bearbeitungs- und Liegezeiten unterscheiden, wobei zusätzlich noch Transferzeiten z.B. durch Transport von Waren oder Informationen auftreten können.
   Du kannst Dir auch die Informationswege anschauen. Sind sie gekennzeichnet durch mündliche oder schriftliche Informationsweitergabe? Sind die Abläufe rechnerunterstützt oder werden telekommunikative Wege genutzt?
   Du siehst, es gibt also eine Reihe von Möglichkeiten, die dokumentierten und beschriebenen Abläufe zu analysieren und gegebenenfalls zu verändern. Das Qualitätsmanagement sieht hierzu sogar das Verfahren der „internen Audits" vor. Das interne Audit beschreibt eine Methode, mit der Mitarbeiter des eigenen Unternehmens die Wirksamkeit des QM-Systems beurteilen können. Dabei läßt sich die Einhaltung der vereinbarten Qualitätsstandards überprüfen, wobei die Abläufe von den eigenen Mitarbeitern mitbeurteilt werden können. Daraus lassen sich kontinuierliche Verbesserungen und Möglichkeiten zur Effizienzsteigerung erarbeiten. Diese Informationen werden der Geschäftsführung rückgekoppelt und geben Aufschluß über die Güte der Auftragsabwicklung in den organisatorischen Einheiten. So kannst Du Dir auch eine Matrix anlegen, in der Du die wichtigsten Schnittstellen entlang eines Prozesses kennzeichnest, die Schnittstellen bewertetst und Handlungsbedarfsmöglichkeiten ermittelst. Ich habe Dir nun einiges zum Thema der Prozeßbewertung erzählt und möchte Dir hierzu noch eine Prozeßbewertungsmatrix, in der Du die o.g. Kriterien eintragen kannst, geben."
   Ich habe nun einige Methoden zur Prozeßanalyse und -bewertung kennengelernt. Einige würde ich sicherlich in der Folgezeit in den „internen Audits" anwen-

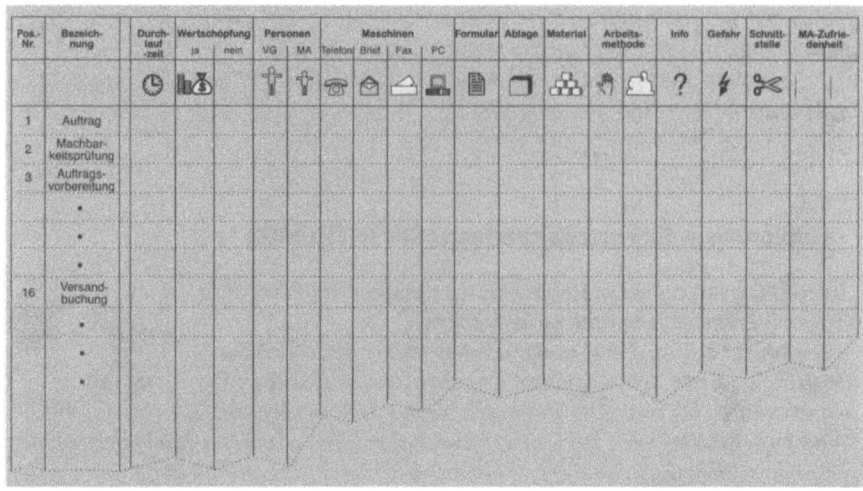

Abb. 23 Prozeßbewertungsmatrix

den, aber ein Ereignis aus den letzten Tagen läßt mich nicht mehr in Ruhe. Ein Kollege aus dem Kundenauftragsteam kam zu mir und sagte mir, daß er es nicht richtig findet, wenn der Ablauf so durch das QM-System festgelegt wird, da es ein idealisierter Ablauf ist. Mit den Kollegen der eigenen Abteilung mag es noch klappen, aber wenn es über Abteilungen hinweg geht, „um Himmels willen". Irgendwo hatte er Recht. Die Striche zwischen zwei Kästchen in den Ablaufplänen haben unterschiedliche Bedeutung. Manchmal sind es zwei Personen einer Abteilung und ein anderes Mal zwei Personen aus verschiedenen Abteilungen. Doch eines muß stets gewährleistet sein: die Personen müssen bereit sein, Informationen oder Wissen auszutauschen, d.h. sie müssen kommunizieren.

Literatur:
Deutsches Institut für Normung e.V. (Hrsg.): DIN EN ISO 9000. Normen zum Qualitätsmanagement und zur Qualitätssicherung/QM-Darlegung. Berlin 1994.
Deutsches Institut für Normung e.V. (Hrsg.): DIN EN ISO 9001. Qualitätsmanagementsysteme – Modell zur Qualitätssicherung/QM – Darlegung in Design, Entwicklung, Produktion, Montage und Wartung. Berlin 1994.
Deutsches Institut für Normung e.V. (Hrsg.): DIN 66001 Informationsverarbeitung – Sinnbilder und ihre Anwendung. Berlin 1994.
Gaitanides, M. (Hrsg.) (1994): Prozeßmanagement – Konzepte, Umsetzungen und Erfahrungen des Reengineering. München.

Kapitel 10

Die lebenden Abläufe

Informationen oder Wissen sind nicht neutral. Das Wissen in einem Unternehmen ist verteilt. Einzelne Personen haben unterschiedliche Interessen. Sie sind nur begrenzt bereit, Wissen zur Verfügung zu stellen, speichern Wissen oder überfluten mit Informationen. Die Wissenslogistik, also der Prozeß -das relevante Wissen zum richtigen Zeitpunkt beim richtigen Empfänger-, zeigt häufig ineffiziente Formen. Dabei gibt es erstens einen horizontalen, personen- und bereichsübergreifenden Wissenstransfer, zweitens einen prozeßübergreifenden Wissenstransfer und drittens einen hierarchieübergreifenden, vertikalen Wissentransfer. Auch bei der Informationsweitergabe steht das Unternehmen häufig, insbesondere durch die informationstechnische Vernetzung und Computerisierung, vor einem paradox klingenden Problem: „Wir ertrinken in Informationen und uns dürstet nach Wissen (Naisbitt, 1988)". Die Wissenschaft beschreibt dabei auch sogenannte „Informationspathologien". Dabei handelt es sich um Störungen, die dadurch entstehen, daß produzierbare Informationen nicht produziert werden, beschaffbare Informationen nicht beschafft werden, vorhandene Informationen nicht oder verzerrt übermittelt werden und übermittelte Informationen falsch verstanden oder nicht verwendet werden. Ursachen können z.B. in der Betriebsblindheit, der Informationsüberbelastung oder der mangelnden Informationsnachfrage bestehen. Es kann aber auch am Unverständnis zwischen Spezialisten oder an einem übertriebenen Harmoniebedürfnis zwischen den Mitarbeitern liegen. Manche Menschen haben die Tendenz, immer noch mehr vom Falschen zu tun, nur um auf dem einmal eingeschlagenen Weg weiterzugehen. Wissens- und Informationsprozesse im Unternehmen sind sehr komplex.

Manchmal habe ich sogar den Eindruck, daß es eher um Verlernen geht, als darum, Neues zu lernen, wenn sich die Leute so sehr an althergebrachte Strukturen klammern.

Was ich von meinem Kollegen höre und was Mr. Change mir über die sogenannten „Informationspathologien im Spannungsfeld betrieblicher Wisssenslogistik" erzählt, geht mir nicht mehr aus dem Kopf. Irgendwie finde ich es spannend, diesen Gedanken einmal auf unser Unternehmen zu übertragen. Ich überlege, wie ich mir

Kapitel 10

	Verkaufs-leiter	Verkaufs-sachbe-arbeiter	...	Auftrags-erfassung	...	Versand-steuerung	...	Versand	Fibu
Verkaufs-leiter		(++)							+
Verkaufs-sachbe-arbeiter				++H		++H		+	+
⋮									
Auftrags-erfassung						0		0	0
⋮									
Versand-steuerung								(++?)	0
⋮									
Versand									0
Fibu									

Legende:
- 0 = keine Schnittstelle
- + = wichtige Schnittstelle
- ++ = sehr wichtige Schnittstelle
- H = Handlungsbedarf
- ▲ = Handlungsfelder
- ◯ = abteilungsübergreifende Schnittstelle
- ( ) = abteilungsinterne Schnittstelle

Abb. 24 Schnittstellenmatrix

diese Thematik verdeutlichen kann. Mit Hilfe der Ablaufbeschreibungen erstelle ich zunächst einen Ablaufgraphen des „Kundenauftrages", der in stilisierter und vereinfachter Form die wesentlichen Prozeßschritte und deren Zuordnung zu betrieblichen Funktionen beinhaltet und zeichne mir beispielhaft Schnittstellen ein. Darüberhinaus fertige ich noch eine Matrix an, in der ich auf der vertikalen und horizontalen Achse die einzelnen Funktionsstellen eintrage. Danach trage ich in die Felder ein, ob eine Schnittstelle besteht, es sich um eine wichtige oder sehr wichtige abteilungsinterne oder abteilungsübergreifende Schnittstelle handelt und ob ich aus meiner Kenntnis einen Handlungsbedarf prognostiziere, den ich dann mit den einzelnen Kollegen besprechen kann.

Bei der Betrachtung wird mir klar, daß Abläufe Biographien haben und Prozesse leben und mit Menschen verknüpft sind. Wenn die Menschen nicht lernen können, wollen oder dürfen, verändern sich auch die Prozesse nicht. Wenn sich die Prozesse nicht verändern, bleiben die Möglichkeiten des Lernens vorbestimmt, also auch die Möglichkeit sich auf veränderte Kundenwünsche einzustellen. Dabei denke ich an Herrn Malkow aus einer bestimmten Abteilung. Er ist wie ein schwarzes Loch. Alle relevanten Auftragsinformationen laufen bei ihm zusammen, und dann sind sie erst einmal weg. Irgendwie muß er ein riesiger Wissensknoten sein, aber die Pfade zu seinen Kollegen benutzt er nur recht spärlich. Auf der Heimfahrt denke ich noch über die vielen anderen großen und kleinen Wissensknoten und über die Trampelpfade und befestigten Gehwege im Unternehmensnetzwerk der I.N.NOVA GmbH nach.

Literatur:
Naisbitt, J. (1988): Führung 2000 – Perspektiven und Konsequenzen. In: Wiendick, G.; 7. Deutscher Quality-Circle, Bad Dürkheim.

Kapitel 11

Den eigenen Standort bestimmen

11.1
Die Lernlandschaft erkunden

Lernprozesse im Unternehmen werden nur durch ein Netzwerk von Lernbeziehungen zwischen Personen und Personengruppen ermöglicht. Der Lern-, Informations- und Wissenstransfer kann dabei nie verlustfrei sein. Wann immer Informationen zwischen zwei Quellen weitergegeben werden, egal ob es sich dabei um Individuen oder Kollektive handelt, geht Information verloren. Dieser Informationsverlust kann gewollt oder ungewollt sein. Die Diagnose dieses Schnittstellenproblems soll durch das Lernnetzanalyseinstrument erleichtert werden. Hierbei kann man weniger Aussagen über die Ursache des Verlustes (über das Warum) machen, als vielmehr zunächst die Quelle identifizieren (das Woher). Die Ursachenidentifikation, z.B. ob der Verlust gewollt oder ungewollt ist und warum er stattgefunden hat, kann erst in einem zweiten Feinanalyseschritt erfolgen. Informationen verbreiten sich auf den Pfaden zwischen den Knoten des Netzwerkes. Somit sind diese Pfade und Knoten die potentiellen Verursacher des Informationsverlustes. Wer oder was aber sind die Knoten und Pfade des Netzwerkes? Im Netzwerk bilden die Individuen/Organisationseinheiten die Knoten des Netzes, und die Verbindungspfade zwischen den Knoten sind gleichzusetzen mit den Lernbeziehungen und -prozessen zwischen den Knoten. In der Gesamtstruktur bildet dieses Modell den Grad der Wissensdiffusion im Unternehmen ab. Die Anzahl von Pfaden bzw. deren Qualität, Häufigkeit, Intensität usw., die über vertikale, horizontale und diagonale Wege Knoten verbinden, charakterisieren die Transportwege, das neues Wissen, das von einer Person oder in einer Abteilung erworben wird, im Unternehmen verbreiten. Die Qualität der Knoten, d. h. Höhe des Wissensstandes, Bereitschaft und Handlungen der Wissensweitergabe bzw. des -erwerbs, kennzeichnen die personelle Bindung des Wissens und dessen potentielle Transportierbarkeit im Unternehmen.

Das Netzwerk-Modell ermöglicht die Verbindung der organisationalen und individuellen Perspektive von Lernen. Individuelles Lernen bildet sich ab durch Veränderung/ Vergrößerung einzelner Knoten. Kollektive Lernprozesse werden sichtbar durch die Veränderung mehrerer Knoten und vor allem durch deren Lernbeziehungen zueinander. Die Gesamtheit der Knoten und Pfade des Netzes bildet den organisationalen Wissensvorrat ab. Die Herausbildung von Lernpfaden zwischen Knoten und die institutionalisierte Pflege solcher Verbindungen sind Kennzeichen dafür, daß die kollektivierte Wissensbasis auch öffentlich (erlaubt) ist und organisationales Lernen stattgefunden hat. Dies setzt wiederum erhöhte motivationale Anreize für die Anwendung neu erworbenen Wissens in Organisationshandlungen. Die Beschaffenheit des Netzes regelt somit die Verwertung und Umsetzung von Wissen.

Mit Hilfe dieser innerbetrieblichen Lernnetzstruktur wird der individuelle Transfer eines Organisationsmitgliedes, das nach erfolgreicher Teilnahme an einer externen Schulung ins Unternehmen zurückkehrt, strukturell wie personell unterstützt. Der Seminarteilnehmer überträgt das neu erworbene Wissen in Interaktion mit Kollegen und Vorgesetzten auf seinen konkreten Arbeitsplatz, modifiziert es ggf. dabei und wirkt daran mit, die Neuerungen zu kollektivem und institutionalem Wissen werden zu lassen, sie konkret einzusetzen und sie über Feedbackprozesse kontinuierlich anzupassen.

Zusammenfassend ist festzuhalten, daß das Modell 'Lernnetz' die Betrachtung organisatorischen Lernens auf einer übergeordneten Ebene ermöglicht und darauf bezogene Struktur-, Prozeß- und Personenmerkmale in einen Gesamtrahmen integriert.

Das Lernnetz ist eine partizipative, prozessuale Analyse- und Interventionsmethodik auf der Basis des soziotechnischen Systemansatzes (Sydow 1985). Es ist sowohl als Diagnostikum als auch als handlungsleitende Interventionsquelle zu nutzen.

Wofür kann nun der Qualitätsprozeßmanager das Lernnetzanalyseinstrument benutzen? In einer ersten Betrachtung können nun diejenigen Bereiche gefunden werden, die einer genaueren Feinanalyse bedürfen. Z.B. liegen für die Dimension 'Beziehungen zwischen Abteilungen' (entspricht den Pfaden) jeweils Selbst- und Fremdeinschätzungen einer Abteilung vor. Aus der Gegenüberstellung dieser Selbst- und Fremdeinschätzungen ergeben sich ggf. Diskrepanzen in der Wahrnehmung und Bewertung des innerbetrieblichen Wissenstransfers. Dies sind wichtige diagnostische Hinweise auf Defizite im Lernnetz der Organisation. Darüber hinaus können weitere diagnostische Instrumente eingesetzt werden, wie z.B. die Kraftfeldanalyse (s. Kap. 3), 7-Fragen-Kunde-Lieferant (s. Kap. 16), Verschwendungslisten, Reklamationserhebungen, Durchlaufzeitenermittlung (s. Kap. 15) und andere verhaltens- und arbeitswissenschaftliche Instrumente.

Mit Hilfe diagnostischer Entscheidungsregeln werden im nächsten Schritt einzelne Abteilungen oder Gruppen von Abteilungen als Handlungsfelder definiert, in denen transferfördernde Interventionen angesetzt werden.

11.2
Die Lernlandkarte

Zur Identifizierung der Lernlandschaft haben wir einen Fragebogen entwickelt. Sie finden den kompletten Fragebogen im Anhang 3. Er kann als Analyse- und Abbildungsinstrument der Lernlandschaft im Unternehmen eingesetzt werden. Er bildet die Lernlandschaft insgesamt ab, kann aber auch gezielt zur Analyse der Lernlandschaft einzelner Abteilungen herangezogen werden, wie die Abbildung 25 zeigt.

Er besteht aus einem Vorgesetztenfragebogen und einem Mitarbeiterfragebogen. Beide Bögen sind modulartig aufgebaut.

Der wesentlich umfangreichere Vorgesetztenfragebogen ist in fünf Teile gegliedert, die je nach Bedarf eingesetzt werden können.

1. Qualitätspolitik und -ziele,
2. Mitarbeitergespräche,

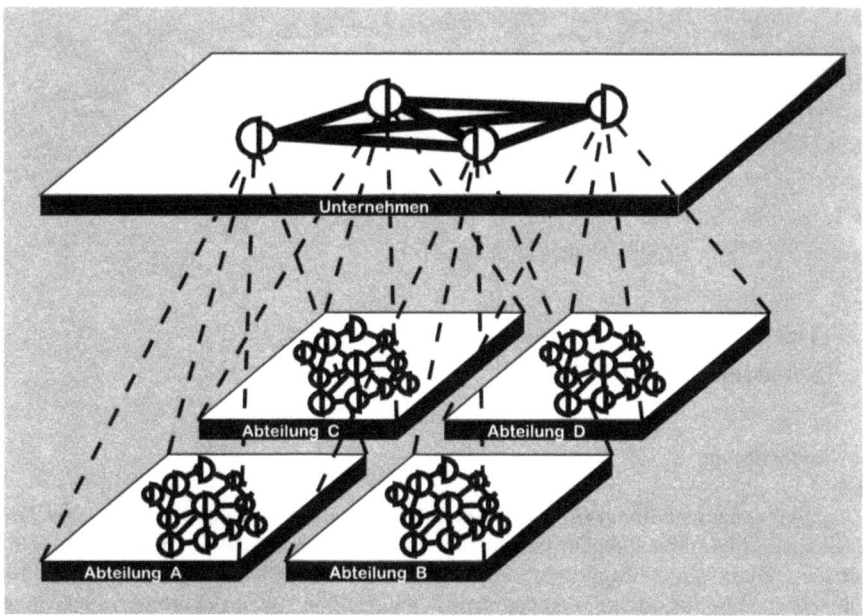

Abb. 25 Struktur des Lernnetz

3. Knoten,
4. abteilungsinterne Pfade und
5. abteilungsübergreifende Pfade.

Die ersten beiden Teile beziehen sich auf allgemeine Fragestellungen, die für die Beschaffenheit der Lernlandschaft von Bedeutung sind. Im dritten und vierten Teil werden die Knoten und Pfade, also die konkreten Abbildungen der Lernlandschaften innerhalb der verschiedenen Abteilungen ermittelt.

Von Bedeutung sind darüber hinaus die Beziehungen der einzelnen Abteilungen untereinander. Diese können mit dem fünften Teil des Fragebogens untersucht werden.

Der Mitarbeiterfragebogen ist nicht so ausführlich wie der Vorgesetztenfragebogen. Dies hat einen einfachen Grund. Unter Abwägung der Kosten – Nutzen – Relation ist eine umfangreiche Befragung aller Mitarbeiter viel zu kostenaufwendig. Ein Großteil der Informationen kann auch durch die Befragung der Vorgesetzten gewonnen werden. Für die Mitarbeiterbefragung haben wir deshalb nur zwei Teile vorgesehen:
1. Qualitätspolitik und -ziele,
2. Knoten.

Der erste Teil stimmt mit dem ersten Teil des Vorgesetztenfragebogens überein. Der zweite Teil ist eine verkürzte Version des dritten Teils des Vorgesetztenfragebogens.

Zur Identifizierung der Wissensträger ist es unerläßlich, daß die Befragten Angaben zu ihrer Person machen. Diese werden, wie alle Personaldaten, natürlich streng vertraulich behandelt. Somit kann der Fragebogen auch einen Beitrag zur Bildungsbedarfsanalyse leisten, ersetzen kann er diese jedoch nicht. Hierfür ist eine umfangreiche Datenanalyse sinnvoll, aus der Informationen über:

- Arbeitsplatz-/Funktionenbeschreibung,
- Anforderungsprofile,
- künftige Organisationsstrukturen,
- stellenbezogenen Profilvergleich (Qualifikation/Anforderungen),
- vorhandene Potentiale,
- Organisations- und Stellenpläne und
- Zielvereinbarungen

gewonnen werden sollen (Lau-Villinger, 1994).

11.3
Die Nutzung des Fragebogens

11.3.1
Vorbereitung

Der Qualitätsprozeßmanager muß im ersten Schritt die Zielgruppe der zu Befragenden festlegen. Anhand von Stellenplänen kann er die Vorgesetzten und Mitarbeiter identifizieren, die für die Befragung in Betracht kommen. In einem zweiten Schritt stellt er nun den zu benutzenden Fragebogen aus den einzelnen Teilen zusammen. Spätestens jetzt sollten die Betroffenen ausführlich über Inhalte und Ziele der Befragung informiert werden, da insbesondere, wenn ein solches Analyseinstrument zum ersten Mal eingesetzt wird, die Gefahr besteht, daß die Betroffenen mißtrauisch reagieren. Diese Dissonanz kann nur durch umfassende Information abgebaut werden.

11.3.2
Durchführung

Der Fragebogen sollte unter Aufsicht und Anleitung des Qualitätsprozeßmanagers ausgefüllt werden. Er kann den Teilnehmern den Fragebogen einzeln oder in Gruppen bis zu fünf Personen vorgelegen. Dem Qualitätsprozeßmanager kommt die Aufgabe zu, die Fragestellungen zu erläutern und gegebenenfalls Rückfragen zu beantworten. Weiterhin sollte der Qualitätsprozeßmanager auf das korrekte Ausfüllen achten.

11.3.3
Auswertung

Die statistischen Methoden zur Auswertung der einzelnen Fragebogenteile finden Sie im Anhang 4.1.

11.3.4
Einleitung von Maßnahmen

Je umfangreicher der Fragebogen in der Unternehmung eingesetzt wurde, um so höher sind die Erwartungen der Beteiligten bzgl. der Einleitung von Maßnahmen, die sich daraus ergeben sollten. Zunächst haben die meisten Teilnehmer ein Interesse daran, die Ergebnisse der Befragung zu erfahren. Dies könnte als erste Maßnahme beispielsweise im Rahmen einer Informationsveranstaltung oder einer Veröffentlichung in der Firmenzeitschrift – natürlich in anonymisierter Form – umgesetzt werden. Die direkt Betroffenen sollten die Ergebnisse in kleineren Gruppen rückgekoppelt bekommen. In diesen Gruppensitzungen werden die Teilnehmer aufgefordert, sich zu den Ergebnissen zu äußern. Diese Maßnahme ist somit zugleich eine Korrekturschleife, da sie evtl. Fehlinterpretationen der Auswertung aufdeckt. Häufig ist festzustellen, daß diese Gruppen aufgrund der Ergebnisse Verbesserungs und Änderungsmaßnahmen entwickeln. Sie entwickeln sich dann von einer Auswertungsgruppe zu einer Problemlösungsgruppe. Falls die Ergebnisse einen Veränderungsbedarf der ermittelten Lernlandschaft aufdecken, besteht für den Qualitätsprozeßmanager die Aufgabe, den Ursachen hierfür auf den Grund zu gehen. An diesem Punkt stellt sich die Frage, ob es sich bei der Abweichung um ein organisatorisch-strukturelles Problem handelt, oder ob die Ursache eher im qualifikatorisch-personellen Bereich zu suchen ist. Unterstützung kann und sollte der Qualitätsprozeßmanager bei den entsprechenden befragten Personen oder von den Problemlösungsgruppen einfordern.

In den qualifikatorisch-personellen Problembereichen, in denen ein Weiterbildungsbedarf besteht, sind jene Personengruppen zu identifizieren, die geschult werden sollen. Bei der Zusammenstellung der Trainingsgruppen ist es sinnvoll, die jeweilige Vorbildung der Teilnehmer und die zu schulenden Lehrinhalte in die Planung einzubeziehen. Auf diese Weise gelingt es, ein teilnehmerorientiertes Training zu konzipieren, in dem auch individuelle Lernformen ihren Platz finden sollten.

11.3.5
Erfolgskontrolle

Im Anhang 4.2 finden Sie Angaben zur Erfolgskontrolle.

Literatur:
Lau-Villinger, D (1994): Qualifizierungsberatung für Klein- und Mittelbetriebe im Kontext der Personal- und Organisationsentwicklung. In: Kailer, N. (Hrsg.): Beratung bei Weiterbildung und Personalentwicklung. Wien.
Sydow, J. (1985): Der soziotechnische Systemansatz der Arbeits- und Organsationsgestaltung: Darstellung, Kritik, Weiterentwicklung. Frankfurt/Main.

Kapitel 12

Fragebogen Teil 1: Qualitätspolitik und -ziele

12.1
Welche Funktion erfüllt dieser Teil?

Der erste Teil des Vorgesetztenfragebogens hat die Qualtätspolitik, die Qualitätsgrundsätze und Qualitätsziele zum Inhalt. Die Qualitätspolitik ist eine originäre Entscheidung der obersten Leitung der Unternehmung. Die allgemeinen Qualitätsgrundsätze werden aus ihr abgeleitet. Die spezielleren Qualitätsziele beschreiben einen erwünschten Zustand, den die Organisation erreichen möchte. Die Kenntnis hierüber ist somit eine notwendige Voraussetzung für zielorientiertes Handeln, denn erst dadurch wird den Mitarbeitern ermöglicht, Instrumente und Verfahren zur Zielerreichung zu entwickeln.

Der erste Teil des Mitarbeiterfragebogens hat ebenso wie der entsprechende Teil des Vorgesetztenfragebogens die Qualtätspolitik, die Qualitätsgrundsätze und Qualitätsziele zum Inhalt. Auch die Mitarbeiter sollten hierüber informiert sein.

Weiterhin sollten sie die operationalisierten Handlungsziele für ihre Abteilung kennen.

12.2
Abgeleitete Maßnahmen

Stellt sich bei der Auswertung heraus, daß selbst Führungskräfte die Qualitätspolitik und die Qualitätsgrundsätze nicht kennen, liegt es entweder daran, daß diese nicht

---

1. Sind Ihnen die Qualitätspolitik und -grundsätze der Unternehmung bekannt?

   ja ☐   nein ☐

2. Welche Qualitätsziele haben Sie aus der Qualitätspolitik und den -grundsätzen für Ihre Abteilung/Gruppe abgeleitet?

Mitarbeiterfragebogen

festgelegt worden sind, oder noch nicht schriftlich formuliert und organisationsweit bekanntgemacht wurden. Dies müßte unverzüglich nachgeholt werden.

Kennen die Mitarbeiter weder die allgemeine Qualitätspolitik und die Qualitätsgrundsätze noch die operationalisierten Ziele ihrer Abteilung, sollten diese bekanntgemacht werden. Dies kann durch den direkten Vorgesetzten erfolgen. Diese Maßnahme sollte durch Wandzeitungen, Mitteilungen am „Schwarzen Brett" oder durch Artikel in der Firmenzeitschrift geschehen. Da Ziele nur handlungsorientierende Wirkung haben, wenn sie auch akzeptiert werden, sollten insbesondere die Abteilungsziele mit den Mitarbeitern besprochen werden.

Eine weitere Maßnahme ist die Einführung des Management by Objectives (MbO)-Konzeptes. „MbO ist eine Führungskonzept, bei dem Vorgesetze und nachgeordnete Manager gemeinsam Ziele festlegen, ihren jeweiligen Verantwortungsbereich für bestimmte Ergebnisse abstecken und auf dieser Grundlage ihre Abteilung führen und die Leistungsbeiträge der einzelnen Mitarbeiter bewerten" (Staehle, 1990). Dieses Instrumentarium wird somit auf jeder Hierarchiestufe angewendet. MbO ist ein sich immer wiederholender Prozeß, wie das folgende Kreislaufschema zeigt.

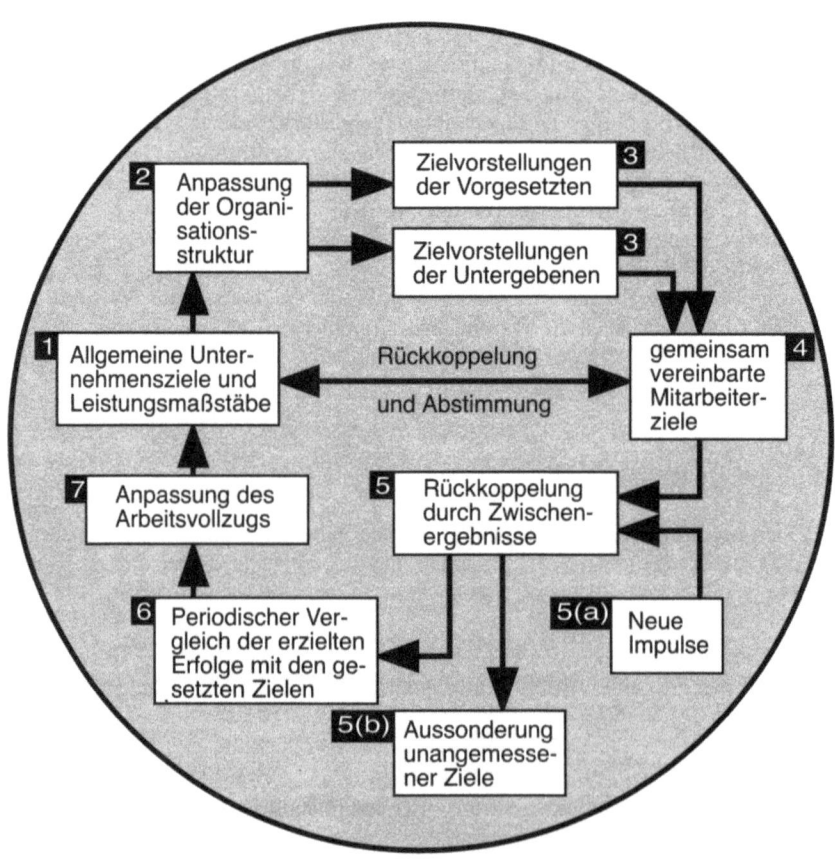

Abb. 26 Management by Objectives als Kreislaufschema (nach: Staehle, 1990)

Die Ziele ergeben sich somit zum einen aus der Unternehmenspolitik, zum anderen müssen sie mit dem einzelnen Mitarbeiter oder mit einer Arbeitsgruppe vereinbart werden.

Die Zieldefinitionen sollten:
- möglichst klar, konkret und kurz formuliert sein,
- das erwartete Ergebnis beinhalten,
- die Termine für die Realisierung enthalten und
- im Einklang mit den anderen Zielen stehen (Probst, 1993).

Durch diese Art der Zielformulierung weiß jeder Mitarbeiter, welche Leistungen von ihm erwartet werden und kennt die Kriterien, nach denen er beurteilt wird. Jedoch ist bei einer ausschließlich an der Zielerreichung gemessen Leistungsbeurteilung zu bedenken, daß die Mitarbeiter ihr Handeln nur auf die vereinbarten Ziele lenken. Die Problemlösungssuche außerhalb ihres eigenen Zuständigkeitsbereiches wird vernachlässigt. Dieser Gefahr kann man nur entgegenwirken, wenn das betriebliche Leistungsanreizsystem auch andere Aspekte, wie z.B. soziales Verhalten, Qualifikation usw. belohnt. Die Erreichung dieser Ziele sollten in regelmäßigen Abständen überprüft werden. Wenn Abweichungen zwischen geplantem Soll-Ergebnis und erreichtem Ist-Ergebnis festgestellt werden, sind die Ursachen dafür zu ermitteln und Korrekturmaßnahmen einzuleiten. Die Aufdeckung der Probleme und die Suche nach ihren Lösungen unterstützen den kollektiven Lernprozeß innerhalb der Unternehmung. Die Zielvereinbarung und -überprüfung soll zwischen Vorgesetzten und Mitarbeitern in einem persönlichen Gespräch erfolgen, wobei die Ziele, die Ergebnisse und die Termine schriftlich festgehalten werden sollen. Näheres zu Mitarbeitergesprächen finden Sie im folgenden Kapitel.

Literatur:
Probst, G.J.B. (1993): Organisation. Strukturen, Lenkungsinstrumente und Entwicklungsperspektiven. Landsberg/Lech.
Staehle, W. (1994): Management: eine verhaltenswissenschaftliche Perspektive, 7. Auflage. München.

12.2.1
Jeder braucht ein Ziel: Zielsetzung

Der Vorgesetzte übt zielbezogenen Einfluß auf Mitarbeiter aus, indem ihm als Mittel vor allem betriebliche Kommunikation zur Verfügung steht. Im Mitarbeitergespräch kann der Vorgesetzte die Arbeitsmotivation seiner Mitarbeiter durch gemeinsame Zielvereinbarung und Möglichkeit zur Mitgestaltung der Arbeit erhöhen und nicht über äußere Anreize, wie z.B. Geld. Zum einen wird die Akzeptanz der Ziele durch gemeinsame Vereinbarungen von Gesamt- und Teilzielen erhöht, zum anderen wird dem Mitarbeiter ein Freiraum für die konkrete Durchführung der Maßnahmen zur Zielerreichung gewährt und ihm dadurch mehr Autonomie und Kompetenz zugesprochen. Der Vorgesetzte übt keine Verhaltenskontrolle mehr aus, sondern überprüft nur noch die Ergebnisse der Arbeit. Er sollte seine Mitarbeiter jedoch mit der Aufgabe nicht allein lassen, sondern ihnen Unterstützung geben und die Entwicklung der Aufgabe kontinuierlich mit seinen Vorstellungen vergleichen. So lassen sich Mißverständnisse vermeiden und gegebenenfalls korrigieren, damit nicht erst am Ende festgestellt wird, daß der Mitarbeiter etwas anderes als vorher abgesprochen gemacht hat. Auch die Rückmeldung über die erbrachte Leistung ist wichtig. Der Mitarbeiter sollte für eine gute Leistung gelobt und auf eine schlechte Leistung konstruktiv, das heißt sachlich und nicht persönlich, aufmerksam gemacht werden.

Mitarbeitermotivation (s. Kap. 14) erfolgt auch durch Zielsetzung und Zielvereinbarung. Wichtig sind hier drei Aspekte, welche die Aufgabenausführung positiv beeinflussen (Comelli & Rosenstiel, 1995):

- *Information*
  Der Mitarbeiter wird genau über die Aufgabe informiert, damit er weiß, worum es geht und was erreicht werden soll.
- *Motivation*
  Das Ziel wird für den Mitarbeiter zur Herausforderung, die er durch aktives Handeln bewältigen möchte.
- *Erfolgserlebnis*
  Durch Zielerreichung und positive Rückmeldung durch den Vorgesetzten erfährt der Mitarbeiter Erfolgserlebnisse, die sein Selbstbewußtsein stärken und für künftige Aufgaben zusätzlich motivieren.

12.2.2
Wie setzt man Ziele ein?

Ziele sind Motivatoren und Regulatoren des Mitarbeiterverhaltens (Locke und Latham, 1990). Jeder Mensch wird bei seiner Tätigkeit durch weitgehend bewußte Ziele und Absichten geleitet. Individuelle Ziele der Person haben für sie einen spezifischen Wert und fungieren deshalb als Handlungsregulatoren. Diese individuellen Ziele können Basisziele, wie das Streben nach Existenzsicherung oder auch anspruchsvolle Ziele, wie das Bedürfnis nach Selbstentfaltung, sein. Sie werden also durch ihren Inhalt und durch ihre Intensität – damit ist die Wichtigkeit der Ziele gemeint – charakterisiert.

Bei der Auswahl der Ziele wird die Person von einigen Faktoren beeinflußt:
1. *Wahrgenommene Erwünschtheit und Angemessenheit der Ziele:*
- Autoritäten und Vorgesetze
  Sie legitimieren die Zielverfolgung und belohnen und sanktionieren die Zielerreichung. Sie geben die benötigten Informationen und ermöglichen persönliche Entwicklung und Aufstieg, indem sie unterstützen oder Druck ausüben.
- Arbeitsgruppe
  Hier herrschen Gruppendruck, Gruppennormen und -ziele. Die Gruppe hat eine Vorbildfunktion, und oft entsteht Konkurrenz zwischen Kollegen, was sich nicht immer positiv auf das Arbeitsklima auswirkt.
- Instrumentalität der Ziele
  Darunter versteht man die Wahrscheinlichkeit, mit der auf die Zielerreichung Konsequenzen folgen, z.B. Belohnung oder Strafe.
- Involviertheit der Person
  Sie ist die Wichtigkeit der Zielerreichung für den Mitarbeiter.

2. *Die wahrgenommene Fähigkeit, ein Ziel zu erreichen, wird beeinflußt durch:*
- Erwartungen der Person,
- Aufgabenschwierigkeit und
- Ursachenzuschreibung für Erfolg und Mißerfolg. (Locke & Latham, 1995)

Die Mitarbeiter nehmen vorherrschende Bedingungen der Arbeitssituation wahr und bewerten sie vor dem Hintergrund ihrer persönlichen Ziele. Durch diese Bewertung entstehen Emotionen, die man als Arbeitszufriedenheit bzw. Arbeitsunzufriedenheit interpretieren kann. Arbeitszufriedenheit ergibt sich also aus der Differenz zwischen berufsbezogenen Erwartungen und den tatsächlichen Bedingungen, welche am Arbeitsplatz vorherrschen. Wenn der Mitarbeiter seine Ziele erreicht, erlebt er einen positiven emotionalen Zustand, der zu seiner Zufriedenheit führt. Entscheidend ist bei der Bewertung des Erfolges des Mitarbeiters durch den Vorgesetzten, daß man über die gesetzten Ziele eine Rückmeldung gibt und nicht die Leistung des Mitarbeiters anzweifelt.

Um positive Effekte der Zielsetzung auch optimal ausschöpfen zu können, sollte der Vorgesetzte bei Zielgesprächen folgende Regeln beachten (Comelli & Rosenstiel, 1995):

1. *Ziele sollen präzise und eindeutig formuliert sein*
   Es ist wichtig, eindeutige Ziele zu formulieren, um Mißverständnisse und daraus entstehende falsche Aufgabenbearbeitung zu vermeiden. Der Vorgesetzte soll in einem Gespräch mit seinem Mitarbeiter Menge, Qualität und andere Merkmale der Aufgabe festlegen und vielleicht auch schriftlich festhalten, um Klarheit in der Aufgabe und Zielsetzung zu haben und zu prüfen, ob sein Mitarbeiter die Aufgabe ebenso verstanden hat.
2. *Ziele sollen messbar sein*
   Ziele müssen meßbar sein, denn sie dienen der Erfolgskontrolle. Der Vorgesetzte und die Mitarbeiter sollen die Möglichkeit haben, die ausgehandelten Ziele auch zu überprüfen.
3. *Ziele sollen wichtig sein*
   Man benötigt nur Ziele, die wirklich wichtig sind. Manchmal werden Zielvorstellungen nur aus alter Gewohnheit vereinbart, die man aber heute nicht mehr benötigt, da sie die Arbeit vielleicht unnötig erschweren und zu den eigentlichen Zielen nichts beitragen. Davon sollte man sich trennen, um die Energie der Mitarbeiter auf die wesentlichen Ziele zu konzentrieren.
4. *Ziele sollen einander nicht widersprechen*
   Um effektiv arbeiten zu können, dürfen sich Teilziele einer Aufgabe nicht widersprechen. Im Gespräch sollte der Vorgesetze mit seinem Mitarbeiter deshalb klären, welche Ziele Vorrang vor anderen haben, welche Ziele zuerst bearbeitet werden sollen und welche man eventuell außer acht lassen sollte, weil sie andere Ziele behindern. Dabei ist besonders wichtig, daß der Vorgesetzte seinem Mitarbeiter Hilfe leistet, indem er mit ihm zusammen Prioritäten setzt und ihn bei der Auswahl der Ziele nicht alleine läßt.
5. *Ziele sollen repräsentativ für die Gesamtaufgabe sein*
   Man muß auch darauf achten, daß vereinbarte Ziele den Aufgabenbereich des Mitarbeiters völlig abdecken. Ansonsten konzentriert er sich möglicherweise nur auf die Erledigung im Sinne der Zielgebung und vernachlässigt eventuell seine anderen Aufgabenbereiche.

6. *ZIELE SOLLEN SCHWIERIG, ABER ERREICHBAR SEIN*
Einerseits sollte man die Ziele nicht zu niedrig ansetzen, da der Mitarbeiter sich durch Unterforderung nicht motiviert fühlen wird. Andererseits sind auch utopische, zu hoch gesteckte Ziele für den Mitarbeiter demotivierend, da eine Zielerreichung für ihn nicht realisierbar erscheint, so daß bereits der Versuch einer Anstrengung unterbleibt. Außerdem führt Mißerfolg zwangsläufig zu Arbeitsunzufriedenheit und beeinflußt das Selbstbild negativ.

7. *ZIELE SOLLEN GLAUBHAFT SEIN*
Wenn man unrealistische Ziele setzt, egal ob untertrieben oder übertrieben wird, hat das wiederum negative Auswirkungen auf die Arbeitsmotivation. Es kommt z.B. häufiger vor, daß für die Fertigstellung eines Projektes ein Termin vereinbart wird, der unter realistischer Betrachtung nicht eingehalten werden kann. Die Mitarbeiter sind dann frustriert und die Vorgesetzten enttäuscht. Das hätte vermieden werden können, wenn schon zu Beginn realistische Ziele vereinbart worden wären.

8. *ZIELE SOLLEN AKZEPTABEL SEIN*
Der Mitarbeiter soll die Aufgabe ausführen, und das kann er am besten tun, wenn auch er mit den Zielen einverstanden ist. Es ist also wichtig, daß in einem gemeinsamen Gespräch Vorgesetzter und Mitarbeiter die Ziele festlegen und sich beide damit einverstanden erklären. Natürlich kann der Vorgesetzte die Ziele nicht immer mit seinen Mitarbeitern aushandeln – sie werden z.T. auch in Kundengesprächen oder höheren Hierarchieebenen festgelegt –, er sollte aber zumindest die Richtigkeit der Ziele herausstellen und den Mitarbeitern nahebringen.

9. *ZIELE SOLLEN NICHT ZU DETAILLIERT SEIN*
Bei größeren Projekten ist es sicherlich sinnvoll, konkrete Zwischenziele zu vereinbaren. Man sollte aber darauf achten, nicht jede Kleinigkeit festzulegen, um zu vermeiden, den Mitarbeitern Freiraum zur eigenen Gestaltung zu nehmen. Dies führt zur Einengung ihres Handlungsspielraums, und zwar auf Kosten von Freude und Kreativität in der Erledigung ihrer Arbeitsaufgabe.

10. *ZIELE SOLLEN MIT FEEDBACK VERBUNDEN WERDEN*
Bei manuellen Tätigkeiten erfolgt die Rückmeldung unmittelbar mit der Fertigstellung des Produkts. Im heutigen Arbeitsalltag sind Tätigkeiten häufig so komplex, daß man nicht direkt erkennen kann, ob die Aufgabe gut ausgeführt worden ist oder nicht. Deshalb ist es besonders wichtig, von anderen beteiligten Personen Feedback zu erhalten, um so seine Aufgabe noch verbessern zu können oder sich über den Erfolg der Arbeit zu freuen.

Literatur:
Antons, Klaus (1992): Praxis der Gruppendynamik, 5. Auflage. Hofgrefe Verlag: Göttingen.
Comelli, G. & von Rosenstiel, Lutz (1995). Führung durch Motivation: Mitarbeiter für Organisationsziel gewinnen. München.
Locke, E. & Latham, P. (1990): A theory of goal setting and task performance. Englewood Cliffs, NJ. Prentice Hall.
Wottawa, Heinrich & Gluminski, Iris (1995). Psychologische Theorien für Unternehmen. Göttingen.

12.2.3
Übung zur Zielsetzung

Ziele setzen

ZWECK:

- Es soll gezeigt werden, welche Bedeutung es hat, im Zusammenhang mit durchzuführenden Arbeitsaufgaben zu erreichende Ziele zu setzen.
- Es soll dargelegt werden, welche Rolle die Führungskräfte bei diesem Setzen von Zielen spielen.

DAUER: Etwa 1 Stunde

GRUPPENGRÖSSE: Beliebige Anzahl von Paaren

ARRANGEMENT: Ein Raum, der so groß ist, daß sämtliche Dartscheiben so weit voneinander aufgehängt werden können, daß alle Paare gleichzeitig ihre Pfeile werfen können. (Die Aktivität kann auch im Freien durchgeführt werden).

VORBEREITUNG:

- Ein Dart-Spiel für jedes Paar.
- Ein Auswertungsschema für jeden Teilnehmer.

DURCHFÜHRUNG:

1. Der Moderator erklärt den Zweck der Aktivität.
2. Die Teilnehmer bilden Paare. Sie sollen nach Möglichkeit einen Partner wählen, mit dem sie erfahrungsgemäß gut zusammenarbeiten.
3. Die Partner in jedem Paar einigen sich, wer zuerst „Mitarbeiter" bzw. „Führungskraft" ist. Danach informiert der Anleiter die Paare darüber, daß eine Runde aus drei Pfeilwürfen besteht und die Partner nach jeder vierten Runde tauschen sollen.
4. Jeder Teilnehmer erhält ein Auswertungsschema und jedes Paar ein Dart-Spiel. Die Mitarbeiter führen eine Übungsrunde (drei Würfe) durch, und die Führungskräfte notieren, wieviele Punkte ihre Mitarbeiter erzielt haben. Nach Abschluß der Übungsrunde werden die Mitarbeiter gebeten, sich vor Beginn der nächsten Runde ein Ziel zu setzen (wieviele Punkte sie gerne erreichen würden).
5. Mitarbeiter und Führungskräfte erhalten den Bescheid, daß sie sich vor jeder Runde, in der der Mitarbeiter wirft, auf das zu setzende Ziel einigen sollen.
6. Während der Mitarbeiter wirft, notiert die Führungskraft das jeweils gesetzte Ziel und die in jeder Runde erreichten Punkte. Der Anleiter beobachtet das Verhalten der einzelnen Paare.
7. Nach der vierten Runde tauschen die Partner jedes Paares die Rollen, und der neue Mitarbeiter führt eine Übungsrunde durch. Anschließend werden vier neue Runden durchgeführt, die den vorherigen Runden entsprechen.
8. Wenn alle mit den vier neuen Runden fertig sind, moderiert der Anleiter eine Analyse der Situation. Schwerpunkte sollen auf die Rolle der Führungskraft beim Setzen der Ziele, auf den Kontakt zwischen Mitarbeiter und Führungskraft oder auf die während der Diskussion empfundenen Gefühle gesetzt werden.
9. Im Anschluß an die Diskussion werden noch einmal 2 mal 3 Runden durchgeführt. Dieses mal fordert der Anleiter die Führungskräfte dazu auf, die Mitarbeiter aktiv zu unterstützen, damit diese bessere Ergebnisse erzielen.

10. In der Abschlußdiskussion setzen sich die Teilnehmer damit auseinander, was ein sofortiges Feedback bewirkt, welche Folgen eine gemeinsame Strategie hat und was ein „Vertragsabschluß" über ein angestrebtes Ziel bewirkt.

VARIATIONEN:

1. Die Übung kann auch dazu benutzt werden, die Konsequenzen von Lob und Tadel zu veranschaulichen. Führungskräfte sollen hier gute Leistungen loben und schlechte tadeln.
2. Andere einfache Übungen können angewendet werden.
3. Die ersten vier Runden können auch ohne Zielsetzung durchgeführt werden.
4. Die Übung kann in Dreiergruppen durchgeführt werden, wobei ein Mitglied den Part des Beobachters übernimmt.

Der Auswertungsbogen ist im Anhang 5 zu finden.

Quelle:
Pfeiffer, I.W. & Jones, J.E. (1979): Arbeitsmaterial zur Gruppendynamik, 1-6 Band. Berlin: Bruckhardthaus-Verlag, Band 6, S.50.

Kapitel 13

Vorgesetztenfragebogen Teil 2: Mitarbeitergespräche

13.1
Welche Funktion erfüllt dieser Teil?

In diesem Teil des Fragebogens (Anhang 3, Teil 2) werden die Gespräche analysiert, die der Vorgesetzte formell mit seinen Mitarbeitern führt.

Mitarbeitergespräche sind „eine nicht delegierbare Führungsaufgabe, die jeder Vorgesetzte mit den ihm direkt unterstellten Mitarbeiter zu führen hat." (Becher, 1994)

Führungsgespräche: Unter Führungsgesprächen versteht man möglichst regelmäßige Gespräche zwischen dem unmittelbaren Vorgesetzten und dem Mitarbeiter. Sie haben das Ziel, die momentane Berufssituation des Mitarbeiters aufzuklären. In ihnen hat der Mitarbeiter die Möglichkeit, seine persönlichen Entwicklungswünsche mit dem Vorgesetzten zu diskutieren und gegebenenfalls Weiterbildungsschwerpunkte zu vereinbaren.

Leistungsbeurteilungsgespräche: Leistungsbeurteilungsgespräche bieten dem Mitarbeiter ein Feedback in Form von Lob und Anerkennung, aber auch Kritik. Sie sollten Qualität und Quantität der Arbeit und das Arbeitsverhalten zum Inhalt haben.

Transfergespräche: Transfergespräche werden mit dem Mitarbeiter nach Beendigung einer Aus- oder Weiterbildungsmaßnahme geführt. Der Mitarbeiter sollte von den vermittelten Lerninhalten berichten. Zum einen kann der Vorgesetzte bei der Umsetzung des Gelernten in die Alltagssituation der Arbeit behilflich sein. Die Transfergespräche dienen somit der Wissenstransfersicherung. Zum anderen erhält der Vorgesetzte Kenntnisse über die neue „Wissensressource" und kann somit dafür sorgen, daß evtl. auch andere Personen (nicht nur Mitarbeiter aus seiner Abteilung) diese nutzen können. Außerdem kann der Mitarbeiter seinem neuen Kenntnisstand entsprechend plaziert werden, d.h. sein Aufgabenfeld gegebenenfalls erweitert werden.

Für die Führungs- und Leistungsgespräche kann es hilfreich sein, wenn der Vorgesetzte einen einheitlichen Bewertungsbogen verwendet. Dieser kann als Checkliste während des Gespräches dienen. Weiterhin kann dieser Bogen zu einer Objektivierung der Beurteilung beitragen.

13.2.
Abgeleitete Maßnahmen

Wenn durch den Fragebogen festgestellt wird, daß die abgefragten Kriterien der zwischen den Vorgesetzten und den Mitarbeitern geführten Gespräche nicht den Vorstellungen entsprechen, sollte den Vorgesetzten die Wichtigkeit dieser Gesprächstermine verdeutlicht werden. Das setzt natürlich voraus, daß dazu zuvor ein Soll-Zustand mit der Geschäftsleitung vereinbart worden ist.

Weiterhin sollten mit den entsprechenden Vorgesetzten Schulungen in Beurteilungstechniken und Gesprächsführung durchgeführt werden, um ihnen mehr Sicherheit im Umgang mit diesen Personalführungsinstrumenten zu geben.

Die zur Verfügungstellung eines einheitlichen Beurteilungsbogens, der speziell auf die jeweilige Unternehmenssituation abgestimmt ist, kann ein hilfreiches Mittel sein, den Vorgesetzten bei den Führungs- und Leistungsbeurteilungsgesprächen zu unterstützen (siehe Tabelle 2).

Die Wichtigkeit von richtig ausgeführter Kommunikation ist nicht zu unterschätzen. Deshalb folgt ein Abschnitt zum Thema Kommunikation mit einer Einleitung aus der Erlebniswelt des Adam Wandelmann.

Tabelle 2 Inhaltliche Gliederung für ein tätigkeitsorientiertes Sicherheitsgespräch am Beispiel Materialtransport

1. *Einstieg*
   - Voraussetzungen klären
   - Kritische Ereignisse
2. *Gefährdungen aus der Umgebung*

Gefährdung	Problem	Handlungsanleitung
▷ Produktionsmitarbeiter treten aus den Anlagen heraus	▷ Sie verkennen die Möglichkeit des Staplers (Bremsweg)	▷ Mit Produktion reden ▷ Kritische Stellen identifizieren
▷ Andere Versorgungsfahrzeuge im Arbeitssystem	▷ Räumliche Enge, viele Knotenpunkte	▷ Versorgungsströme erkennen ▷ Logistik überprüfen
▷ Kranverkehr	▷ Kooperation mit Kranfahrern, viele Zeichengeber	▷ Regelung der Verantwortlichkeit für die Verständigung

Tabelle 2 Fortsetzung

3. Gefährdungen aus Tätigkeiten		
Tätigkeit	**Gefährdung**	**Handlungsanleitung**
▷ Volle Behälter abfahren	▷ Verkanten der Behälter auf Gestell	▷ Bremsen der Gestelle anziehen
	▷ Rückwärtsfahren durch Enge	▷ Genaue Planung der Abstellbereiche
▷ Transportbehälter zusammenklappen	▷ Unfallgefahr durch fehlende Bolzen	▷ Verantwortlichen für die Bolzenreperatur benennen
▷ Restbleche entfernen	▷ Scharfe Kanten in Verbindung mit öl-verschmierten Handschuhen	▷ rechtzeitiger Handschuhwechsel
4. Zusammenfassung und Diskussion – Zielvereinbarung und Anregungen zum Weiterarbeiten		

13.3
Kommunikation

Haben Sie auch schon bemerkt, wie unterschiedlich Gespräche ablaufen können, selbst wenn es um das gleiche Thema geht? Besonders kompliziert wird es, wenn man jemand anderem etwas mitteilen möchte, was Kritik beinhaltet. Man möchte den anderen nicht verletzen, muß ihm aber trotzdem seine Kritik mitteilen. In der Diskussion, z.B. während eines Qualitätszirkels, kommt es sehr oft vor, daß Meinungen auseinandergehen. Das ist sehr wichtig für den Verlauf der Diskussion, denn ohne unterschiedliche Meinungen käme eine kontroverse Diskussion nicht zustande. Leider habe ich die Erfahrung gemacht, daß einige Mitarbeiter schlecht mit der Annahme von Kritik, aber auch sehr schlecht mit dem Anbringen von Kritik umgehen können. Es gibt Menschen, deren Kritik sehr verletzend wirkt, obwohl es gar nicht so gemeint ist. Manchmal frage ich mich, ob ich selbst auch so auf andere wirken könnte. Es gibt auch Personen, die Phrasen verwenden, die jegliche Kritik im Keim ersticken soll. Wie oft muß ich mir von Abteilungsleitern sagen lassen: „Ja Herr Wandelmann, so geht das ja auch nicht. So können Sie das nicht machen, das war ja auch schon immer so wie jetzt." Wie soll man auf solche Aussagen reagieren? Der Schlüssel ist, daß es sich hierbei nicht um Kommunikation im Sinne eines wechselseitigen Dialogs handelt. Denn auf diese Ausssagen wird keine Reaktion erwartet, statt dessen möchte man auf diese Weise keine Kommunikation entstehen lassen. Wer so spricht, interessiert sich nicht wirklich für die Meinung des anderen.

Solche Aussagen nennt man Killerphrasen. Wenn ich mich unterhalte, möchte ich aber einen Dialog, gerade weil er wechselseitige Kritik beinhaltet, denn nur so kann ich lernen. Aber wie gestalte ich ein Gespräch, so daß es für alle Gesprächsparteien fruchtbar ist? Das gleiche gilt natürlich auch für andere Arten von Kommunikation, z.B. für schriftliche Kommunikation. So wurde ein Formblatt, auf dem in der Produktion aufgetretene Fehler und deren Ursachenquellen notiert werden sollten, von den Mitarbeitern als Anschwärzen verstanden. Auch hierbei handelt es sich um ein Kommunikationsproblem, das möglicherweise auf die Gestaltung des Formblattes und auf die fehlende Vorinformation zurückzuführen ist. Das gilt auch für die Kommunikation während der Qualitätszirkel. Qualitätszirkel sollen bei uns, trotz gemütlicher Atmosphäre mit Kaffee und Plätzchen, nicht als Kaffeeklatsch verstanden werden, auf dem alle lieb zueinander sind, sondern als Problemlösungsdialog, der zwangsläufig auch Kontroversen enthält. Innovation heißt auch, sich von Altem zu lösen. Das tut manchem weh, der sich vielleicht als Prozeßeigner des Alten sah. Deshalb sollte man so kommunizieren, daß die Kritik als nicht persönlich begriffen wird und alle wirklich verstehen, worum es geht.

Ich weiß, daß es wieder einmal an der Zeit ist, den guten Rat meines Freundes Mr. Change einzuholen.

„Du hast ja eigentlich schon selbst erkannt, Adam, wo die Probleme bei der Kommunikation liegen. Wenn man einige der Kommunikationsregeln anwendet, die ich Dir gleich nenne, kann man diese Probleme wenigstens zum Teil vermeiden."

13.3.1
Partnerschaftliche Gesprächsführung

13.3.1.1
Grundlagen menschlicher Kommunikation

Kommunikation ist die Basis jeglichen sozialen Geschehens und daher auch in der Zusammenarbeit der Mitarbeiter im Unternehmen als „Innerbetriebliche Kommunikation" ein zentrales Thema. Oft ist Kommunikation aber auch Plattform für eine Vielzahl von Störungen. Sie unterscheidet sich vom reinen Austausch von Informationen dadurch, daß das Zustandekommen wirksamer Kommunikation am Vorhandensein zweier Partner gebunden ist, dem Sender, von dem die Information ausgeht, und dem Empfänger, der sie erhält. Es gibt verschiedene Gründe, warum die Kommunikation selten so gradlinig verläuft, wie in Abb. 27 dargestellt. Wesentlich ist der Doppelpfeil, denn „wahr ist nicht, was der Sender sagt, sondern was der Empfänger versteht" (Birkenbihl, 1995).

Manchmal ergeben sich Verzerrungen zwischen dem, was der Sender zu kommunizieren beabsichtigt und dem, was der Empfänger tatsächlich wahrnimmt. Die Information und andere übermittelte Signale wie Stimmlage, Tonfall, Wortwahl, Mimik und begleitende Körperbewegungen sind von Natur aus

Abb. 27 Sender-Empfänger-Modell (nach: Birkenbihl, 1995)

mehrdeutig. Eine zitternde Stimme kann z.B. Ausdruck von Nervosität, Verlegenheit oder von unterdrücktem Zorn sein. Aber auch unterschiedliche Motive, Einstellungen, Erfahrungen und Interessen der Kommunikationspartner machen den Kommunikationsprozeß sehr vielschichtig und störanfällig.

Menschliche Kommunikation beinhaltet verschiedene Ebenen. Auf der Sachebene werden das Thema, die Daten, Fakten, Zahlen, „objektiven" Informationen und Tatsachen behandelt. Diese werden ausgetauscht und vernunftsmäßig diskutiert. Hier gibt es eher selten Kommunikationsprobleme. Schwierig, weil vieldeutig, wird die Kommunikation deshalb, weil Menschen selten nur auf der Sachebene miteinander reden bzw. kommunizieren. Die Sachinformationen sind vermischt oder beeinflußt durch die Beziehungsebene der Kommunikationspartner. Diese Ebene umfaßt den Ausdruck von Kontakt, Sympathie und Antipathie, den Bereich der eigenen Gefühle und den Wunsch nach Einfluß auf den anderen. Dieser Bereich der Kommunikation ist oft unter der Oberfläche der „Sachebene" verborgen, und es fällt vielen Menschen schwer, den emotionalen Bereich offen an- und auszusprechen. Dabei ist das Verhältnis von Sach- und Beziehungsebene in der menschlichen Kommunikation mit einem Eisberg vergleichbar.

Die Sachebene – der sichtbare Teil des Eisberges – macht nur 1/7 der Gesamtmasse aus. 6/7 der Masse, die Beziehungsebene, befindet sich unter der Wasseroberfläche. Bekannte Versuche, die Beziehungsebene aus der Kommunikation zu verbannen – „Bleiben wir doch sachlich!" –, bewirken eher das Gegenteil. Die Beziehungsebene sucht sich ihren Weg über Umwege: Sticheleien, Verletzungen und Kränkungen sind die Folge, die nicht offen ausgesprochen und geklärt werden können, weil sie nicht „sachbezogen" sind. Menschen haben aber ein Bedürfnis nach sozialem Kontakt, also auch nach einem Austausch untereinander.

Ziel partnerschaftlicher Gesprächsführung ist es daher, die sachbezogenen Probleme und Themen effizient zu klären und zu bearbeiten und dabei die Beziehungsebene zwischen den Gesprächspartnern offen und für beide Seiten angenehm zu gestalten. (Birkenbihl, 1995)

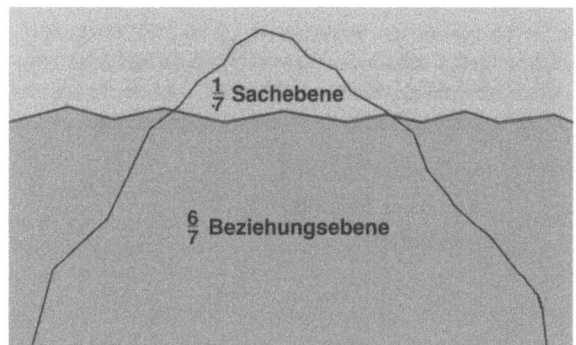

Abb. 28 Eisberg-Modell

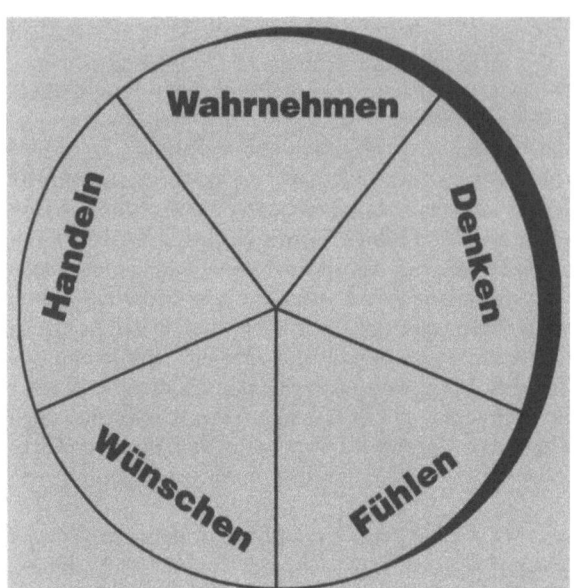

Abb. 29 Der Bewußtheitskreis
(nach: Miller et al., 1988)

13.3.1.2
Grundfunktionen menschlichen Verhaltens

Um besser zu verstehen, warum das, was der Sender als Nachricht an einen Empfänger weitergibt, nicht identisch mit der Information ist, die der Empfänger aufnimmt, ist es hilfreich, sich klar zu machen, daß jeder Mensch seine eigene Kommunikation und die der anderen Menschen vor dem Hintergrund seiner eigenen spezifischen Erfahrungen verarbeitet, die er im Laufe seines Lebens gesammelt hat. Diese Erfahrungen decken fünf verschiedene Bereiche ab, die den sog. Bewußtheitskreis menschlicher Verhaltensfunktionen bilden (s. Abb. 29)

Denken
Denken ist der Bereich der Vernunft, der ratio, der Sachebene. Innere Denkprozesse liefern aber nicht objektive Fakten oder Tatsachen, sondern auf die eigene Lebenserfahrung gegründete Deutungen von Wahrnehmungen, Situationen, Verhaltensweisen anderer Menschen usw. Deutungen sind z.B. Eindrücke, Gedanken, Meinungen, Erwartungen, Schlußfolgerungen und Annahmen.

Deutungen sind Ergebnisse der vergangenen, gegenwärtigen und vorweggenommenen zukünftigen eigenen Erfahrungen. Deshalb deuten verschiedene Menschen dieselbe Situation ganz unterschiedlich, obwohl sie doch „das Gleiche" erleben. So können zwei Personen mit vollem Recht den gleichen Tatbestand unterschiedlich betrachten:

Der Tank ist halb leer.   Der Tank ist halb voll.
1,5% aller Teile sind   98,5% aller Teile sind
fehlerhaft.   einwandfrei.

Tabelle 3

Gefährdung	Handlungsanleitung
Ich sehe, daß Du lächelst.	Du siehst glücklich aus.
Ich merke, daß Du die Stirn runzeltst.	Du siehst bedrückt aus.
Es ist Viertel nach fünf. Ich habe gehört, wie Du gesagt hast, Du wolltest um halb fünf wieder da sein.	Du hast Dich verspätet.

Wahrnehmen

Die Sinneswahrnehmungen sind Basis für die oben genannten Denk- und Deutungsprozesse. Über die fünf Sinne Tasten, Riechen, Sehen, Schmecken und Hören nimmt der Mensch Informationen von außerhalb auf. Die Sinnesorgane geben unverfälschte Daten weiter. Menschen wollen aber dem, was sie wahrnehmen, einen „Sinn" geben. Sie deuten die Wahrnehmungen (Denken). Dies geht so automatisch und schnell, daß Wahrnehmung und Deutung schwer auseinander zu halten sind.

Fühlen

Gefühle sind spontane emotionale Reaktionen, die man als Mensch in bestimmten Situationen hat. Sie gehen oft mit körperlichen Empfindungen einher. Ich bin z.B. in Verlegenheit, und mein Gesicht und meine Ohren glühen. Der Umgang mit Gefühlen ist besonders schwierig, da sie häufig in Kombinationen vorkommen. Man kann sich in einer Situation gleichzeitig irritiert, ängstlich und überrascht fühlen. Außerdem unterscheiden sich Gefühle in ihrer Intensität, denn man kann sich sehr zufrieden, mäßig zufrieden oder kaum zufrieden fühlen.

Gefühle machen den Menschen aufmerksam auf das, was vor sich geht, was wichtig ist und erleichtern das Verstehen der Reaktionen auf bestimmte Vorgänge und Situationen. Gefühle sind ganz natürlich und brauchen deshalb nicht entschuldigt, gerechtfertigt oder erklärt werden. Sie lassen sich auch nicht steuern, indem man sie ablehnt oder nicht beachtet. Vielmehr können sie sich verändern, wenn man die eigenen Sinneswahrnehmungen und Deutungen, die vorgenommen wurden, neu bewertet.

Wünschen/ Wollen

Hiermit sind die Absichten gemeint, also das, was der Mensch möchte, was der Mensch in einer bestimmten Situation tun will oder wie er sein will. Absichten können kurzfristig oder langfristig sein, können ein weit gestecktes Ziel verfolgen (ich möchte mich beruflich weiterbilden) oder sich auf einen begrenzten Bereich beziehen (ich möchte in einem halben Jahr meine Führerscheinprüfung bestanden haben.) Absichten können sowohl angenehm als auch unangenehm sein. Durch Absichten werden Tätigkeiten wie Verbergen, Mißachten, Helfen und Fordern bestimmt.

Ebenso wie die Gefühle können Absichten in ihrer Intensität schwanken und auch kombiniert vorkommen bzw. im Widerstreit zueinander liegen. Vor allem in Entscheidungssituationen merkt man diese innere Zerrissenheit zwischen „ich will das eine, aber auch das andere" oft sehr deutlich.

Manchmal möchte man seine Absichten aus dem Bewußtsein verdrängen, weil man sich ihrer schämt oder sich schuldig fühlt. Sich über seine Absichten im Klaren zu sein, bedeutet aber, sich über seine Handlungsmöglichkeiten und -alternativen klar zu werden. Absichten helfen, zwischen verschiedenen Alternativen diejenige auszuwählen, die den eigenen Wünschen entsprechen.

HANDELN
Hiermit sind die eigenen Handlungen gemeint, das, was der Mensch gerade tut, was er früher getan hat und was er noch tun wird.

Zukünftige Handlungen (ich werde am nächsten Samstag mein Auto waschen) werden oft mit Absichten (ich möchte am nächsten Samstag mein Auto waschen) verwechselt. Der Unterschied liegt darin, daß bei Handlungen eine Verpflichtung zu handeln vorliegt, d.h. dies werde ich sicher tun. Eine Absicht drückt keine solche definitive Verpflichtung zum Handeln aus. Die eigenen Handlungen sind so vielfältig, daß es schwer fällt, sich aller bewußt zu sein. Daher ist es hilfreich, eine Rückmeldung über das eigene Verhalten vom Gesprächspartner zu bekommen. (Miller et al., 1995)

13.3.1.3
Techniken partnerschaftlicher Gesprächsführung

Im folgenden werden drei sehr wichtige Gesprächstechniken erläutert, die die partnerschaftliche, also angriffsfreie und offene Gesprächsführung fördern. Dies sind:

- Aktives Zuhören,
- Feedback geben und empfangen sowie
- Ich – Botschaften senden.

AKTIVES ZUHÖREN
Wie schon beim Sender-Empfänger-Modell erläutert, unterliegt der Kommunikationsprozeß vielfältigen „Verständigungsschwierigkeiten" zwischen dem, was der Sender ausdrücken will, und dem, was der Empfänger wahrnimmt. Eine sinnvolle Möglichkeit, diese Verzerrungen zu vermindern, ist es, nicht nur zu hören oder hinzuhören, sondern das Zuhören als aktiven Prozeß zu gestalten. Was sich zunächst so einfach anhört, ist bei genauerem Hinsehen eine komplexe Fähigkeit, die der Übung bedarf.

Aktives Zuhören erfordert also:
- Volle Aufmerksamkeit,
- Erfassung der inneren Zusammenhänge,
- keine Ergänzungen,
- kritische Überprüfung der (eigenen) Wahrnehmungen und
- vorsichtige Interpretation.

Wie läuft nun aktives Zuhören konkret ab? Normalerweise wechseln sich die Gesprächspartner in einem Gespräch ab:

A sagt etwas ← B antwortet darauf ← A reagiert wiederum auf B usw.

Dagegen sieht der Prozeß des aktiven Zuhörens so aus:

A sagt etwas. → B gibt den Inhalt von A wieder
„Wenn ich Sie richtig verstehe, dann..."

A bestätigt oder
verneint B's → B korrigiert oder
Verständnis. fährt fort und sagt seine Meinung.
A gibt nun den
Inhalt von B wieder
usw.

Die Tabelle 4 zeigt eine Gegenüberstellung der drei Ebenen des Zuhörens: Hören, Hinhören und Zuhören.

In der Tabelle 5 werden einige Regeln für eine positive Gestaltung der Gesprächssituation aufgestellt:

Tabelle 4 Die drei Ebenen des Zuhörens

Hören	Hinhören	Zuhören
Mit sich selber beschäftigt sein, nur selten aufmerksam; einem Gespräch nur solange folgen, bis man selber reden kann.	Aufnehmen, was der andere sagt, ohne sich zu bemühen herauszufinden, was der andere wicklich sagen will.	Versuchen, sich in die Gesprächssituation des anderen einzufühlen, ihm die volle Aufmerksamkeit schenken, auf Zwischentöne mehr als auf den Inhalt achten.
Auf Äußerungen nicht reagieren.	Gesprächsinhalte werden mehr beachtet als Gefühlslagen.	Sich einer Stellungnahme enthalten.
Aufmerksamkeit ist nicht auf den Gesprächspartner, sondern auf etwas Anderes gerichtet, nämlich auf – die eigene Beschäftigung, – eigene Gedanken, – die Gelegenheit warten, zu Wort zu kommen.	Emotional unbeteiligt, distanziert und abwartend. Gefahr: der Sprechende meint, ihm werde ernsthaft zugehört.	Durch Haltung und Reaktion dem anderen mitteilen, daß er zur Zeit ungeteilte Aufmerksamkeit genießt.

Tabelle 5 Gestaltung des aktiven Zuhörens

Erwünschtes Verhalten	- Aussagen des Partners zusammenfassen - Nichtsprachliche Signale (z.B. Zustimmung) senden und beachten - Fragen stellen - Gefühle unmittelbar ansprechen - Pausen (einlegen und aushalten können)
Einstellungen	*Zuwendung* - sich körperlich dem anderen zuwenden (Haltung, Gestik, Mimik) - sich selber zurücknehmen - sich in den anderen hineinversetzen *Interesse* - sich für den anderen Menschen interessieren - Beweggründe und Gefühle des anderen erkennen wollen *Wohlwollen* - Den anderen als Menschen bejahren, respektieren und ihm eine positive Haltung entgegenbringen
Zu vermeidendes Verhalten	- Von sich selber reden - Nachbohren, Details genau wissen wollen - Aussagen des andern bewerten und (ab-)qualifizieren - Verhalten und Personen kritisieren - Trösten und bagatellisieren - Gute Ratschläge geben und belehren

ICH-BOTSCHAFTEN SENDEN

Während aktives Zuhören sich eher auf den Empfänger bezieht, ist die Gesprächstechnik „Ich-Botschaften senden" auf den Sender gemünzt. Es werden zwei Arten von Botschaften unterschieden, Ich-Botschaften und Du/ Sie-Botschaften.

Einige Beispiele, um die Unterschiede zu verstehen zeigt Tabelle 6:

Du-Botschaften weisen dem Gesprächspartner manchmal schmeichelhafte, aber meistens negative Eigenschaften zu. Sie deuten das Verhalten des anderen, sie weisen dem anderen das Problem zu, das vielmehr auf der Seite des Senders liegt. Beim zweiten Beispiel aus Tabelle 6 ist der Sender unzufrieden mit der Qualität des Briefes, stellt aber den Gesprächspartner als dumm dar. Diese Art von Botschaften verhindert eine partnerschaftliche Gesprächsführung, weil sie

- beim anderen Schuldgefühle verursacht,
- Widerstand erzeugt,
- Vergeltungsmaßnahmen provoziert,
- den anderen verletzen kann oder
- die Selbstachtung des Gesprächspartners angreift.

Tabelle 6 Ich- und Du-Botschaften

Ich-Botschaft	Du-Botschaft
Ich ärgere mich, daß Sie diese Woche zum dritten mal zu spät kommen!	Auf Sie ist kein Verlaß!
Ich möchte einen fehlerfreien Brief an den Kunden schicken. Bitte korrigieren Sie die Fehler, die ich Ihnen angestrichen habe.	Ist es eigentlich zu viel verlangt, fehlerfreie Arbeit zu erwarten? Sind Sie selbst dafür nicht zu gebrauchen?
Ich mag Dich.	Du bist toll!

Demgegenüber geben Ich-Botschaften Auskunft über die Befindlichkeit des Sprechers, seine Wahrnehmungen, Gefühle, Gedanken, Absichten oder Handlungen, also die Dinge, die dem interessierten Gesprächspartner helfen, den anderen besser zu verstehen. Der Umgang mit dem Bewußtheitskreis hilft dabei, angemessene Ich-Botschaften zu formulieren, z.B. Erklärungen zu den eigenen

- Wahrnehmungen: „Ich sehe Dich weinen."
- Deutungen: „Ich frage mich, ob Dir etwas Trauriges passiert ist, was Dich bedrückt."
- Gefühlen: „Ich mache mir Sorgen um Dich."
- Absichten: „Ich möchte Dir helfen."
- Handlungen: „Ich werde Dir zuhören, wenn Du mit mir sprechen möchtest."
zu geben.

Es wird deutlich, daß in den Aussagen eines Gesprächspartners bereits mehrere verschiedene Bereiche des Bewußtheitskreises enthalten sein können. Wichtig für den Sender ist es, sich klar zu werden, welcher Bereich momentan wichtig ist und welcher ggf. außerdem Raum im Gespräch haben soll, um seine Aussagen dann entsprechend zu formulieren.

FEEDBACK
Feedback (engl. für Rückmeldung, Rückkopplung) ist eine Mitteilung, in der eine Person eine andere Person darüber informiert, wie ihre Verhaltensweisen von anderen wahrgenommen, verstanden und erlebt werden.

Feedback ist eine spezielle Form von Kommunikation, die im Berufs- und Lebensalltag nicht ohne weiteres einsetzbar ist, da eine Voraussetzung das Einverständnis des Gegenübers ist. Grundsätzlich ist das Geben und Empfangen von Feedback in jedem Gespräch anzustreben. Insbesondere in Lern- und Arbeitsgruppen hat sich diese Technik als äußerst hilfreich erwiesen, da sie die Selbstwahrnehmung des eigenen Verhaltens, die jeder einzelne von sich hat, der Fremdwahrnehmung der oder des anderen gegenüberstellt. Oft ist man in der Situation, daß man eine bestimmte Selbsteinschätzung von sich hat, und der/ die Kommunikationspartner sich ebenfalls ein

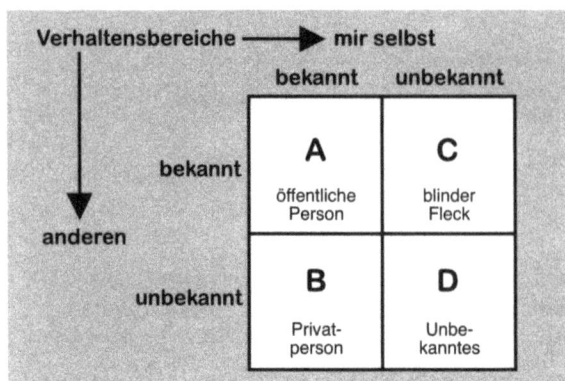

Abb. 30 Johari-Fenster

Bild gemacht hat (das entspricht dem blinden Fleck des Johari-Fensters, s. Abb. 30). Wichtig ist es, die Diskrepanz zwischen Selbst- und Fremdwahrnehmung zu klären, um die dadurch eventuell entstehenden Konflikte schon im Vorfeld zu unterbinden. Rückmeldung hilft den Gesprächspartnern, mehr Offenheit und Klarheit im Rahmen ihrer Kommunikation zu erzielen.

Feedback wirkt positiv, weil es
- positive Verhaltensweisen stützt und fördert, da sie anerkannt werden,
- Verhaltensweisen korrigiert, die dem Betreffenden nicht weiterhelfen bzw. seiner eigentlichen Intention nicht ausreichend angepaßt sind,
- Beziehungen zwischen Personen klärt und es hilft, den anderen besser zu verstehen.

Wie geht Feedback nun vor sich?
Die Person, die Feedback gibt, läßt den anderen wissen,
- was sie *über sich selbst* denkt und fühlt,
- was sie *über den anderen* denkt und fühlt.

Für denjenigen, der Feedback *gibt*, gilt:
- Bezug auf konkrete Einzelheiten, auf Material der gegenwärtigen (Gesprächs-) Situation,
- Feedback möglichst zeitlich nah geben,
- Vermeiden moralischer Bewertungen und Interpretationen,
- Nachprüfen der eigenen Beobachtungen durch andere,
- hilfreiche Formulierung des Feedbacks, indem Ich-Botschaften übermittelt werden,
- offenes und ehrliches Feedback,
- Einräumen des eigenen Irrtums.
- Anbieten von Feedback, nicht Aufdrängen oder Aufzwingen.

Für den, der Feedback *empfängt*, gilt:
- Nur zuhören,
- ggf. nachfragen und klären,
- nicht argumentieren und verteidigen.

Offenheit für das Feedback auf seiten des Empfängers unterstützt die Wirksamkeit der Hilfe.

Literatur:
Berkel, K. (1985): Konflikttraining. Arbeitshefte zur Führungspsychologie. Heidelberg.
Birkenbihl, Michael (1995): Train the Trainer. 12. Auflage; Landsberg/Lech.
Crisand, Ekkehard (1992): Psychologie der Gesprächsführung, 3. Auflage. Arbeitshefte Führungspsychologie, Bd.11, Heidelberg.
Miller, S.; Ninnally, W. & Nackman, D. B. (1988): Sich selbst und andere besser verstehen. 3. Auflage; München.

Kapitel 14

Vorgesetztenfragebogen Teil 3: Die Knoten

14.1
Welche Funktion erfüllt dieser Teil?

Dieser Teil des Fragebogens (Anhang 3, Teil 3) setzt sich mit den Knoten des schon beschriebenen Lernnetzes auseinander. Hier wird der Vorgesetzte als Wissensträger analysiert. Es wird ermittelt, welche Wissensquellen er nutzt, welche Lernformen er bevorzugt und welchen Wissensstand und -bedarf er für sich sieht.

Die genutzten Wissensquellen für die persönliche Weiterbildung geben Aufschluß über die Richtung, aus der der Wissenszuwachs des Wissensträgers kommt. Es wird ermittelt, ob die Quellen des Wissenszuwachses eher außerhalb der Unternehmung liegen, oder ob der Zuwachs durch internen Austausch zustande gekommen ist.

Die zweite Frage dieses Teils beschäftigt sich mit der bevorzugten Lernform des Vorgesetzten. Die Berücksichtigung der bevorzugten Lernform führt bei Weiterbildungsmaßnahmen zu einer erhöhten Motivation und damit verbunden zu einem besseren Lernerfolg.

Die dritte Frage ermittelt den Wissensstand und Wissensbedarf zum Thema Qualitätsmanagement. Sie ist geeignet, das Wissenspotential, welches der Vorgesetzte zu diesem Thema hat, abzubilden. Darüberhinaus kann sie als Bestandteil der Bildungsbedarfsanalyse genutzt werden.

Die vierte Frage setzt sich mit dem persönlichen Wissens- bzw. Trainingsbedarf des Vorgesetzten zu verhaltensorientierten Themen auseinander. Diese Frage ist insbesondere für Vorgesetzte von besonderer Bedeutung, da sie vor allem durch ihre Führungsverantwortung soziale Kompetenz benötigen. „Soziale Kompetenz" erwirbt man durch die Erfahrungen und Erlebnisse, die man im Laufe seines Lebens macht, und durch dessen Reflexion. Sie kann aber auch durch Schulungen verbessert oder neu erlernt werden. Die verhaltensorientierte Weiterbildung sollte somit bei der Bildungsbedarfsanalyse nicht vernachlässigt werden. Die Ermittlung des verhaltensorientierten Trainingsbedarfs zeigt ein Defizit der Führungskräfte in allen verhaltensorientierten Bereichen. Die abgefragten Bereiche sind Motivation, Konfliktmanagement, Teamarbeit/Kooperation, Kommunikation und Führung.

Der zweite Teil des Mitarbeiterfragebogens stimmt mit Frage 3 und 4 des dritten Teils des Vorgesetztenfragebogens überein.

14.2.
Abgeleitete Maßnahmen

Wenn ein Vorgesetzter lediglich unternehmensinterne Wissensquellen nutzt, kann das darauf hindeuten, daß ihm unternehmensexterne Wissensquellen nur sehr schwer zugänglich sind bzw. nicht zur Verfügung gestellt werden. Gerade externes Wissen ist aber für den Wissenszuwachs innerhalb der Unternehmung bedeutsam. Eine Maßnahme könnte somit sein, den Vorgesetzten über Messen, Tagungen und unternehmensübergreifende Arbeitskreise zu informieren und ihm die Möglichkeit des Besuches bzw. der Teilnahme zu geben. Weiterhin sollten ihm die für ihn wichtigen Fachzeitschriften zur Verfügung gestellt werden.

Die Nutzung interner Wissensquellen deutet auf einen Wissenstransfer innerhalb der Unternehmung hin, der im 4. und 5. Teil des Fragebogens näher behandelt wird.

Mittels eines Soll – Ist Vergleichs läßt sich anhand der Fragen 3 und 4 ein Bildungsbedarf ableiten. Dieser sollte in einer Trainingsmatrix (Wer sollte worin geschult werden?) festgehalten werden. Die in Frage 2 ermittelten bevorzugten Lernformen sollten bei der Wahl der Weiterbildungsmaßnahme berücksichtigt werden.

Mittels eines Soll – Ist Vergleichs können Defizite bei qualitätsrelevantem Wissen aufgedeckt werden. Diese sollten durch Schulungen in den entsprechenden Bereichen behoben werden. Die Ermittlung des Wissenspotentials der einzelnen Mitarbeiter ermöglicht weiterhin, über neue Formen des Miteinander-Lernens nachzudenken. Hier wären zum Beispiel Lernpartnerschaften zu nennen. Bei der Befragung der Mitarbeiter zu qualitätsrelevantem Wissensbedarf zeigte sich ein besonders starkes Defizit im normbezogenen Bereich.

Die in diesem Bereich bereits ausgebildeten Qualitätsprozeßmanager fungieren daher als Multiplikatoren für die Mitarbeiter. In hausinternen Schulungen geben sie ihr zuvor erworbenes Wissen weiter.

Auch der Wissens- bzw. Trainingsbedarf von verhaltensorientierten Themen sollte gerade bei den Qualitätsprozeßmanagern gedeckt werden. Neue Formen des Wissensaustausches und der Zusammenarbeit verlangen von ihnen neue Verhaltensweisen. Alte Verhaltensweisen, wie zum Beispiel das „sich unentbehrlich machen", müssen „verlernt" werden.

Die folgende Abbildung stellt den Ausschnitt der Ergebnisse des verhaltensorientierten Bildungsbedarfs der Vorgesetzten zum Thema Führung dar.

Anhand der Abbildung wird deutlich, daß ein großer Weiterbildungsbedarf bzgl. Führung bei den Vorgesetzten vorhanden ist. Schließlich müssen sie sich jeden Tag mit diesem Thema auseinandersetzen. Zu diesem Zweck folgt ein Abschnitt aus dem Alltag Adam Wandelmann's, der eine Überleitung zum Theorieteil mit Übungen zum Thema Führung bildet.

14.2.1
Führung

Ich stehe vor einem großen Problem. Es geht darum, den Bearbeitungsweg eines neuen Produktsystems zu optimieren und zu kennzeichnen. Es soll ein möglichst rationeller Arbeitsweg beschrieben werden, wobei zu jedem Zeitpunkt klar werden soll, welche Abteilungen und Arbeitsschritte noch zu durchlaufen sind, da es sich hierbei um ein

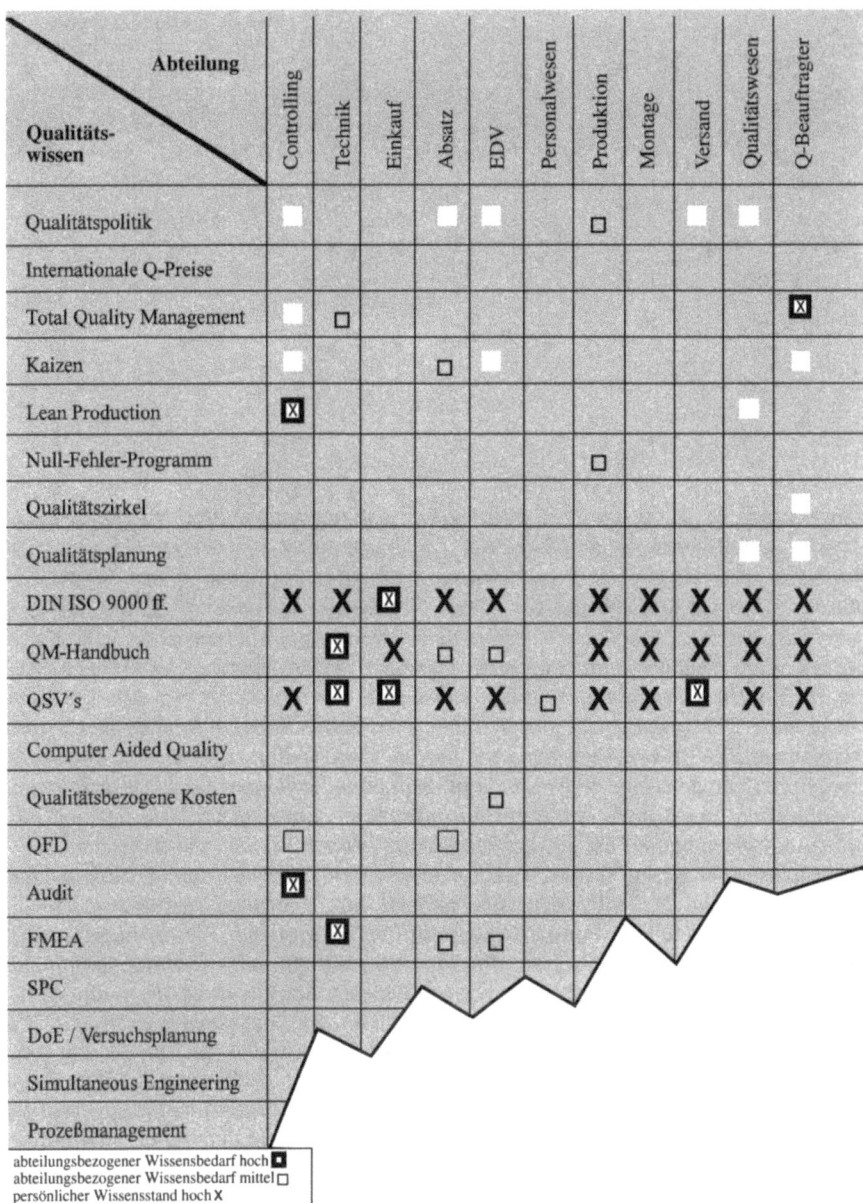

Abb. 31 Wissensbedarf bzgl. Qualitätsmanagement

relativ komplexes Produkt handelt. Die Lösung soll exemplarisch für alle anderen Produkte ausfallen, denn es ist schon mehrfach vorgekommen, daß Arbeitsschritte unbemerkt vergessen werden und ein Teil unfertig ausgeliefert wird. Die Entscheidung soll einigermaßen zügig getroffen werden, da das Produktsystem in der

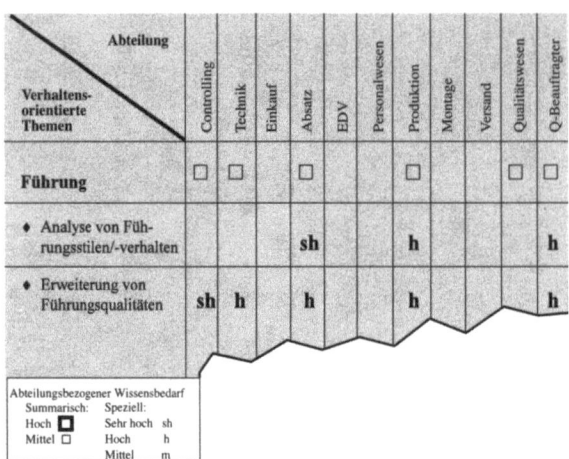

Abb. 32 Verhaltensorientierter Wissensbedarf zum Thema Führung

kommenden Woche in die Produktion gehen soll und ich die neue Vorgehensweise daran von Beginn an ausprobieren will. Ich denke an Situationen zurück, in denen ich selbst erlebt habe, wie Entscheidungen getroffen werden und wie diese dann durchgeführt werden. Oft müssen solche Entscheidungen unter großem Zeitdruck getroffen werden, so daß der Vorgesetzte sich kaum noch Information von seinen Mitarbeitern einholen kann, andererseits traut er seinen Mitarbeitern nicht so recht zu, die Entscheidung allein zu fällen, obwohl sie sich viel besser mit dem Problem auskennen. Oft sind die auf solche Weise getroffenen Entscheidungen falsch und werden von den Mitarbeitern kritisiert und nur widerwillig ausgeführt, so daß nach einiger Zeit neu entschieden werden muß. Manchmal weiß man wirklich nicht mehr, welche Verfahrensanweisung denn nun aktuell ist! Eine solche Situation will ich unbedingt vermeiden. Verfügt der Vorgesetzte jedoch in einer zeitkritischen Situation selbst über genug Wissen, entscheidet er allein. Ich habe nun die Aufgabe des Führens, während ich früher meist der Geführte war – eine neue Perspektive. Ich will es also richtig machen, denn ich weiß, daß es in manchen Situationen darauf ankommt, daß diejenigen, die die Entscheidung betrifft, auch dahinter stehen. So entscheide ich mich dazu, mit einigen Mitarbeitern einer Abteilung, die gerade greifbar sind – denn es muß ja schnell gehen – gemeinsam eine Lösung zu finden. Ich organisiere unverzüglich ein Treffen, indem ich die betreffenden Mitarbeiter eine Stunde lang aus dem Arbeitsprozeß abziehe, und wir finden tatsächlich einen Konsensus. Wir entwerfen ein Formblatt, das in einer Plastikhülle an das Produkt angeheftet wird und auf dem die einzelnen Arbeitsschritte der Reihe nach abteilungsbezogen chronologisch aufgeführt sind. Nach durchlaufener Bearbeitung soll vom betreffenden Mitarbeiter der Arbeitsschritt auf dem Formblatt abgehakt werden. Wir führen das neue Verfahren tatsächlich ein. Nach einer Weile zeigt sich, daß nur die Abteilung, aus der sich die Gruppenmitglieder rekrutierten, die Anweisung durchführt. Die anderen Abteilungen haben nach eigenen Angaben keine Zeit dafür. Ich weiß, daß ich in diesem Fall auf die Akzeptanz der Mitarbeiter bei der Durchführung der Anweisung angewiesen bin, denn sonst gibt es tausendundeine Ausrede, warum es nicht so gemacht wird. Ich will also genauer wissen, woran es denn nun wirklich liegt. Nach Gesprächen mit einigen Mitarbeitern, vor allem den älteren, kommt heraus, daß Abläufe sich teilweise im Laufe von 20 Jahren entwickelt *haben und weniger mit Abteilungen, als vielmehr mit Personen verknüpft sind. Abläufe haben also ihre persönliche Biographie, die man nicht einfach ändern kann. So komme ich zu dem Schluß, daß ich die Abläufe auf dem Formblatt mit Personen kennzeichnen muß, obwohl ich weiß, daß bei jedem Personalwechsel ein neues Blatt hergestellt werden muß. Trotzdem werde ich genau so vorgehen, denn mir ist klar geworden, daß die vielleicht objektiv bessere Entscheidung in dieser konkreten Situation nicht akzeptiert wird und letztendlich doch die schlechtere ist. Hätte ich mir gleich mehr Zeit genommen und eine Gruppe von Mitarbeitern gebildet, die sich aus je einem Mitarbeiter aus jedem Arbeitsbereich zusammensetzt, um gemeinsam eine Lösung zu finden, wäre es alles in allem ein geringerer Aufwand gewesen. Manchmal muß man eben eine Entscheidung gemeinsam finden, wenn die korrekte Durchführung wesentlich von der Akzeptanz und somit der Motivation der Mitarbeiter abhängt. Ich verstehe, daß Führungssituationen sehr unterschiedlich sein können und daß es auch hier wieder einmal kein Patentrezept gibt, welcher Führungsstil anzuwenden ist. Noch an dem gleichen Tag taucht Mr. Change auf, der mir etwas klarer macht, was Führen eigentlich heißt und wie man damit umgeht.*

14.2.2
Führungstheorie

„Führung ist eine zielorientierte, soziale Einflußnahme zur Erfüllung gemeinsamer Aufgaben im Kontext einer strukturierten Arbeitssituation" (Wunderer, 1993).

Es gibt noch viele andere Definitionen von Führung und Führungsverhalten, die abhängig sind von dem jeweiligen theoretischen Rahmen, in den sie eingebettet werden. Allgemein sollen Führungstheorien Bedingungen, Strukturen, Prozesse und Konsequenzen von Führung beschreiben, erklären und prognostizieren.

Führung an sich ist ein komplexes, dynamisches und abstraktes Konstrukt. Es hat mit realen und naturwissenschaftlich faßbaren Objekten nur wenig gemeinsam. Deshalb wird es in Abhängigkeit von dem jeweils zu beschreibenden und zu erklärenden Ziel unterschiedlich definiert. Führung ist demnach ein Konzept, das in sehr verschiedenen Beschreibungs- und Erklärungszusammenhängen verwendet wird. Es gibt ein breites Verhaltensspektrum, innerhalb dessen Führung eine wichtige Rolle spielt, so daß die theoretischen Ansätze nur situationsspezifische Erklärungen leisten können.

Grob lassen sich Führungstheorien in zwei inhaltlich verschiedene Kategorien trennen:
- Theorien des Führens und
- Theorien des Geführtwerdens.

1. Bei den Theorien des Führens ist der Einfluß des Führenden auf den Geführten von zentraler Bedeutung. Diese Theorien beschreiben vor allem hierarchisch strukturierte, soziale Beziehungen, in denen der Vorgesetzte mit Vorsprüngen in Bereichen wie Macht, Information, Status und Fähigkeit ausgestattet ist und dem Geführten gegenübergestellt wird. In diesen Theorien wird vornehmlich die Vorgehensweise des Vorgesetzten analysiert, wie er seine Vorstellungen gegenüber den Mitarbeitern durchsetzt. Man kann die Theorien auch zusammenfassen zu der Frage: Wie geht man erfolgreich mit seinen Mitarbeitern um? Die Einflüsse auf den Führenden werden dabei außer Acht gelassen.

2. In den Theorien des Geführtwerdens werden Vorgesetzte zusammen mit den Geführten in einen größeren und umfassenderen Kontext gebracht. Bei diesem Konzept führen sich Vorgesetzte und Mitarbeiter gegenseitig durch fremdbestimmte oder selbstgeschaffene Bedingungen. Führende sind keine autonomen und überlegenen Lenker mehr, sondern können ebenso auch durch ihre Mitarbeiter gesteuert werden. Man löst sich von der dyadischen Beziehung zwischen Führendem und Mitarbeiter und präsentiert ein integratives Konzept von gegenseitiger Führung je nach Situation und Bedarf. Die vielfältigen wechselseitigen und situativen Einflüsse auf Führer und Geführten werden miteinbezogen.

Im folgenden Text konzentrieren wir uns auf eine Theorie des Führens, da sich das vorliegende Buch an Qualitätsprozeßmanager wendet, zu deren Aufgaben das Führen von Mitarbeitern gehört.

14.2.3
Das Führungsmodell von Vroom & Yetton

Das theoretische Führungsmodell von Vroom & Yetton (1973), „die Wahl der Entscheidungsmethode", gehört zu den Ansätzen der Führungstheorien, welche die Person des Führenden in den Vordergrund stellen und Situationsbedingungen bei der Wahl eines bestimmten Führungsstiles berücksichtigen.

In diesem Modell gehen Vroom & Yetton von der Annahme aus, daß es den einen optimalen Führungsstil, der unter allen situativen Bedingungen Erfolg verspricht, nicht gibt. Vielmehr kann die Führungskraft bei ihrem jeweiligen Vorgehen zwischen fünf Vorgehensweisen wählen. Diese fünf Führungstile unterscheiden sich durch den Grad an Mitbeteiligung der Unterstellten. Es gibt folgende Führungsstile:
1. die autoritäre Alleinentscheidung,
2. die autoritäre Alleinentscheidung nach Information durch Untergebene,
3. die konsultative Entscheidung nach Einzelberatungen mit Untergebenen,
4. die konsultative Entscheidung nach Gruppenbesprechung und
5. Problemlösung und Entscheidung durch die Gruppe.

Welchen dieser Führungsstile der Vorgesetzte wählt, hängt von der spezifischen Konstellation situativer Voraussetzungen ab. Vroom & Yetton haben sieben Situationsaspekte bestimmt, die für die Wahl des effizientesten Führungsstiles von Bedeutung sind:

Entscheidungsbedingungen:
A. Qualität spielt eine wichtige Rolle?
   Spielt die Qualität der Lösung für die Organisation eine wichtige Rolle?
B. Genügend Informationen vorhanden?
   Hat der Vorgesetzte selbst alle Informationen, die für eine richtige Entscheidung benötigt werden?
C. Problem strukturiert?
   Wenn ja, ist es bekannt, welche Informationen fehlen, wie das Problem zu lösen ist und wo die fehlenden Informationen gefunden werden können?
D. Akzeptanz wichtig?
   Müssen die Untergebenen die Entscheidung des Führenden auch akzeptieren, weil sie diese ausführen müssen, oder wird sie von anderen ausgeführt?

E. Akzeptanz bei Alleinentscheidungen?
Wenn der Vorgesetzte die Entscheidung allein trifft, wird sie dann von seinen Unterstellten akzeptiert?
F. Organisationsziele akzeptiert?
Verfolgen die Mitarbeiter ihre eigenen Interessen oder akzeptieren sie die Ziele der Organisation?
G. Konflikte wahrscheinlich?
Wird die bevorzugte Lösung vermutlich zu Konflikten unter den Mitarbeitern führen?

Zu den aufgezählten Entscheidungsbedingungen gibt es einen Entscheidungsbaum (Abb. 33) mit den aufgegliederten Antwortmöglichkeiten für jede Bedingung. Der Führende hat die Möglichkeit, jede der Fragen mit ja oder nein zu beantworten. Daraus ergeben sich bestimmte Verzweigungen mit den dazugehörigen Problemtypen. Am Ende jeden Pfades findet man den für diese Problemsituation geeignetsten Entscheidungsstil.

Mit diesem Modell wird festgelegt, welche Vorgehensweise für die relevanten (insgesamt 14) Problemtypen am besten ist. Es muß der für bestimmte situative Bedingungen optimale Führungsstil gefunden werden. Es gibt sicherlich nicht das Patentrezept für den richtigen Stil, doch findet man in diesem Entscheidungsbaum Möglichkeiten, bei einem Problemtyp verschiedene zulässige Führungsstile auszuwählen. Problemtypen sind in diesem Modell auch nur beispielhaft, denn die reale Situation kann von der Modellsituation abweichen. Um weiter unterschiedliche Situationen differenzieren zu können, werden zwei Entscheidungsmodelle eingeführt:

- Modell A: Hierbei wird immer die Methode mit dem geringsten Zeitaufwand gewählt. Das ist in der heutigen Führung ein oft sehr wichtiges Kriterium zur Wahl des entsprechenden Führungsstils, da der Führende auf ein Minimum an Zeitaufwand angewiesen ist.
- Modell P: Es wird immer die partizipativste Führungsstrategie gewählt, die die größte Akzeptanz verspricht, da Führende häufig auf die Unterstützung der Mitarbeiter angewiesen sind.

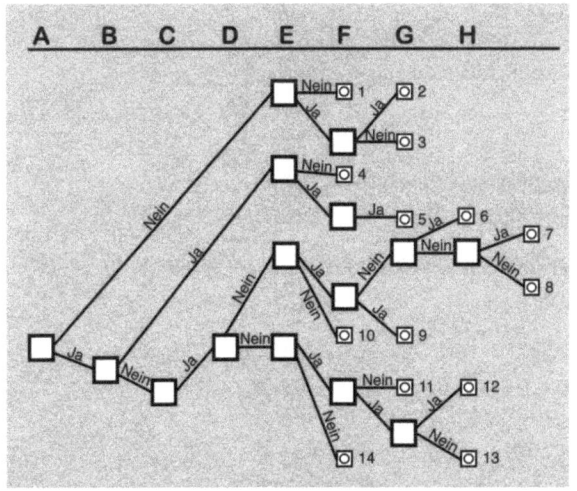

Abb. 33 Entscheidungsbaum (nach: Vroom & Yetton, 1973)

Zum besseren Verständnis wird hier ein Fallbeispiel der Entscheidung für den richtigen Führungsstil dargestellt:

Fallbeispiel:
Sie sind Vorgesetzter einer Gruppe von 12 Technikern. Deren Ausbildung und Arbeitserfahrung sind sehr ähnlich, so daß Sie sie bei Projekten austauschen können. Gestern hat Sie Ihr Vorgesetzter darüber informiert, daß von einer überseeischen Tochterfirma eine Personalanforderung für 4 Techniker gestellt wurde, die für eine Periode von 6-8 Monaten benötigt würden. Aus vielen Gründen meinte er, und Sie stimmten ihm zu, daß diese Anforderung von Ihrer Gruppe erfüllt werden sollte.

Alle Ihre Techniker sind in der Lage, die Aufgabe zu erfüllen und angesichts bestehender und künftiger Vorhaben gibt es keinen Grund, warum einer von ihnen nicht abgestellt werden sollte. Das Problem wird dadurch etwas kompliziert, daß der überseeische Standort in der Firma als wenig attraktiv gilt.

Analyse: Beantwortung der Fragen:
A (Qualität): NEIN
D (Akzeptanz): JA
E (Akzeptanz bei Alleinentscheidung): NEIN

Zulässiger Entscheidungsstil wäre nach dem Entscheidungsbaum: Problemlösung und Entscheidung durch die Gruppe

Mit solchen Kurzfällen schult man Führungskräfte in der Handhabung des Modells während eines Trainings und gibt ihnen gleichzeitig eine Rückmeldung über ihren eigenen, bevorzugten Führungsstil. Dieses Modell schreibt dem Anwender vor, welchen Führungsstil er benutzen soll, um ein bestimmtes Ziel möglichst schnell oder reibungslos zu erreichen. Demzufolge sind die Strategien „konsultative Entscheidung nach Gruppenbesprechung" und „Problemlösung und Entscheidung durch die Gruppe" die am häufigsten auf alle Probleme angewendeten Strategien, deren Erfolgswahrscheinlichkeit von Anfang an größer ist als die bei autoritären Entscheidungsstilen.

Zum Schluß ist es auch noch wichtig herauszustellen, daß der Vorgesetzte nicht nur die Anwendung des Entscheidungsbaums üben muß, sondern daß er die unterschiedlichen Führungsstile auch praktizieren können sollte. Dabei können ihm vom Unternehmen Hilfen wie Trainings oder Schulungen auf diesem Gebiet angeboten werden, um diese Fähigkeiten weiter auszubauen und so dem Unternehmen ein besseres Arbeitsklima und schnellere Entscheidungen zu garantieren.

Literatur:
Neuberger, Oswald (1993): Führen und geführt werden. Stuttgart.
Vroom, V. & Yetton, P.W. (1973): Leadership and decision making. Pittsburgh, University of Pittsburgh.
Wunderer, Rolf (1993): Führung und Zusammenarbeit. Beitrag zu einer Führungslehre. Stuttgart.

14.2.4
Übungen zur Führung

14.2.4.1
Der beste Chef, den ich kenne

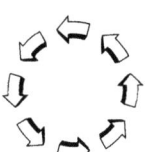

ZIEL: Definition und Entwicklung von positiven Führungseigenschaften
DAUER: 1 Stunde
GRUPPENGRÖSSE: Beliebig, ohne den Vorgesetzten.
ARRANGEMENT: Ein genügend großer Raum mit Tischen und Stühlen.

VORBEREITUNGEN:

- Ein großes Plakat mit den „Beispielen für positive Führungseigenschaften" als Vorlage;
- Flip-Chart, Filzschreiber und Klebeband; oder eine Tafel und Kreide; oder Moderationsausrüstung;
- Papier und Bleistift für alle Teilnehmer.

DURCHFÜHRUNG:

1. Der Moderator teilt Papier und Bleistift an die Teilnehmer aus und gibt folgende Instruktionen:
   - „Denken Sie an einen guten Vorgesetzten, für den Sie entweder einmal gearbeitet haben oder von dem Sie gehört oder gelesen haben."
   - „Zählen Sie mindestens sechs außergewöhnliche persönliche Merkmale auf, die dieser Vorgesetzte Ihrer Ansicht nach besaß:"
2. Der Moderator hängt das Plakat mit den Beispielen auf; aber er macht die Teilnehmer darauf aufmerksam, die Beispiele nicht einfach nur abzuschreiben, sondern sie lediglich als Vorlage für die Art und Weise zu betrachten, wie man Vorgesetzteneigenschaften beschreiben kann.
3. Die Teilnehmer füllen ihre Listen aus. (10 Minuten)
4. Der Moderator überträgt die Beschreibungen der Teilnehmer an die Tafel. Dann leitet er zur Auswertung der Listen unter folgenden Gesichtspunkten über:
   - Erklärung der beschriebenen Eigenschaften,
   - Zusammenfassung von wichtigen übereinstimmenden Beschreibungen,
   - Bestimmung der drei wichtigsten Führungsqualitäten, die die Mitglieder im Team verbessert sehen wollen sowie
   - Überlegung von Maßnahmen, um diese Qualitäten in der Gruppe zu verstärken.

BEISPIELE FÜR POSITIVE FÜHRUNGSEIGENSCHAFTEN:
Ein guter Vorgesetzter...

1. versucht, das Positive an den Vorschlägen der anderen zu erkennen, auch wenn sie zu seinen eigenen im Widerspruch stehen.
2. stellt durchweg hohe Ansprüche an seine Mitarbeiter.
3. ermuntert die Leute, neue Wege zu gehen.
4. trägt keine Fehler nach, solange man daraus lernt.
5. erwartet hervorragende Leistungen und erkennt sie an.
6. versucht, seinen Leuten die übergeordneten Ziele verständlich zu machen.

7. ist immer ansprechbar, auch wenn er unter Druck steht.
8. versucht, den Leuten die Informationen zu geben, die sie wollen.
9. gibt bereitwillig konstruktives, hilfreiches Feedback.

Quelle:
Francis, D. & Young, D. (1989): Mehr Erfolg im Team. Essen; Windmühle GmbH Verlag und Vertrieb von Medien. Seite 180.

14.2.4.2
Checkliste für Führungskräfte

ZIELE:

- Systematische Analyse der Tätigkeiten und Verhaltensweisen von Führungskräften
- Feedback und Verbesserungsvorschläge für die eigenen Führungsqualitäten

DAUER: Mindestens eine Stunde
GRUPPENGRÖSSE: Beliebig
ARRANGEMENT: Ein genügend großer Raum mit Tischen und Stühlen
VORBEREITUNG: Eine Kopie der Checkliste für Führungskräfte und einen Bleistift für jeden Teilnehmer
DURCHFÜHRUNG:
1. Der Moderator teilt die Checklisten (Anhang 6) aus und bittet darum, sie innerhalb der nächsten 20 Minuten auszufüllen.
2. Anschließend sollen die Teilnehmer ihre Antworten mit mindestens einem Mitglied aus der Gruppe besprechen und um dessen Feedback bitten. Der Moderator betont dabei, wie wichtig eine gegenseitige Beratung für die Mitglieder sein kann (mindestens 40 Minuten).

14.2.4.3
Führungsprofil

ZIELE:

- Analyse des Führungsstils
- Führungsverständnis der Gruppe und des Vorgesetzten sollen gestärkt werden
- Feedback für den Vorgesetzten

DAUER: Ca. 1-2 Stunden
GRUPPENGRÖSSE: Beliebig große Gruppe bestehend aus Mitarbeitern und einem Vorgesetzten
ARRANGEMENT: Ein großer Raum mit genügend vielen Tischen und Stühlen, damit die Teilnehmer ihre Fragebögen ungestört ausfüllen können
VORBEREITUNG:
- Man benötigt ein „Führungsstilprofil" und einen Bleistift für jeden Teilnehmer.
- Flip-Chart, Filzschreiber und Klebeband oder eine Tafel und Kreide

DURCHFÜHRUNG:
Mit der Durchführung dieser Übung müssen alle Teilnehmer einverstanden sein, da sie sowohl für Mitarbeiter als auch für Vorgesetzte eine schwierige Situation darstellt. Oft

Tabelle 7 Führungsprofil

mehr davon	Beschreibung des Merkmals	Bewertungsskala	Beschreibung des Merkmals
	Delegiert, damit Menschen sich entfalten können	1 2 3 4 5 6 7	Delegiert nur, damit die Arbeit erledigt wird

ist eine offene Diskussion über den Führungsstil aufgrund von Ängsten seitens der Mitarbeiter nicht durchführbar. Diese Übung eignet sich gut, da Mitarbeiter ihre Kritik anonym in einem Fragebogen äußern können.

1. Zu Beginn der Sitzung händigt der Moderator den Teilnehmern das Führungsstilprofil aus (siehe Tabelle 7) und bittet sie, dieses Profil selbständig auszufüllen. Der Vorgesetzte füllt den Fragebogen als eine Selbstbeurteilung aus.
2. Der Moderator bereitet in der Zwischenzeit auf einem großen Blatt Papier oder auf einer Folie die Kopie des Führungsstilprofils vor. Hier soll zum einen die Selbstbeurteilung des Vorgesetzten und zum anderen die Beurteilung der Mitarbeiter eingetragen werden. Die Selbsteinschätzung des Vorgesetzten wird für jedes Item an der entsprechenden Punktzahl eingekreist. Die Mitarbeiterbeurteilung wird über der Ratingskala notiert, und zwar die jeweilige Anzahl der angekreuzten Antworten. Ist ein Merkmal zu gering ausgeprägt, wird es am linken Rand notiert.
3. Die Teilnehmer händigen dem Moderator ihre ausgefüllten Führungsstilprofile aus, und dieser überträgt die Punktwerte zusammen mit der Selbstbewertung des Vorgesetzten auf das vorbereitete Plakat.
4. Die Gruppe bespricht jedes einzelne Merkmal des Führungsstilprofils und klärt dabei Reaktionen und deren Hintergründe. Hilfreich ist es, konkrete Beispiele für Verhaltensweisen des Vorgesetzten anzuführen, allerdings nur unter der Voraussetzung, daß die Teilnehmer zu so viel Offenheit bereit sind.
5. Der Moderator vermerkt auf dem für alle sichtbaren Profil die Merkmale, von denen sich die Mitglieder „mehr" vom Vorgesetzten wünschen. Die Mitglieder nennen die Führungseigenschaften, die sie geändert sehen möchten, und der Vorgesetzte vergleicht sie mit seiner Selbstbeurteilung.
6. Die „Mehr"- Wünsche werden erörtert, bis sich Gemeinsamkeiten ergeben, und vielleicht faßt der Vorgesetzte am Schluß die Diskussion in dem Satz zusammen: „In Zukunft werde ich mehr…"

Das Führungsprofil befindet sich im Anhang 6!

Quelle:
Frances, Dave & Young, Don (1989): Mehr Erfolg im Team. Essen: Windmühle GmbH Verlag und Vertrieb von Medien. Seite 266.

14.2.4.4
High Society

ZIEL: Die Teilnehmer können sich hier klarer werden über die Art und Weise, wie sie selbst Autoritäten erleben, bzw. wie sie sich von einer Autorität eingeschätzt fühlen.
DAUER: Ca. 15 Minuten für das Experiment selbst.
GRUPPENGRÖSSE: Beliebig
ARRANGEMENT: Ein großer Seminarraum
VORBEREITUNG: Eine Moderationsausrüstung, um die Diskussionsergebnisse für alle Teilnehmer zu visualisieren.
DURCHFÜHRUNG:
Anweisung für die Seminarteilnehmer:
„Ihr könnt gleich ein wenig damit experimentieren, wie ihr es mit Autoritäten haltet. Sucht euch zuerst einen Partner aus, den ihr gern besser kennenlernen möchtet... Verteilt euch im Raum und setzt euch schweigend einander gegenüber...Ich möchte, daß jeder sich jetzt vorstellt, sein derzeitiger Chef zu sein. Ihr habt einander jetzt als zwei Chefs getroffen und wollt euch über einen Mitarbeiter, nämlich euch selbst, unterhalten. Sprecht als euer Chef über euch selbst, so wie eurer Meinung nach euer wirklicher Chef über Euch sprechen würde. Ihr habt 10 Minuten Zeit, um miteinander über euren Mitarbeiter zu sprechen. Beachtet dabei folgende Fragen:

- Wie gut kommt ihr mit ihm zurecht?
- Was gefällt euch an ihm?
- Was gefällt euch nicht an ihm?
- Wie gut schneidet er ab im Verhältnis zu seinen Kollegen?
- Welche Entwicklungschancen räumt ihr ihm ein?
- Wo seht ihr seine Grenzen?
- Welche Gefühle habt ihr für ihn?
- Was würde es für euch bedeuten, wenn dieser Mitarbeiter kündigte?

Sprecht über alles, was euch sonst noch einfällt...(10 Minuten)
Stoppt jetzt und nehmt euch 5 Minuten Zeit, um zu besprechen, was ihr bei diesem Identifikationsexperiment entdeckt habt. Was fühltet ihr, als ihr aus der Perspektive des Chefs spracht? Wie klang eure Stimme? Wie war eure Körperhaltung? Was habt ihr über euren Chef herausgefunden bzw. über den Chef des Partners? Was habt ihr über euch selbst entdeckt?

AUSWERTUNGSGESICHTSPUNKTE:
- Wie habe ich mich bei dem Experiment gefühlt?
- Was bedeutet es für mich, einmal der Chef zu sein?
- Wie leicht war es für mich, mich in die Gedanken- und Gefühlswelt des Chefs hineinzufühlen?
- Möchte ich irgendwelche Dinge aus diesem simulierten Gespräch mit dem wirklichen Chef besprechen?
- Welche Gefühle habe ich jetzt für meinen Chef?
- Was enthält mein Chef mir vor?
- Was enthalte ich meinem Chef vor?

- Was kann/will ich tun, um die Beziehung zu meinem Chef zu verbessern?
- Was soll der Chef tun, um meine Ansprüche zufriedenzustellen?
- Könnte/möchte ich selbst an der Stelle meines Chefs sein?

Quelle:
Vopel, Klaus (1978): Interaktionsspiele & Bände. Hamburg: ISKO-Press. Band 6, S. 62.

14.2.4.5
Machtspiel

ZIELE: Die Teilnehmer üben den Umgang mit Macht unter Berücksichtigung folgender Aspekte: Wie verhalte ich mich in einem Macht-Vakuum, wenn es darum geht, einen formellen Leiter zu wählen? Woran orientiere ich meine Entscheidung, und wie drücke ich meine Absichten aus? Auf welche Weise versuchen künftige Gruppenleiter, ihren Führungsanspruch bei mir und anderen durchzusetzen? Wie reagieren Leute, die von einem einfachen Gruppenmitglied zum Leiter aufgestiegen sind? Wie reagiere ich auf die „Aufsteiger", und welche Gefühle bringe ich ihnen entgegen?
DAUER: Ca. 90 Minuten
GRUPPENGRÖSSE: Beliebig
ARRANGEMENT: Ein großer Gruppenraum
VORBEREITUNG: Jeder Teilnehmer braucht zehn Zehnpfennigstücke.
DURCHFÜHRUNG: Der Moderator gibt den Teilnehmern folgende Anweisungen: „In dem folgenden Spiel könnt ihr damit experimentieren, wie ihr Macht verteilt bzw. gewinnt und welche gefühlsmäßigen Reaktionen sich daraus für euch ergeben. Bitte teilt euch zunächst in Gruppen mit ca. sieben Teilnehmern auf. Findet euch mit solchen Teilnehmern zusammen, auf die ihr neugierig seid...

Ihr habt jetzt 45 Minuten Zeit, um folgendes zu tun:
Eure Aufgabe ist es, einen Gruppenleiter zu wählen. Diskutiert, welche Aufgaben eurer Meinung nach ein Gruppenleiter zu erfüllen hat, welche Qualifikationen er mitbringen soll und welche weiteren Anforderungen ihr an ihn stellt. Führt eure Diskussion so konkret wie möglich, indem ihr von Anfang an eure Ausführungen auf die Gruppenmitglieder bezieht und z.B. sagt: Ich finde, daß Hans es sehr gut versteht, die Beiträge mehrerer Teilnehmer zu koordinieren. Da ich hierin eine wichtige Aufgabe des Gruppenleiters sehe, kommt er für mich in Betracht. Oder: Ich vertraue Monika, daß sie die übrigen Teilnehmer nicht gegeneinander ausspielt. Insofern kommt sie für mich als Gruppenleiterin in Betracht.
Damit der Prozeß der Gruppenwahl nicht nur verbal stattfindet, könnt ihr zusätzlich folgendes tun: Jeder erhält von mir zehn Groschen. Ihr könnt mit diesem Geld symbolisch ausdrücken, wie ihr die Macht in der Gruppe verteilen wollt. Denn nach einer Spielzeit von 45 Minuten wird derjenige Gruppenleiter sein, der das meiste Geld vor seinem Platz liegen hat. Ihr könnt eurem Kandidaten all euer Geld geben, ihr könnt euer Geld an mehrere Leute eurer Wahl verteilen, und ihr könnt euer Geld horten und für euch behalten. Ihr könnt von anderen Teilnehmern Geld entgegennehmen, ihr könnt sie um Geld bitten, und ihr könnt euch selbst Geld nehmen, ohne darum zu fragen.
Die einzige Spielregel im Umgang mit dem Geld heißt: All das Geld, daß in eurem Besitz ist, muß offen vor eurem Platz liegen, so daß die anderen Teilnehmer jederzeit übersehen können, wieviel Kapital ihr habt.

Wie ihr mit eurem und mit dem fremden Geld umgeht, liegt also völlig bei euch. Behaltet dabei im Auge, daß ihr einen Gruppenleiter bestimmen sollt. Ihr könnt selbst die Leiterposition anstreben, und ihr könnt dies einem anderen einräumen. Fest steht, daß am Ende der 45 Minuten derjenige Leiter sein wird, der das größte Kapital besitzt. Habt ihr dazu noch Fragen?...(45 Minuten)

Bitte stoppt jetzt. Welches Gruppenmitglied hat nun in jeder Kleingruppe am meisten Geld? Wieviel Geld haben die anderen Teilnehmer noch vor sich liegen?

Nehmt euch jetzt 20 Minuten Zeit, um miteinander über den bisherigen Verlauf des Experiments zu sprechen. Bedenkt bei dieser Zwischenbilanz folgende Fragen: Wie seit ihr mit dem gewählten Leiter zufrieden? Ist er für die Gruppe der beste Gruppenleiter? Wie habt ihr euch jetzt bei dem Entscheidungsprozeß gefühlt, und wie fühlt ihr euch jetzt? Welche Rolle habt ihr selbst bei der Leiterwahl gespielt?...

Ich möchte jetzt alle wieder in den großen Kreis zusammenrufen. In der Mitte des Kreises sollen die vorher in den Kleingruppen bestimmten Leiter Platz nehmen. Ihr seid sozusagen die neue Elite. Bringt euer Geld mit als Symbol eurer Macht. Ihr habt nun wieder 15 Minuten Zeit, um zunächst eure Reaktionen auf dieses Experiment auszutauschen. Vor allem sollt ihr euch darüber klar werden, ob ihr eure Macht behalten oder sie wieder abgeben wollt, indem ihr das Geld wieder den übrigen Teilnehmern zurückgebt. Beginnt mit eurer Diskussion...(15 Minuten)

AUSWERTUNGSGESICHTSPUNKTE:
- Wie habe ich auf die Diskussion der Gruppenleiter reagiert?
- Wie habe ich im Blick auf die Machtverteilung agiert und reagiert?
- Wie weit habe ich mich selbst engagiert?
- Wie reagierten andere Teilnehmer während des Machtverteilungsprozesses?
- Auf welche Weise habe ich bzw. die anderen Macht angestrebt?
- Was empfinde ich den neuen Gruppenleitern gegenüber?
- Welche Teilnehmer wollte ich auf keinen Fall als Gruppenleiter haben? Aus welchem Grund?
- Welche Rolle spielt das Experiment für mich?
- Inwieweit ist Geld für mich eine Quelle von Macht?
- Was ist der Unterschied zwischen diesem Machtspiel und der alltäglichen Gruppenpraxis?
- Auf welche Weise wird von wem in dieser Gruppe sonst Macht ausgeübt?
- Wieviel Macht habe ich in dieser Gruppe? Wie gehe ich mit Macht um?

Quelle:
Vopel, Klaus (1978): Interaktionsspiele & Bände. Hamburg: ISKO-Press. Band 5, S. 69.

Nicht nur der verhaltensorientierte Wissensbedarf zum Thema Führung ist bei den Vorgesetzten sehr hoch, auch das Thema Motivation ist für Vorgesetzte von großer Bedeutung, wie die Abbildung 34 als Ausschnitt des Lernnetzfragebogens verdeutlicht.
Motivation ist ein Begriff, den jeder ständig verwendet, aber von dem niemand so recht weiß, was er genau bedeutet, ob es Motivation überhaupt gibt und vor allem, wie man motiviert. Trotzdem fordert jeder, daß man seine Mitarbeiter motivieren

Vorgesetztenfragebogen Teil 3: Die Knoten

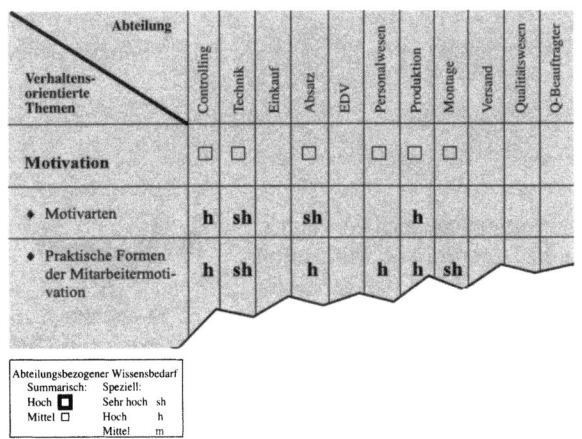

Abb. 34 Verhaltensorientierter Wissensbedarf zum Thema Motivation

soll. *In einem kürzlich geführten Gespräch sagte der Geschäftsführer zu mir, daß ich die Mitarbeiter dazu motivieren sollte, Fehler zu vermeiden und sich stärker am kontinuierlichen Verbesserungsprozeß zu beteiligen. „Die Latte muß einfach höher gehängt werden. Wir wollen 30% weniger Fehler." Mit dieser unrealistisch hohen Zielvorgabe ist mir wenig geholfen. Wie soll ich dieses Ziel erreichen? Ist es nicht viel zu hoch gesteckt? Ich habe bisher die Erfahrung gemacht, daß es sehr viel besser ist, den Zielfindungsprozeß gemeinsam zu gestalten, damit das Ziel von jedem akzeptiert wird. Außerdem erscheint es mir vorteilhaft, sich Ziele schrittweise zu setzen, so daß sie in realisierbaren Abschnitten zu erreichen sind und nicht entmutigen. Auch die Motivation, sich am Verbesserungsprozeß zu beteiligen, hängt von der Organisation ab. Der Mitarbeiter muß, was trivial erscheint, die Möglichkeit haben, Vorschläge machen zu können. Außerdem muß er wissen, daß sein Vorschlag gewürdigt wird, indem er eine Reaktion darauf erhält. Diese Reaktion muß nicht in Form von riesigen Prämien ausfallen; ein Lob kann oft mehr bewirken. Wenn dann noch der beste Vorschlag innerhalb einer festgesetzten Periode (z.B. vierteljährlich) prämiert wird, kann man sich zusätzlich die Lust des Menschen am Wettbewerb zunutze machen. Motivation kann man oft mit kleinen Mitteln erreichen. So bestellte ich z.B. mittags den Pizzaservice, als wir an einem Samstag einen unbezahlten Qualitäts-Workshop durchführten. Die Stimmung stieg spürbar, es wurde sogar richtig lustig, und die Ergebnisse des Workshops konnten sich sehen lassen. Obwohl solche Mechanismen selbstverständlich erscheinen, ist es erstaunlich, wie wenig sie im Unternehmen angewandt werden und wie leicht man sie vergißt. Man sollte sich nicht auf Intuition dabei verlassen, sondern man sollte die Motivierung als Faktor organisatorisch in das Unternehmen einbinden, z.B. durch ein transparentes Prämiensystem und Vorschlagsblätter, die man im Unternehmen aufhängt und auf denen die Mitarbeiter jederzeit ihre Vorschläge und ihre Namen notieren können. Natürlich gehören auch die Qualitätszirkel dazu, in denen der gemeinsame Zielfindungs- und Problemlösungsprozeß stattfindet. Denn der Qualitätszirkel dient nicht nur als Ideenlieferant für Verbesserungen, sondern durch die Beteiligung wird auch die Akzeptanz von Verbesserungsmaßnahmen erhöht.*

Ohne ihn gerufen zu haben, taucht Mr. Change auf und liefert mir eine theoretische Basis und weitere Anregungen zu meinen bisher eher intuitiv konstruierten

Vorstellungen über Motivation. Von der Wichtigkeit und richtigen Anwendung der Zielsetzung berichtet er mir im Zusammenhang mit dem Thema Kommunikation.

14.2.5
Was ist Motivation?

Im Alltag wird der Begriff „Motivation" vielfach verwendet, ohne zu wissen, was er genau bedeutet und ob Motivation überhaupt existiert. Jedem scheint klar zu sein, daß gerade im Arbeitsleben die Motivation von Leistungsverhalten entscheidend ist. So möchte man z.B. seine Mitarbeiter dazu anregen, während der Arbeit mitzudenken und Verbesserungsvorschläge zu machen und Fehler zu erkennen und zu vermeiden, um eine ständige Verbesserung der Produktqualität zu erreichen. Wie kann man aber eine entsprechende Motivation erzeugen? Gibt es eine Möglichkeit, Mitarbeiter zu motivieren? Dazu muß man zunächst wissen, was Motivation ist. In der Psychologie unterscheidet man zwischen den beiden Begriffen *Motiv* und *Motivation*.

14.2.5.1
Das Motiv

Motiv ist der Beweggrund für ein bestimmtes Verhalten und umfaßt als primäre Motive Hunger, Durst, Ruhe & Schlaf, Sexualität, Angst, Aggression usw.. Die *primären Motive* sind angeboren und sichern Überleben und Fortpflanzung. Sie äußern sich in vielfältigen und individuell unterschiedlichen Verhaltensweisen. *Sekundäre Motive* werden durch Lernen und Sozialisation erworben und hängen teilweise eng mit primären Bedürfnissen zusammen. Beispielhaft läßt sich das Konsumbedürfnis nennen, welches aus den Motiven Hunger, Durst und Schutz vor Kälte/ Hitze entstanden ist. Für das Berufsleben wichtige sekundäre Motive sind das Leistungs-, das Anschluß- und das Machtmotiv.

14.2.5.2
Motivation

Motivation ist das Zusammenspiel aller Motive in einer konkreten Situation, d.h. ein Motiv ist eventuell vordergründig und bestimmt das Verhalten, andere Motive sind weniger wichtig. Motivieren kommt von „movere = in Bewegung setzen" (Lat.). Motivation ist das Hervorrufen einer Handlung (z.B. einen Verbesserungsvorschlag zu machen) durch Aktivierung von Motiven (z.B. Leistungsmotiv) mittels Anreizen (z.B. das Inaussichtstellen von Lob oder einer Prämie). Anreize sind mit dem angestrebten Zielzustand (z.B. der Belohnung) verknüpft. Die Anreizwirkung kann erlernt (z.B. bei Geld als Anreiz) oder auch angeboren (z.B. bei dem Anblick eines köstlichen Getränkes) sein, vom momentanen Bedürfnistand abhängig (z.B. bei Hunger oder Durst) oder unabhängig sein. Bei der sogenannten intrinsischen Motivation besteht der Zweck in der Ausführung der Handlung als solcher, das hieße z.B., daß man Spaß an der Arbeit hat. Dies ist aber nicht bei jedem Menschen und bei jeder Art von Arbeit möglich. Von extrinsischer Motivation spricht man, wenn der Zweck der Handlung im Erreichen der Handlungsfolge (Belohnung) liegt, die eine gewisse Anreizwirkung hat. Das jeweilige Verhalten von Mitarbeitern ist also das Ergebnis aus einem Zusammenspiel ihrer persönlichen Handlungsbereitschaft (abhängig von Motiven, aber auch Fähigkeiten) und der relevanten Situationsmerkmale (= Anreize), die sie zu einem Verhalten antreiben. Die richtigen Anreize zu setzen, damit der Mitarbeiter motiviert ist, ist die Aufgabe der Führungskräfte.

Es gibt verschiedene Theorien zur Motivationsbildung. Diese können nach Inhalts- und Prozeßtheorien unterschieden werden. Die Inhaltstheorien versuchen verschiedene Motivkategorien zu klassifizieren, die ein bestimmtes Verhalten hervorrufen. Sie wollen also klären, welche Inhalte die Motive haben. Motivinhalte sind so unterschiedliche Dinge wie z.B. das Stillen von Durst oder die Selbstverwirklichung.

Inhaltstheorien können allerdings nicht klären, welche kognitiven Prozesse in einer Person ablaufen müssen, um eine bestimmte Handlung zu erzeugen. Hierzu geben die Pozeßtheorien näheren Aufschluß.

Von keiner Motivationstheorie wird bestritten, daß monetäre Anreize die Leistungsbereitschaft des Individuums wirksam beeinflussen. In welchem Ausmaß dies jedoch geschieht, beurteilen die verschiedenen Theorien unterschiedlich.

Es folgt nun eine kurze Auflistung von Inhaltstheorien, die Aufschluß darüber geben soll, wie sich die Theorienbildung in der Psychologie entwickelt hat und wie es zu den unterschiedlichen Motivationsratschlägen kommt, die in zahlreichen, auf dem Markt existierenden Managementhandbüchern gegeben werden.

14.2.6
Motivationstheorien

14.2.6.1
Die Bedürfnistheorie von Maslow

Maslow (1954) geht von fünf Bedürfniskategorien aus. Er unterscheidet physiologische Bedürfnisse, Sicherheitsbedürfnisse, soziale Bedürfnisse, Wertschätzungsbedürfnisse und das Bedürfnis nach Selbstverwirklichung. Zu den physiologischen Bedürfnissen gehören Nahrung, Schlaf und Sexualität. Sicherheitsbedürfnisse beinhalten physische und ökonomische Sicherheit. Zu den sozialen Bedürfnissen zählen Gruppenzugehörigkeit, Freundschaft und soziale Akzeptanz. Zu den Wertschätzungsbedürfnissen zählen Selbstachtung, Prestige und Macht, und zu den Bedürfnissen nach Selbstverwirklichung gehören schließlich Kreativität, Weiterentwicklung und Vervollkommnung.

Diese Bedürfnisse sind hierarchisch in einer Pyramide angeordnet. Maslow behauptet, daß jeweils die untergeordnete Kategorie der Bedürfnisse befriedigt sein muß, bevor die Bedürfnisse der nächsthöheren Ebene in den Vordergrund treten. Die Person richtet ihr Verhalten immer nach dem noch nicht befriedigten Bedürfnis aus. Die Theorie konnte emprisch vielfach widerlegt werden (Six & Kleinbeck, 1989). Dennoch sind die Inhaltsklassen bei der Auswahl von Anreizen für das Management interessant. Abbildung 35 stellt die Bedürfnispyramide Maslow's dar.

14.2.6.2
Die ERG-Theorie von Alderfer

Alderfers Theorie (1972) ist eine Weiterentwicklung von Maslows Bedürfnistheorie. Er unterscheidet nur noch drei Motivkategorien: Existenzbedürfnisse (Existence),

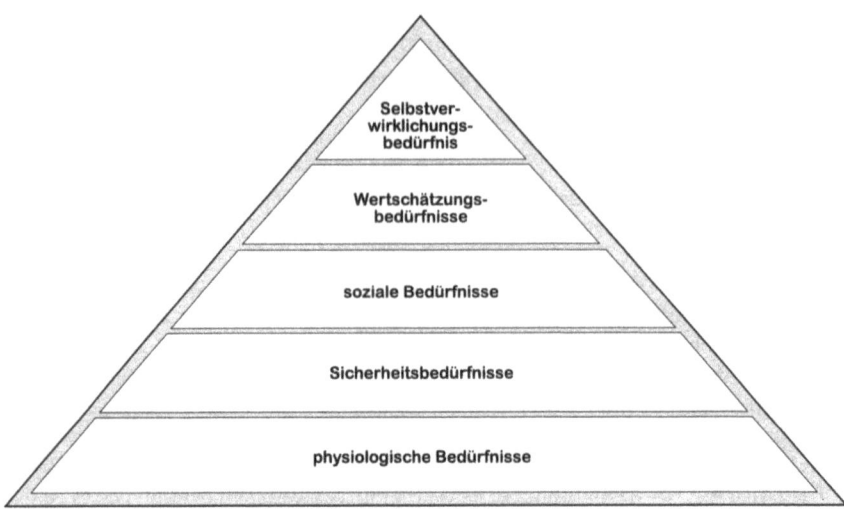

Abb. 35 Bedürfnispyramide (nach: Maslow, 1954)

Beziehungsbedürfnisse (Relatedness) und Wachstumsbedürfnisse (Growth). Diese Bedürfnisse sind einander nicht mehr untergeordnet, sondern sie stehen vielmehr nebeneinander. Daraus lassen sich folgende Aussagen für das jeweils dominierende Bedürfnis ableiten:

- Ist ein Bedürfnis nicht befriedigt, so dominiert es (gilt für Existence und Growth).
- Gelingt es nicht, ein Bedürfnis zu befriedigen, zieht sich das Individuum auf eine niedrige Stufe zurück (gilt für Relatedness und Growth).
- Ist ein Bedürfnis befriedigt, so wird ein anderes verhaltensrelevant (gilt für Existence und Relatedness).
- Ist ein Erfolgserlebnis bei der Bedürfnisbefriedigung eingetreten, führt dies zu einer Steigerung des Anspruchsniveaus (gilt für Growth).

14.2.6.3
Die 2-Faktoren-Theorie von Herzberg

Herzberg (1966) behauptet in seiner Theorie, daß es zwei Klassen von Faktoren gibt, die den Menschen hinsichtlich seiner Zufriedenheit beeinflussen. In diesem Buch soll speziell Arbeitszufriedenheit betrachtet werden.

Die erste Klasse nennt er „Hygienefaktoren". Sie verhindern Unzufriedenheit beim Menschen, erzeugen aber keine Zufriedenheit. Der Name 'Hygienefaktor' gilt insofern, als auch auf den Gesundheitsbereich bezogen die Hygiene Krankheiten verhindert, nicht aber Gesundheit hervorruft.

Zu den Hygienefaktoren zählt Herzberg u.a. Geld, Unternehmenspolitik und Verwaltung, Personalführung, interpersonelle Beziehungen, physische Arbeitsbedingungen und Arbeitsplatzsicherheit.

Die zweite Klasse hat die Bezeichnung „Motivatoren". Diese Faktoren bedingen Arbeitszufriedenheit beim Individuum.

Vorgesetztenfragebogen Teil 3: Die Knoten

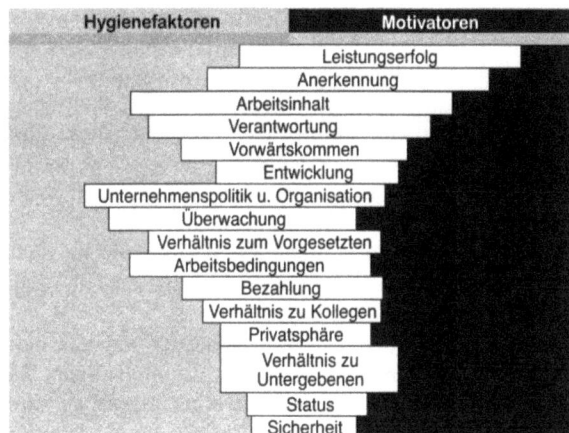

Abb. 36 Hygienefaktoren und Motivatoren (nach: Herzberg, 1966)

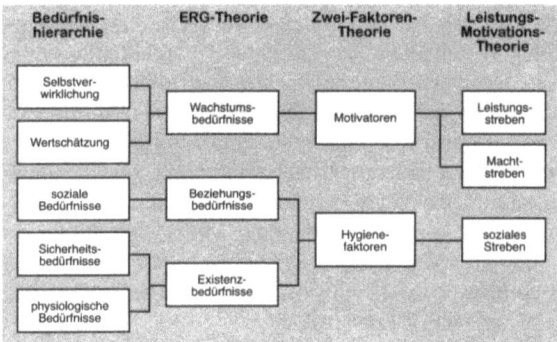

Abb. 37 Beziehung zwischen den Inhaltstheorien

Zu ihnen gehören beispielsweise Leistungserfolg, Anerkennung, die Arbeit selbst, Verantwortung, Aufstieg und Entfaltungsmöglichkeiten.

Der zentrale Befund der Herzberg-Theorie ist darin zu sehen, daß er zwei voneinander unabhängige Variablensätze für Arbeitszufriedenheit bzw. -unzufriedenheit verantwortlich macht. Arbeitszufriedenheit wäre demnach durch eine Verringerung derjenigen Bedingungen, die Arbeitsunzufriedenheit hervorrufen, sowie durch die Förderung der Bedingungen, die Arbeitszufriedenheit herstellen, zu gewährleisten. Abbildung 36 listet die Motivatoren und Hygienefaktoren nach Herzberg auf.

Abbildung 37 verdeutlicht noch einmal die Beziehungen zwischen den verschiedenen Inhaltstheorien.

14.2.6.4
Prozeßtheoretische Ansätze von Motivation

Um zu verstehen, wie ein Mensch in einer bestimmten Situation handelt, genügt es nicht, zu wissen, welche Motive existieren, so wie es die Inhaltstheorien beschreiben. Vielmehr sollte man auch die anderen Elemente, die den Motivationsprozeß bestimmen, kennen. Alle Prozeßtheorien greifen auf ein grundlegendes Motivationsmodell zurück, das Erwartungs-mal-Wert-Theorie genannt wird. Der Name dieser Theorie erklärt bereits, was darunter zu verstehen ist. Die tatsächlich ausgeführte Handlung ist nicht nur abhängig von dem Motiv und seiner Motivstärke, sondern auch von der Wahrscheinlichkeit der Zielerreichung durch die Handlung (Erwartung) und von der Attraktivität des Ziels (Wert), der sogenannten Anreizwirkung. Diese Theorien stellen mathematische Modelle dar. Erwartung und Wert können per Fragebogen erfaßt und dann multiplikativ verknüpft werden. Der so entstandene Wert stellt ein Maß für die Motivation in der entsprechenden Situation dar. Zu diesen Erwartungs-mal-Wert-Theorien gehört das Prozeßmodell von Vroom (1964).

Nach der Darstellung der dem Menschen innewohnenden Motivkategorien stellt sich nun die Frage, wie aus Motiven Motivation entsteht, denn das alleinige Vorhandensein von Motiven erklärt noch keine Leistung.

Die Darstellung und Erklärung dieses Prozesses soll anhand der sogenannten „Valenz-Instrumentalitäts-Erwartungs"-Theorie von Victor H. Vroom erfolgen. Sie kann als die Grundlage aller neueren Prozeßtheorien der Motivation angesehen werden.

PROZESSMODELL VON VROOM (1964):
Ausgangspunkt der Theorie, die 1964 von Vroom entwickelt wurde, ist eine Situation, in der eine Person eine Handlung zu vollziehen hat – z. B. bei der Erledigung seiner Arbeit mitzudenken und Verbesserungsvorschläge zu machen. Das Individuum hat die Wahl zwischen verschiedenen Handlungsalternativen: Zum einen beispielsweise eine überdurchschnittlich engagierte und fehlerfreie Aufgabendurchführung und zum anderen eine Arbeitsweise, bei der nicht mehr getan wird als unbedingt nötig, um die monatliche Lohn- oder Gehaltszahlung „mit nach Hause nehmen" zu können.

Welche dieser beiden Extremformen mit den Zielen einer Unternehmung besser zusammenpaßt, bedarf keiner näheren Erläuterung. Doch wie ist es nun möglich, den Mitarbeiter dahingehend zu beeinflussen, daß er seine Kräfte tatsächlich in einer dem Unternehmen höheren Nutzen bringenden Weise einsetzt?

Die Qualität einer Leistung, die eine Person zu erbringen bereit ist, hängt von verschiedenen Faktoren ab. Zum einen sind dies angeborene und erworbene Fähigkeiten; zum anderen spielen die Sozialisation des Menschen sowie die zu gegebener Zeit herrschenden Werte und Normen eine wesentliche Rolle. Die Fähigkeiten kann ein Unternehmen durch Personalentwicklungsmaßnahmen beeinflussen. Unmöglich scheint es jedoch zu sein, Einfluß auf Sozialisation, Werte und Normen auszuüben. Durch den Einsatz von Anreizen, wie z.B. das Inaussichtstellen von Prämien oder Lob, kann das Unternehmen seine Mitarbeiter motivieren.

Ein Mitarbeiter wird immer die seinen eigenen Nutzen maximierende Handlungsalternative wählen. Was er als für ihn nützlich betrachtet, hängt dabei von der seiner Person zugrundeliegenden Motivstruktur ab. Er kann Geld als nützlich empfinden, Anerkennung, Statussymbole oder auch einfach die Befriedigung, die aus der erfolgreichen Durchführung einer schwierigen Aufgabe entstehen kann. Seine Bereitschaft zu höherer Leistung ist damit insbesondere abhängig von der Wahrnehmung des persönlichen Nutzens dieser höheren Leistung für ihn selbst.

Genau an dieser Stelle setzt die Prozeßtheorie der Motivation ein.

Sie geht davon aus, daß beim Mitarbeiter vor der Entscheidung für eine Handlungsalternative eine gedankliche Analyse des jeweiligen zu erwartenden Nutzenzuwachses stattfindet. Dieses Kalkül soll im folgenden im Kontext der Arbeitswelt näher erläutert werden.

Jede Handlung(salternative), für die sich der Mitarbeiter entscheiden kann, wird zu einem Ergebnis führen. Dieses Ergebnis widerum wird eine Folge für den Mitarbeiter

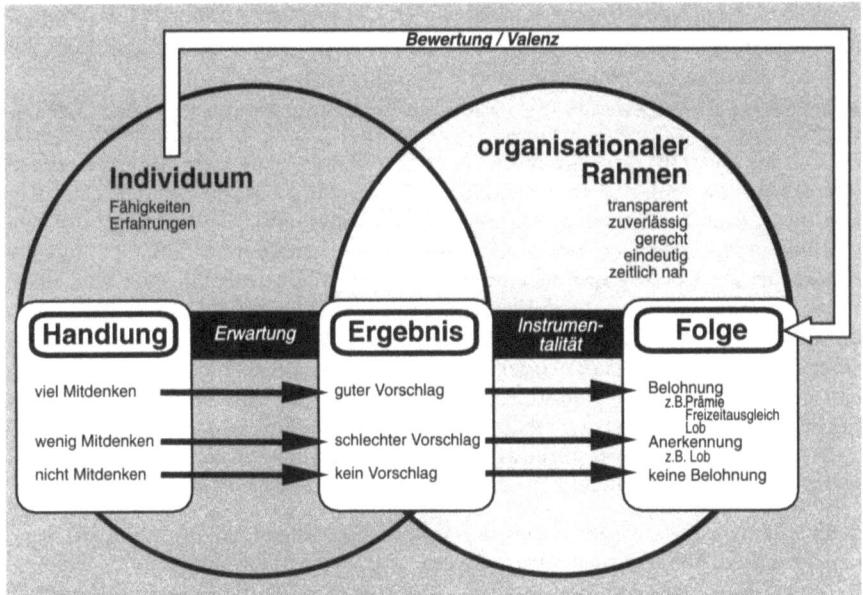

Abb. 38 Prozeßmodel der Motivation (angelehnt an: Vroom, 1964)

nach sich ziehen, z.B. eine Prämie, Freizeitausgleich, ein oft zu Unrecht vernachlässigtes Lob oder einfach die innere Befriedigung über einen Erfolg. Abb. 38 ordnet das beschriebene Prozeßmodell in den Zusammenhang des Vorschlagwesens ein.

Dafür, daß aus dieser Analyse Motivation im Sinne der Unternehmensziele entsteht, sind drei Faktoren ausschlaggebend. Da sie durch die Unternehmung zu ihrem Vorteil beeinflußbar sind, sind sie als der Dreh- und Angelpunkt der Mitarbeitermotivation anzusehen. Es sind dies:

- *Die (Erfolgs-)Erwartung*
  Die Erfolgserwartung ist die subjektive Einschätzung des Mitarbeiters dafür, daß er die ihm übertragene Aufgabe erfolgreich im Sinne der Unternehmung erfüllen kann, daß also die Handlung zu dem gewünschten Ergebnis führt. Ein Beispiel hierfür ist, daß sein Mitdenken zu einem brauchbaren Verbesserungsvorschlag führt.
- *Die Instrumentalität*
  Hierbei handelt es sich um die subjektive Einschätzung der Wahrscheinlichkeit dafür, daß das Ergebnis der gewählten Handlungsalternative zu einer bestimmten Folge führt. Als Beispiel kann genannt werden, daß ein guter Verbesserungsvorschlag zu einer Belohnung führt.
- *Die Valenz*
  Dies ist die subjektive Bewertung der Folge, die auf das Ergebnis der Aufgabenerledigung folgt, durch den Mitarbeiter. Ob sie positiv oder negativ ausfällt, ist abhängig von der Motivstruktur des Mitarbeiters. Das bedeutet, daß ein Mitarbeiter sich über die Belohnung freuen sollte, damit sie auch Anreizcharakter für ihn hat.

Damit beim Mitarbeiter motiviertes Verhalten entsteht, müssen Erwartung, Instrumentalität und Valenz positiv ausgeprägt sein. Der Mitarbeiter muß also

- glauben, die ihm übertragene Aufgabe erfolgreich bewältigen zu können (Erwartung),
- es als gewährleistet ansehen, daß die erfolgreiche Erledigung seiner Aufgabe durch ihn eine Folge nach sich zieht (Instrumentalität), und
- diese Folge positiv bewerten – sie muß also seiner Motivstruktur entsprechen (Valenz).

Ist dies der Fall, fällt die beim Mitarbeiter ablaufende Analyse des zu erwartenden Nutzens für ihn vorteilhaft aus, und Motivation entsteht. Es ist also erforderlich, daß er alle diese drei Bestimmungsfaktoren positiv einschätzt. Daraus folgt für den Qualitätsprozeßmanager, daß er ein Anreizsystem installieren muß, das folgende Aspekte berücksichtigt, damit die Motivation der Mitarbeiter, mitzudenken, Vorschläge zu machen und Fehler zu vermeiden, unterstützt wird. Natürlich kann er dies nur im Rahmen seiner Organisation tun. Auf die Erfahrungen und Fähigkeiten des Mitarbeiters, die wesentlich die Erfolgserwartung beeinflussen, hat er nur begrenzt Einfluß, z.B. durch betriebliche Weiterbildung. Die Gestaltung des Anreizsystems setzt hauptsächlich bei der Instrumentalität, also der Verknüpfung von Handlungsergebnis und Handlungsfolge (Verbesserungsvorschlag und Belohnung), an. Dabei müssen drei Hauptbedingungen für ein erfolgreiches Anreizsystem erfüllt werden.

1. Es muß die subjektive Erwartung des Mitarbeiters, eine Aufgabe erfolgreich erledigen zu können, positiv beeinflussen. Wie ist das zu erreichen?
2. Im Rahmen der organisationalen Möglichkeiten kann der Prozeßmanager versuchen, die vorhandenen Fähigkeiten des Mitarbeiters zu verbessern. Dazu muß er zunächst eine Ist-Zustandsanalyse durchführen. Wenn vorhanden, müssen die Personalbögen des Mitarbeiters hinsichtlich besuchter Weiterbildungen gesichtet werden oder vom Mitarbeiter mittels eines Fragebogens aktuell ermittelt werden. Die vorhandenen Kenntnisse werden mit den Stellenanforderungen verglichen, welche sich in der Stellenbeschreibung wiederfinden, sich aber auch durch Angaben von Kollegen und Stellenvorgängern über einen Frasgebogen oder ein Interview ergänzen lassen. Durch einen Soll-Ist-Vergleich kann man für jeden Mitarbeiter ein persönliches Schulungsprogramm zusammenstellen, um Defizite zu beheben. Die grundsätzliche Fähigkeit zu lernen, wird sicherlich von jedem guten Mitarbeiter mitgebracht. Durch die verbesserten Fähigkeiten des Mitarbeiters wird sein Selbstvertrauen und somit die Erwartung einer erfolgreichen Aufgabenerledigung steigen. Ebenso wird seine Erwartung steigen, daß ein ständiges Mitdenken während der Arbeit zu brauchbaren Verbesserungsvorschlägen und Fehlervermeidung führt.
3. Ein Ergebnis muß in einem Anreizsystem zuverlässig zu einer Folge führen. Die direkte Instrumentalität muß zumindest aus der Sicht des Mitarbeiter gegeben sein. Der Mitarbeiter muß sich also sicher sein, daß ein guter Verbesserungsvorschlag zuverlässig zu einer Belohnung führt. Wie kann man diese Instrumentalität sichtbar machen?

Zunächst einmal muß es für jeden Mitarbeiter möglich sein, Vorschläge zu machen und Fehler aufzudecken. Das hört sich banal an, ist in vielen Unternehmen aber nicht gewährleistet. Der Vorgesetzte hat z.B. gerade keine Zeit oder ist überhaupt nicht zu erreichen. Durch Stellwände, die direkt am Arbeitsplatz aufgestellt werden, um Wege zu verkürzen und die Sichtbarkeit zu gewährleisten, wird Platz geschaffen, um dort, auf dafür entworfenen Blättern, Vorschläge und Fehlerhinweise anzuheften. Die Blätter sollten eine Textspalte, eine Spalte für den Namen des Mitarbeiters und eine Spalte für die

Nennung seines Arbeitsplatzes enthalten. Die leeren Blätter sollten in einem Kasten neben den Stellwänden aufbewahrt werden. Man könnte dieser neuen, kreativen Stellwandecke einen Namen geben, z.B. Ideenmarkt, um ihre Existenz nochmals in das Bewußtsein der Mitarbeiter zu rufen. Die Möglichkeit, Vorschläge zu machen, ist somit gegeben. Das neue Vorschlagssystem muß aber auch für alle transparent sein, d.h. jeder muß von den anderen Vorschlägen erfahren können (das ist durch die öffentliche Stellwand gewährleistet). Darüber hinaus muß man erfahren, welcher Vorschlag prämiert worden ist. Dies kann dadurch ereicht werden, daß der beste Vorschlag pro Monat besonders belohnt und dies auf den Stellwänden bekannt gegeben wird. Zur Transparenz gehört ebenso, daß alle Mitarbeiter über die Bedingungen des Vorschlagsystems informiert sind. Dies könnte man durch einen Artikel in der Betriebszeitung erreichen oder, wenn es eine solche nicht gibt, einen Brief an jeden Mitarbeiter versenden. Zur Erhöhung der Instrumentalität gehört aber nicht nur die Transparenz, sondern auch die Gerechtigkeit des Systems. Die Regeln müssen also für alle Mitarbeiter in gleichem Maße gelten, egal welcher Hierarchiestufe sie angehören. Außerdem muß immer auf einen guten Vorschlag eine Belohnung und auf einen schlechten oder gar keinen Vorschlag keine Belohnung erfolgen. Ebenso wichtig für die Instrumentalität ist es, daß die Belohnung auf den Vorschlag unmittelbar, also zeitlich nah, erfolgt. Es muß also für den Mitarbeiter nachvollziehbar sein, für welchen Vorschlag er denn nun belohnt wird. Eine Belohnung, die ein halbes Jahr später erfolgt, hat keinen Anreizwert mehr.

Das Anreizsystem muß mit solchen Folgen arbeiten, die eine positive Bewertung (positive Valenz) seitens des Mitarbeiters erfahren, d.h. von diesem als begehrenswert angesehen werden. Wie kann man das erreichen?

Nach kurzem Nachdenken fallen sicherlich jedem Leser genügend positive Handlungsfolgen, also Belohnungen, ein. Belohnungen können in monetärer, aber auch in nicht-monetärer Form, ausfallen. Dies wäre z.B. Freizeitausgleich oder ein ganz bestimmter Gegenstand, den sich der Mitarbeiter wünscht. Die Wünsche der Mitarbeiter könnte man durch einen Fragebogen im Vorlauf erfassen. Es gibt demnach bestimmte Mitarbeitertypen, die durch ganz spezielle Belohnungen besonders motiviert werden (Schlaeger, 1995). Geldprämien spielen dabei eine eher geringe Rolle. Wichtig ist auch, daß die Belohnungen nicht zu hoch ausfallen. Das ist durchaus nicht notwendig, da die Belohnung nicht der Bereicherung, sondern als Anerkennung dienen soll. Oft reicht tatsächlich die Anerkennung der Leistung durch ein Lob des Vorgesetzten zur Motivation aus.

Wird ein Anreizsystem so gestaltet, daß es die Erfüllung dieser Bedingungen gewährleistet, wird es tatsächlich motivierende Wirkung auf die Mitarbeiter haben.

Literatur:

Alderfer, C.P. (1972): Existence. relatedness, growth: Human needs in organizational settings. New York.
Heckhausen, H. (1989): Motivation und Handeln. 2, völlig überarbeitete und ergänzte Auflage. Berlin – Heidelberg – New York.
Herzberg, F. (1966): Work as the Nature of Man. Cleveland.
Maslow, A.H. (1954): Motivation and personality. New York.
Schlaeger, S. (1995): Motivationale Bedingungen eines betrieblichen Anreizsystems. Diplomarbeit an der Fakultät für Psychologie. Ruhr-Universität Bochum.
Six, B. & Kleinbeck, U. (1989): Arbeitsmotivation und Arbeitszufriedenheit. In: Graumann, C.F., Irle, M., Kuhl, J., Prinz, W., Thomae, H. & Weinert, F.E. (Hrsg): Enzyklopädie der Psychologie. Bd. 3, Organisationspsychologie. Göttingen.
Vroom, V.H. (1964): Work and Motivation. New York.

Kapitel 15

Vorgesetztenfragebogen Teil 4: Die abteilungsinternen Pfade

15.1
Welche Funktion erfüllt dieser Teil?

In diesem Teil des Fragebogens (Anhang 3, Teil 4) werden hauptsächlich die abteilungsinternen Pfade des Lernnetzes thematisiert.

In den ersten beiden Fragen wird ermittelt, wie häufig und auf welchen Wegen Wissens-/ und Erfahrungsaustausch innerhalb der Abteilung stattfindet. Dadurch wird die Lernkultur und Lernatmosphäre der Abteilung deutlich.

Die dritte Frage beschäftigt sich mit der Weitergabe von Seminarinhalten. Die Richtung der Wissensweitergabe wird ermittelt. Es wird also untersucht, ob die Vorgesetzten, Kollegen, Mitarbeiter usw. über die Inhalte unterrichtet wurden. Weiterhin wird ermittelt, auf welche Art und Weise dies geschah.

Zuletzt wird nach der subjektiven Einschätzung des Wissenspotentials der hierarchisch Übergeordneten und der Untergeordneten gefragt. Dies alles dient der Abbildung der in dem Unternehmen existierenden Lernlandschaft.

15.2.
Abgeleitete Maßnahmen

Wird eine defizitäre Lernlandschaft innerhalb einer Abteilung festgestellt, sollte die Ursache näher untersucht werden. Häufig kommt es vor, daß einfach keine Zeit zum Wissens-/ und Erfahrungsaustausch im Prozeß der Arbeit eingeplant ist. Vielleicht sollte man sich Gedanken darüber machen, ob es nicht günstiger ist, den Mitarbeitern einer Organisation die Möglichkeit einzuräumen, sich regelmäßig gegenseitig über neu gemachte Erfahrungen oder Kenntnisse auszutauschen. Dadurch wird die kollektive Wissensbasis im Unternehmen erweitert, was dazu beitragen kann, Fehler zu vermeiden und Prozesse zu verbessern. Oft wird festgestellt, daß der Austausch innerhalb der Abteilungen unorganisiert, unregelmäßig und dementsprechend viel zu selten stattfindet. Viel zu selten wird Gebrauch von der Einrichtung von z.B. Qualitätszirkeln und Projektgruppen gemacht. Die Kooperation innerhalb von Abteilungen bleibt intuitiven und spontanen Aktionen von Einzelpersonen überlassen. Die Institutionalisierung von Maßnahmen zur Kooperationsförderung ist aber unerläßlich. Deshalb folgt jetzt ein Abschnitt zum Thema Kooperation, der einige Übungen zur Kooperation innerhalb von Gruppen beinhaltet.

Wenn ich wieder einmal Zeit habe, die Bürotür hinter mir zu schließen und eine Weile allein zu sein, lasse ich die Ereignisse der letzten Wochen Revue passieren. Viele Prozesse, die angestoßen worden sind, werden immer wieder gestört, und zunächst hoffnungsvolle Ansätze erweisen sich als nicht durchführbar. Woran liegt es im einzelnen? Warum funktioniert der Transfer von der Theorie in die Praxis nur in den wenigsten Fällen? Oft scheitern wichtige Projekte daran, daß die einzelnen Abteilungen einfach nicht zusammenarbeiten wollen. In der Diagnosephase habe ich mit Hilfe des Lernnetzes die Lernlandschaft unseres Unternehmens doch recht treffend abgebildet. So fällt, wie bereits beschrieben, die Diskrepanz zwischen der Selbst- und der Fremdwahrnehmung bezüglich des Wissenspotentials bei einigen Abteilungen beträchtlich aus. Auch der Wissens- und Erfahrungsaustausch zwischen einzelnen Abteilungen ist viel zu gering. Einerseits liegt dies ganz offensichtlich an fehlender oder nicht transparenter Kommunikation, und andererseits scheint teilweise die Bereitschaft zur Kooperation als einer wesentlichen Grundlage der Kommunikation vollkommen zu fehlen.

Warum funktioniert der Informationsaustausch zwischen Lager und Produktion nicht? Oft haben wir Stillstandszeiten in der Produktion, nur weil uns das Material nicht zur rechten Zeit zur Verfügung steht. Oder der Absatz nimmt einen kurzfristigen Auftrag eines wichtigen Kunden an, und die Produktion steht in einigen Bereichen still, weil sie viel zu kurzfristig darüber informiert worden ist. Warum tauschen sich Forschung und Entwicklung nicht viel öfter mit der Produktion und Konstruktion aus? Ich erinnere mich an einen Fall, bei dem die Ingenieure monatelang an einem Produkt arbeiteten, während einige Arbeiter in der Produktion schon eine sehr viel bessere Idee dazu hatten.

Aber nicht nur zwischen den Abteilungen ist die Kooperation blockiert; auch innerhalb der Abteilungen treffe ich immer wieder auf Kollegen, die ihr Wissen nicht zur Verfügung stellen oder gezielt fehlerhafte Informationen weitergeben. Bei der Durchsicht des Transfer-Analyse-Bogens, der mir als Tagebuch meines Arbeitslebens bisher gute Dienste erwiesen hat, muß ich feststellen, daß unter den Transferhindernissen, die ich ausgemacht hatte, die personellen Hindernisse ganz oben stehen. Erst später folgen organisatorische, technische und finanzielle Hindernisse. Oft haben Menschen einfach Angst, etwas von ihrer Informationsmacht zu verlieren, wenn sie ihr Wissen weitergeben.

Was aber soll ich nun dagegen tun? Gibt es überhaupt eine Möglichkeit, etwas daran zu ändern, oder bleibt nicht letztendlich immer alles so, wie es schon immer war, wie mir einige meiner Kollegen mehrfach resigniert gesagt haben? In dieser ratlosen Situation hilft mir wieder mein Freund, Mr. Change:

„Ich habe schon von Deinen Problemen gehört. Natürlich ist mir das nicht neu. Du kannst mir glauben, das kommt in allen Betrieben in der einen oder anderen Art und Weise vor. Wie bei allen Problemen gibt es auch hier keine Patentlösung, und Du weißt, daß alle Menschen aus den vielfältigsten Gründen handeln und auf die unterschiedlichsten Weisen reagieren. Dennoch gibt es einige Übungen, die selbst den größten Querköpfen zeigen, daß Kooperation durch nichts zu ersetzen ist und daß

die Gruppe oft mehr leistet als der einzelne. Bevor ich Dir die Übungen vorstelle, erzähle ich Dir jedoch ein wenig über den Begriff Kooperation."

15.2.1
Was ist Kooperation?

Es gibt viele Definitionen zu dem Begriff Kooperation. In diesem Rahmen orientieren wir uns an dem Konzept der horizontalen und vertikalen Kooperation.

Horizontale Kooperation wird als eine Zusammenarbeit zwischen formal gleichgestellten Mitgliedern einer Organisation beschrieben, um zielorientierte, arbeitsteilige und stellenübergreifende Aufgaben zu bewältigen.

Vertikale Kooperation ist eine Zusammenarbeit zwischen Mitgliedern einer Organisation, die in einer formal hierarchischen Beziehung zueinander stehen und zielorientierte und arbeitsteilige Aufgaben bewältigen möchten. (vgl. Wunderer, 1993)

Hierarchische Beziehungen befinden sich in einem Gleichgewicht, auf dessen Veränderungen sie sehr sensibel und schnell reagieren. Deswegen sind vor allem kooperative Beziehungen zwischen Kollegen ziemlich konfliktanfällig und bedürfen einer genaueren Analyse. Des weiteren unterliegt aber auch die Kooperation zwischen unterschiedlichen Organisationseinheiten einem empfindlichen Gleichgewicht, das bei der geringsten Störung in eine negative Richtung beeinflußt wird. Kooperation ist von Einstellungen und Verhaltensmustern der Kooperationspartner abhängig und kann durch diese beiden Wirkungsfaktoren im besonderen erschwert werden.

Die wesentlichen Beziehungsgrundlagen horizontaler und vertikaler Zusammenarbeit lassen sich nach Wunderer drei Beziehungssystemen zuordnen:

- dem sozio-kulturellen System: In diesen Rahmen fallen Gefühle, Emotionen, freiwillige und internalisierte Kooperationsnormen und Verpflichtungen. Dieses System hat in der abteilungsinternen Kooperation eine zentrale Bedeutung, da vor allem in diesem Bereich Probleme aus Neid auf den Erfolg bestimmter Kollegen oder unterschiedlichen Ansichten zu Kooperationsnormen entstehen können. Sie schränken die Kooperation ein oder behindern sie sogar.
- dem organisations-politischen System: Hier werden vor allem formale Autorität, Macht, Regeln und Programme angesprochen. Wichtig ist in diesem Zusammenhang die abteilungsübergreifende Kooperation, weil in der innerbetrieblichen Organisation zwischen einzelnen Abteilungen oft Konkurrenz entsteht, die genau auf diese Beziehungsgrundlagen zurückgeführt werden kann.
- dem ökonomischen System: Damit sind vor allem Anreize, Vorteile und materiell bewertbarer Leistungsaustausch gemeint. Bis jetzt ist diesem System noch nicht soviel Aufmerksamkeit geschenkt worden. Da aber in der heutigen Zeit z.B. finanzielle Anreize und andere Vorteile im Rahmen eines Bewertungssystems üblich sind, wird man sich in Zukunft auch mehr mit dieser Problematik auseinandersetzen müssen.

Abb. 39 stellt die zuvor beschriebenen Beziehungsgrundlagen von Kooperation dar.
In diesem Handlungsrahmen der Kooperation in einer Organisation gibt es unterschiedliche Probleme an verschiedenen Schnittstellen. Zum einen entstehen Probleme bei der abteilungsinternen Kooperation. Diese Probleme werden natürlich erst im

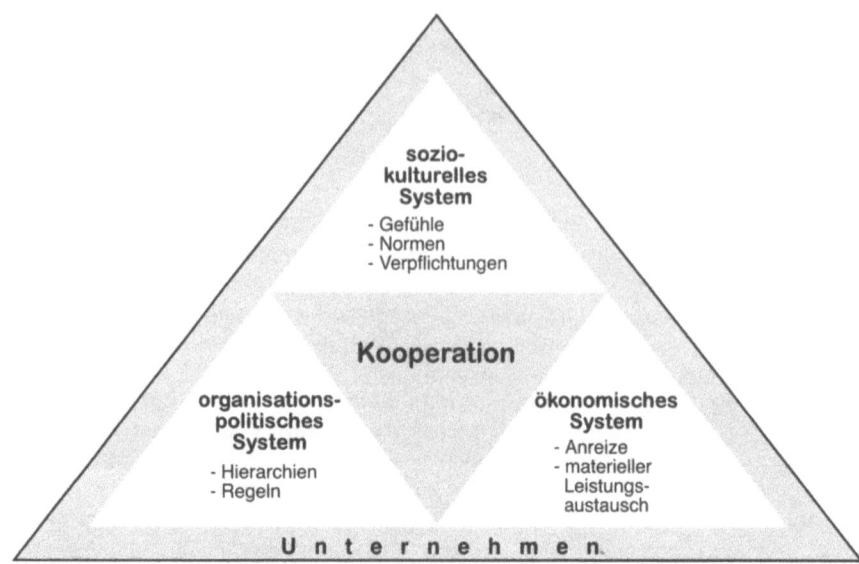

Abb. 39 Beziehungsgrundlagen von Kooperation (nach: Wunderer, 1993)

äußersten Fall an den Vorgesetzten herangetragen und sind deshalb nur schwer zu lokalisieren. Bei der abteilungsübergreifenden Kooperation kommt es häufig zu der Situation, daß der Vorgesetzte sich unkooperativ verhält und auch bei seinen Mitarbeitern unkooperative Verhaltensweisen unterstützt. Es geht dem Vorgesetzten vor allem um den Ruf und die Leistung seiner eigenen Abteilung, die in Konkurrenz zu anderen Abteilungen in der Organisation steht. Deswegen ist Kooperationsförderung vor allem in größeren Organisationen ziemlich schwierig und oftmals langfristig durchzuführen, da man erst die alten und vorherrschenden Denkmuster durchbrechen muß. Ferner sollten auch und vor allem die Vorgesetzten ihren guten Willen zeigen, die Mitarbeiter motivieren und mit einem guten Beispiel vorangehen.

Ursachen für eine konfliktbelastete Kooperation lassen sich in strukturelle und personelle Ursachen aufteilen (Wunderer, 1993).

Zu den strukturellen Ursachen zählen z.B.:
- Abhängigkeit von Leistungen anderer Organisationen,
- Weisungen aus anderen Organisationseinheiten,
- mangelnde Gesprächsgelegenheit und
- Zielkonflikte mit anderen Organisationseinheiten.

Zu den personellen Ursachen zählen z.B.:
- mangelnde Kenntnis der Probleme oder Aufgaben anderer,
- einseitige Orientierung auf die eigene Organisationseinheit,
- mangelnde Bereitschaft zu kooperativem Verhalten und
- Konkurrenzgefühle zwischen Mitarbeitern der Organisationseinheiten.

Aus dieser Auflistung leiten sich vier zentrale Konfliktursachen ab, die bei horizontaler Kooperation auftreten können.

1. *Orientierung*
- als einseitige Orientierung auf die eigene Organisationseinheit und
- mangelnde Orientierung an gemeinsamen Zielen.
2. *Wissen*
- als mangelnde Kenntnis der Probleme anderer Abteilungen.
3. *Wollen*
- als mangelnde Einsicht in die Notwendigkeit zu kooperieren und
- mangelnde Bereitschaft zu kooperativem Verhalten mit anderen Abteilungen.
4. *Können*
- als Abhängigkeit von Leistungen und
- Abhängigkeit von Weisungen anderer.

Der im Rahmen betrieblicher Kooperation mögliche Konflikt ist ein Spannungszustand zwischen den Mitarbeitern, der aufgrund von Interessenkonflikten (wie z.B. unvereinbare Werte und Zielvorstellungen) und Verteilungskonflikten (hier geht es hauptsächlich um die Zuweisung von knappen Ressourcen), oder aber aufgrund von nicht akzeptierten Handlungen entstanden ist. Vor allem Statusdenken und Gruppenegoismus führen daher oft zu einer mangelnden Bereitschaft zur Zusammenarbeit. Es können aber auch ganz persönliche Motive wie Machtdenken, Karriereplanung, Erfolg und Neid eine Situation entstehen lassen, in der eine offene und gute Kooperation einfach nicht mehr möglich ist, da zentrale Voraussetzungen für jede Kooperationsform Vertrauen und Wechselseitigkeit sind. Diese beiden Kategorien in einer größeren Organisation zu verwirklichen, ist auch mit Hilfe der einzelnen Mitarbeiter schwierig. Wenn zudem das Klima aufgrund der oben genannten Faktoren eher zu Mißtrauen als zu Vertrauen führt, wird das Ziel der Kooperation nur unter größeren Schwierigkeiten zu realisieren sein.

Die Organisation muß also geeignete Rahmenbedingungen schaffen, in der sich Kooperation gut verwirklichen läßt. Es sollen Situationen gefördert werden, die Offenheit, Wissensaustausch und Vertrauen der Mitarbeiter unterstützen.

Warum ist Kooperation für eine Organisation von Bedeutung?

Es gibt ganz unterschiedliche und vielfältige Situationen in einer Organisation, die nach Kooperation verlangen. Damit sind ungewohnte oder neue Situationen, wie z.B. die Einführung neuer Technologien, die Umstrukturierung der Organisation, die Zusammenlegung von Ressourcen oder deren Neueinführung, gemeint. Das bedeutet für jeden einzelnen Mitarbeiter eine Neuorientierung oder zumindest ein Umdenken in einigen Teilen seines Aufgabengebietes. Die dabei entstehenden Probleme können mit Hilfe einer guten Kooperation schneller und auch kreativer gelöst werden als ohne Kooperation. Wenn Kooperation nur bedingt oder kaum vorhanden ist, führt dieser Mißstand zwangsläufig zu Entscheidungs-, Herrschafts- und Verteilungskonflikten innerhalb einer Organisation oder Gruppe.

Diese Situation ist für die Mitglieder einer Organisation oder einer Gruppe natürlich eine unbefriedigende Situation, weil individuelle Ziele der einzelnen Mitglieder, wie z.B. Arbeitszufriedenheit oder Bedürfnisbefriedigung, nicht mehr gewährleistet werden können.

An diesem Punkt müssen nun Maßnahmen der Personalentwicklung greifen, mit denen erreicht werden soll, das aufgrund mangelnder Kooperation entstandene Konfliktpotential durch geeignete Trainingsmaßnahmen zu bewältigen. Den Mitarbeitern sollten vor allem Prozesse verdeutlicht werden, die sich während bestimmter Kooperationsprozesse abspielen und die Zusammenarbeit entweder fördern oder hemmen. Zudem sollten Lösungsmöglichkeiten für das zukünftige Umgehen mit bestimmten, vor allem für Kooperation typischen Problemen aufgezeigt werden.

Literatur:
Schuler, Heinz (1993): Lehrbuch der Organisationspsychologie. Göttingen.
Wunderer, Rolf (1993): Führung und Zusammenarbeit. Beitrag zu einer Führungslehre. Stuttgart

15.2.2
Übungen zur Förderung der Kooperation

15.2.2.1
ROSTOPSCHIN

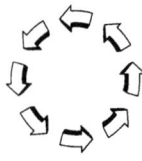

ZWECK:
- Die Leistungsfähigkeit einer Gruppe bei der Lösung einer Aufgabe innerhalb einer kurzen Zeitspanne und
- die Wirkung von Rückmeldung auf die Leistung sollen beobachtet werden.

DAUER: Ca. 1,5 Stunden
GRUPPENGRÖSSE: Beliebig
ARRANGEMENT:
- Ein genügend großer Raum für die Sitzung,
- ein kleinerer Raum, in dem die Gutachter warten können und
- ein Tisch zur Ablage der Spielmaterialien.

MATERIALIEN:
- Pro Teilnehmer ein Auswertungsfragebogen und ein Bleistift,
- zehn gleichwertige Münzen (z.B. Eine-DM-Münzen), ein Paket Spielkarten und eine große Tüte Bonbons und
- entweder Flip-chart und Filzschreiber oder eine Tafel und Kreide.

VORBEREITUNG: Vor Beginn der Übung müssen zwei Personen gefunden werden, die nicht der Gruppe angehören und in der zweiten Phase als Gutachter auftreten. Diese beiden Personen müssen vor Beginn der Übung über Inhalt und Dauer ihrer Aufgabe informiert werden.

DURCHFÜHRUNG:
1. Phase: Der Moderator begrüßt die Teilnehmer, sagt ihnen aber nichts über das Thema des heutigen Trainings. Er informiert sie nur darüber, daß die Teilnehmer als Gruppe 40 Minuten Zeit haben, ein neues Spiel namens „ROSTOPSCHIN" zu erfinden. Dazu dürfen sie nur die vorhandenen Materialien (Münzen, Spielkarten und Bonbons) verwenden. Ihre Aufgabe besteht nun darin, Spielregeln festzusetzen und sich darauf vorzubereiten, ihr Spiel zwei unabhängigen Gutachtern zu erklären, die in 40 Minuten die Gruppe besuchen werden.

2. Phase: Nach 40 Minuten werden die Gutachter hereingeholt und aufgefordert, das neue Spiel 10 Minuten lang auszuprobieren. Danach sollen sie die Stärken und Schwächen des neuen Spiels beurteilen und dann den Raum wieder verlassen. Für diese Beurteilung wird den beiden ein Zeitraum von maximal 15 Minuten eingeräumt.
3. Phase: Der Moderator beauftragt die Gruppe, das Spiel Rostopschin noch einmal zu bearbeiten und dabei die Kritik der Beurteiler zu berücksichtigen. Für die Neubearbeitung wird der Gruppe ein Limit von 15 Minuten gegeben.
4. Phase: Die Gutachter kehren nun zurück und spielen noch einmal 10 Minuten lang mit den revidierten Spielregeln das Spiel.
5. Phase: Der Moderator teilt die Auswertungsfragebögen aus und leitet, nachdem die Fragen von allen beantwortet worden sind, zum allgemeinen Erfahrungsaustausch über.

Folgende Auswertungsfragen soll jeder Teilnehmer erhalten:
- Auf welche Weise hat die Gruppe ihre Erfolgsmotivation gezeigt?
- Welche Verhaltensweisen wirkten sich positiv oder negativ auf die Leistung der Gruppe aus?
- Wer hat Führungsfunktionen übernommen, und wer hat die Gruppe zur Leistung angetrieben?
- Wurden in den Regeln besonders hohe Leistungsanforderungen an die Spieler eingebaut?

Diese Fragen sollen den Teilnehmern die Prozeßbeobachtung erleichtern und wichtige Faktoren, die die Kooperationsbereitschaft beeinflussen, sichtbar machen. Die Teilnehmer sollen selbst ein Gefühl dafür entwickeln, was bei fruchtender Kooperation von Bedeutung ist, und welche Verhaltensweisen besonders förderlich erscheinen.

In diesem Rahmen übernimmt der Moderator die Funktion eines Diskussionsleiters und sollte sich dementsprechend darum bemühen, die Ergebnisse an der Tafel zu visualisieren, um den Teilnehmern die wichtigsten Prozesse anschaulich zu erläutern.

Quelle:
Francis, Dave & Young, Don (1989): Mehr Erfolg im Team. Essen: Windmühle GmbH Verlag und Vertrieb von Medien, S. 226.

15.2.2.2
LUTTS UND MIPPS

ZWECK:
- Der Informationsaustausch in einer Arbeitsgruppe soll untersucht werden.
- Der Gruppenprozeß soll beobachtet werden.

DAUER: Ca. 45 Minuten

GRUPPENGRÖSSE: Gruppen mit 6–12 Mitgliedern.

ARRANGEMENT: Man benötigt entweder einen genügend großen Raum mit mehreren Tischen oder einige kleinere Räume, auf die sich die Gruppen aufteilen können. Die Teilnehmer einer Gruppe sitzen an einem Tisch und dürfen nicht hören, was in anderen Gruppen besprochen wird.

VORBEREITUNG: (siehe Anhang)

- Problemlösungsaufgabe für alle Teilnehmer
- 26 Informationskarten für jede Gruppe
- Analyseschema für eine Prozeßbeobachtung

DURCHFÜHRUNG:
1. Es werden Kleingruppen gebildet.
2. Jeder Teilnehmer bekommt die „Problemlösungsaufgabe".
3. Nachdem sich die Teilnehmer die Instruktionen durchgelesen haben, werden an jede Gruppe 26 Informationskärtchen ausgeteilt. Jeder Teilnehmer erhält wenigstens zwei Informationskarten. (Vorsicht: Kein Teilnehmer darf Frage und die dazu passende Antwort zusammen bekommen). Dann teilt der Moderator den Beginn der Arbeit mit und stoppt die Zeit.
4. Nach spätestens 20 Minuten teilt der Moderator die Analyseschemata aus, die von den Teilnehmern individuell auszufüllen sind.
5. Wenn alle Gruppen mit der Aufgabe fertig sind (spätestens nach 20 Minuten) beginnt der Moderator mit der Diskussion zum Erfahrungsaustausch. Als Leitfaden kann er die unter „Zweck" angeführten Punkte benutzen. Die Informationen aus den Analyseschemata sollen in die Diskussion mit einbezogen werden.

ANHANG:
Die Instruktionen für die Teilnehmer und einen Fragebogen zur Prozeßanalyse finden Sie im Anhang 7.

Quelle:
Pfeiffer, I.W. & Jones, J.E. (1979): Arbeitsmaterial zur Grupendynamik, 1–6 Band. Berlin: Bruckhardthaus-Verlag, Band 2, S.37.

15.2.2.3
Quadrate-Übung

ZIEL: Die Teilnehmer sollen bei der Aufgabenbewältigung kooperative Verhaltensweisen üben.

DAUER: Ca. 30 Minuten

GRUPPENGRÖSSE: Eine beliebige Anzahl von jeweils 5 Spielern und einem Beobachter.

ARRANGEMENT: Ein großer Seminarraum.

VORBEREITUNG: Die für die Übung benötigten Quadrate müssen für jeweils 5 Spieler zugeschnitten werden und in einzelne Umschläge gesteckt werden (im Anhang finden Sie ein Muster für das Zuschneiden der Quadrate). Die Verteilung der Quadratteile erfolgt nach folgendem Schema:
1. I; H; E
2. A; A; A; C
3. A; J
4. D; F
5. G; B; F; C.

DURCHFÜHRUNG: Nachdem Spieler und Beobachter festgelegt worden sind, gibt der Moderator den Teilnehmern folgende Anweisungen:

Der Beobachter hat die Aufgabe, die Einhaltung der Spielregeln streng zu überwachen und nicht die geringste Ausnahme zuzulassen! Die Aufgabe, die nur von den fünf Spielern der Gruppe gemeinsam gelöst werden kann, lautet:

Jeder Spieler setze aus den ihm zur Verfügung gestellten Einzelstücken und allen Teilen, die er auf dem Tauschwege erwirbt, ein Quadrat zusammen, und zwar derart, daß am Ende die Gruppe fünf Quadrate von gleicher Größe zusammengesetzt hat!

Die einzelnen Felder sind, zur Kontrolle für den Seminarleiter, auf der Rückseite mit Buchstaben versehen. Felder mit gleichen Buchstaben sind identisch.

Nun bekommt jeder Spieler vor Beginn ein Kuvert ausgehändigt, in dem sich ein Satz mit Einzelteilen befindet. Gleiche Teile sind auf der anderen Seite mit gleichen Buchstaben beschrieben, damit der Moderator die Auswertung später übernehmen kann.

Wichtigste Regel: Während des Spieles darf kein Wort gewechselt werden! Es ist erlaubt, sich mit den Augen Zeichen zu geben, aber nicht mit den Händen! Man darf also nicht auf Einzelteile deuten, die ein anderer Spieler hat. Teile aus dem eigenen Satz, die man nicht für sein Quadrat verwenden kann, legt man in die Mitte der Tischplatte. Von dort darf man auch Teile (in beliebiger Zahl) wegnehmen, sofern man sie verwenden kann. Das Spiel wird auf jeden Fall nach 20 Minuten abgebrochen, ganz gleich, wie weit die Gruppe bis dahin gekommen ist.

ANHANG: Die Vorlage für die Quadrate und den Auswertungsbogen finden Sie in Anhang 7.

Quelle:
Antons, Klaus (1975): Praxis der Gruppendynamik. Übungen und Techniken. Göttingen: Hogrefe Verlag; S. 117.

15.2.2.4
WÖRTER UND BUCHSTABEN

ZWECK:
- Es soll den Teilnehmern gezeigt werden, wie Probleme gelöst werden, wenn die alternativen Möglichkeiten nicht eindeutig definiert sind oder die Situation doppeldeutig ist.
- Der Problemlösungsprozeß, der sich in einer Gruppe abspielt, soll untersucht werden.

GRUPPENGRÖSSE: Die Anzahl der Teilnehmer kann zwischen 12 und 20 betragen.

DAUER: Ca. 90 Minuten

ARRANGEMENT: Zur Durchführung sind ein ziemlich großer Raum mit genügend Stühlen für alle Teilnehmer und ein großer Tisch erforderlich.

VORBEREITUNG:
1. Ein Briefumschlag im Format Din A4.
2. Zwei Briefumschläge im Format Din A5.
3. Eine Anweisung für die „Wörter und Buchstaben"-Aufgabe, die in den großen Briefumschlag gelegt werden soll.
4. Eine Anweisung für die „Wörter"-Aufgabe und 7 Pappkarten in Postkartengröße, die später in einen der kleinen Briefumschläge gelegt werden sollen.

5. Eine Anweisung für die „Buchstaben"-Aufgabe und 21 Pappkarten in Postkartengröße, die später in den anderen der beiden kleinen Briefumschläge gelegt werden sollen.

DURCHFÜHRUNG:

1. Der Moderator leitet die Übung mit einer kurzen Erklärung zum Thema unklare Zielvorgabe ein. Er soll dabei vor allem darauf aufmerksam machen, daß Arbeitsgruppen oft Aufgaben übertragen bekommen, die nicht eindeutig definiert sind. Den Teilnehmern sollen folgende Gruppenprozesse verdeutlicht werden, die bei unklarer Zielvorgabe entstehen:
   - Zu entscheiden, worin ihre Aufgabe eigentlich besteht,
   - an die Lösung der Aufgabe heranzugehen und
   - zu entscheiden, wann die Aufgabe als gelöst gelten kann.

2. Zuerst sollen sich die Teilnehmer in zwei etwa gleich große Gruppen teilen. Die eine Gruppe soll sich nun in einem Kreis um den Tisch setzen, damit sie am Tisch arbeiten kann. Die andere Gruppe soll sich in einem Außenkreis um den Innenkreis setzen, um genau verfolgen zu können (sehen und hören), was im Innenkreis geschieht. Der Moderator weist darauf hin, daß die Gruppen ihre Positionen tauschen werden, sobald die Gruppe, die zuerst im Innenkreis sitzt, ihre Aufgabe gelöst hat.

3. Der Moderator gibt nun jeder Gruppe die jeweiligen Instruktionen:
   - Die Aufgabe der Außengruppe besteht darin, den Prozeß zu beobachten, der sich in der Innengruppe abspielt, während sie an der Aufgabe arbeitet. Die Teilnehmer im Außenkreis sollen sich Notizen zu diesen Prozessen machen und dabei die „Anleitung zur Prozeßbeobachtung" zu Hilfe nehmen. Nach Beendigung der Aufgabe gibt die Außengruppe der Innengruppe Rückmeldung über die Vorgehensweise bei der Aufgabenbewältigung.
   - Die Innengruppe soll als erste die Aufgabe lösen.

4. Der Moderator gibt der Innengruppe den großen Briefumschlag mit seinem Inhalt. Die Gruppe soll jetzt so lange arbeiten, bis sie entscheidet, daß die Aufgabe gelöst ist. Falls die Gruppe den Moderator um zusätzliche Anweisungen oder Auskünfte bittet, soll er sich neutral verhalten und der Gruppe nur sagen, daß sie alle erforderlichen Entscheidungen selbst treffen muß.

5. Nachdem die Gruppe im Innenkreis die Lösung der Aufgabe bekannt gegeben hat, leitet der Moderator eine Diskussion über die in der Gruppe ablaufenden Prozesse. Er fragt dabei z.B. nach der Zufriedenheit der Gruppe oder des Einzelnen mit der Aufgabenlösung:
   - Sind alle Teilnehmer mit ihrer Arbeit zufrieden?
   - Welcher Teilnehmer ist zufrieden und welcher nicht?
   - Gibt es eventuell eine Minorität, deren Meinung beachtet oder nicht beachtet wurde?
   - Welche Teilnehmer gehören aufgrund von welchen Motiven zu der Minorität?

Außerdem hilft der Moderator den Gruppen, den Entscheidungsprozeß zu analysieren. Sowohl die Innengruppe als auch die Außengruppe sollen z.B. herausfinden,
   - warum eine Aufgabe der anderen vorgezogen wurde,
   - welche Mitglieder angehört und welche Mitglieder überhört wurden und
   - wer sich äußerte und wer sich schweigend verhielt etc.

6. Im Anschluß daran werden die von der Innengruppe und Außengruppe gesammelten Daten gemeinsam bearbeitet und am Ende auf einer Tafel oder Flip-Chart die wichtigsten Ergebnisse festgehalten.
7. Die Gruppen tauschen nun ihre Plätze. Die Gruppe, welche vorher im Außenkreis saß und beobachtete, soll die zweite Aufgabe, die im noch ungeöffneten kleinen Briefumschlag enthalten ist, lösen. Die Innengruppe beobachtet den Prozeß wieder mit Hilfe der Anleitung zur Prozeßbeobachtung.
8. Punkt 5 wird wiederholt.
9. Die Mitglieder beider Gruppen diskutieren in der Abschlußbesprechung die Ähnlichkeiten und Unterschiede zwischen den Prozessen, die sich in den beiden Gruppen abspielten. Der Moderator leitet allmählich zu der Frage über, wie die Gruppen unklar definierte Ziele in Angriff genommen haben.

Beachten: Keine der beiden Aufgaben hat eine eindeutige Lösung.

Variationen, die bei diesem Spiel möglich sind:
1. Jede der beiden Gruppen kann beide Aufgaben bearbeiten.
2. Zwei oder mehrere Gruppen können die Aufgabe gleichzeitig lösen und anschließend die gemachten Erfahrungen austauschen.
3. Die Beobachter können angewiesen werden, auf ganz bestimmte Dinge in der Innengruppe zu achten.
4. Die Aktivität kann von nur einer Gruppe durchgeführt werden.
5. Es können andere doppeldeutige Aufgaben gestellt werden.

ANHANG: Die Anleitung zur Prozeßbeobachtung, Anweisungen für den großen Briefumschlag, die Anweisungen für die Wörter- und Buchstabenaufgabe und das Gruppenbeobachtungsschema finden Sie im Anhang 7.

Quelle:
Pfeiffer, I.W. & Jones, J.E. (1979): Arbeitsmaterial zur Gruppendynamik, 1-6 Band. Berlin: Bruckhardthaus-Verlag, Band 6, S. 33.

Wie bereits erwähnt, mangelt es an der Institutionalisierung von Möglichkeiten zur Kooperation. Mit Hilfe des Fragebogens erfahre ich, daß von dem Einsatz von Qualitätszirkeln viel zu selten Gebrauch gemacht wird. Mr. Change gibt mir darum Informationen über Qualitätszirkel.

15.2.3
Qualitätszirkel

15.2.3.1
Idee und Inhalte

Etwa Ende der siebziger Jahre wurde das Konzept der Qualitätszirkel (QZ) nach japanischem Vorbild übernommen. Die Kernidee der Qualitätszirkel besteht darin, das Wissen und die Erfahrung der Mitarbeiter der unteren Hierarchieebenen, die früher nur selten in systematische Überlegungen zur Qualitätsverbesserung einbezogen wurden, für die Optimierung der Arbeitsprozesse zu nutzen. Das, was mit Führungskräften und Angestellten beispielsweise im Rahmen von Projektgruppen bereits erfolgreich erprobt worden war und in Vorschlagsgruppen erste vorsichtige Schritte in Richtung Belegschaft nach sich zog – nämlich die Mitarbeiter als Experten ihres eigenen Arbeitsbereiches an der Auswahl, Bearbeitung und Lösung betrieblicher Problemstellungen zu beteiligen –, wurde nun mit den Qualitätszirkeln konsequent und im großen Umfang „nach unten" ausgeweitet.

Mittlerweile hat sich eine Vielzahl von QZ-Modellen entwickelt, die unterschiedlich ausgestaltet sind und oftmals mit unternehmensspezifischen Bezeichnungen belegt werden. Diese Tatsache erschwert den Versuch, eine kurze, einschlägige Definition des „Qualitätszirkels" zu formulieren oder aber charakteristische Gestaltungsmerkmale von Qualitätszirkeln aufzulisten. Trotz aller Modellvarianten und unterschiedlicher QZ-Ausprägungen existieren jedoch Merkmale, die allen Qualitätszirkeln gemein sind. Teilnehmer von Qualitätszirkeln sind Mitarbeiter, die gleichartige Arbeiten verrichten, sich also aus einer Fertigungs- oder Arbeitsgruppe rekrutieren. Ein wichtiger Bestandteil der Idee des Qualitätszirkels ist der Aspekt der Freiwilligkeit hinsichtlich Teilnahme und Themenauswahl, da andernfalls eher von Projektgruppen gesprochen werden muß.

Aufgaben von Qualitätszirkeln sind die
- gemeinsame Findung und
- Besprechung von Arbeits- oder Ablaufproblemen,
- die Erarbeitung,
- Bewertung und
- Verwirklichung von Lösungen.

„Bei Qualitätszirkeln handelt es sich um moderierte Gesprächsrunden von fünf bis zehn Mitarbeitern aus unteren Hierarchieebenen, die sich regelmäßig auf freiwilliger Basis treffen, um selbstgewählte, arbeitsbezogene Probleme zu besprechen und möglichst eigenverantwortlich zu lösen" (Bungard und Wiendieck, 1986, S. 53).

Die gemeinsame Aufgabenbearbeitung in Qualitätszirkeln ist auf ein- bis zweistündige Treffen, die alle zwei bis vier Wochen stattfinden, begrenzt. Zudem werden QZ auf einen bestimmten zeitlichen Rahmen festgesetzt und lösen sich nach Ablauf dieser Frist wieder auf.

Ziel der Qualitätszirkel ist die Verbesserung der Qualität der Arbeit. Da es verschiedene Einflußgrößen auf die Qualität der Arbeit gibt, sind diese Ausgangspunkt der Verbesserung der Arbeitsqualität und somit Gesprächsgegenstand der Qualitätszirkel. Zu diesen Einflußgrößen gehören:

- das Produkt,
- die Fertigung und
- die Zusammenarbeit (Simon und Heß, 1988).

Die Produktqualität wird direkt durch technische Voraussetzungen wie Maschinen, Material, Meßverfahren, Werkzeuge und Zulieferteile beeinflußt. Die Fertigung wird durch Fertigungsmethoden und -organisation bestimmt. Die Qualität der Zusammenarbeit hängt von den fachlichen Kenntnissen der Mitarbeiter, aber auch von sozialen Fähigkeiten wie Kooperation, Konfliktfähigkeit und Teamverhalten ab. Ebenso haben die Motivation und die Einstellung der Mitarbeiter zur Arbeit sowie das Führungsverhalten der Vorgesetzten und Merkmale des Arbeitsplatzes und der Arbeitsaufgabe Einfluß auf die Zusammenarbeit und somit auf die Arbeitsqualität.

Diese vielfältigen Einflußfaktoren können somit Inhalt von Qualitätszirkeln sein, da ihre Manipulation Möglichkeiten zur Verbesserung der Arbeitsqualität bieten.

Voraussetzung für das Funktionieren von QZ ist die Einbindung in die Unternehmensphilosophie. Nicht nur die oberste Hierarchieebene, auch alle darunter liegenden Hierarchieebenen müssen die Idee und die Arbeit der QZ unterstützen. Gegenseitiges Vertrauen und Akzeptanz sind dabei unabdingbar.

15.2.3.2
Aufbau von Qualitätszirkeln

Grundsätzlich sind Qualitätszirkel in folgender Form im Unternehmen eingebunden (s. Abb. 40).

Abweichungen von der Modellvorstellung ergeben sich durch unternehmensspezifische Eigenschaften wie Unternehmensgröße, -philosophie/ -kultur, -organisation und -arbeitsbereich.

Im Leitungsorgan sind hochrangige Vertreter möglichst vieler Unternehmensbereiche plaziert. Aufgaben sind die Festlegung von Programmzielen und -umfang, Laufzeit, Finanzierung, Arbeitsinhalten u.ä.. In Klein- und Mittelbetrieben ist meist der QZ-Koordinater allein verantwortlich.

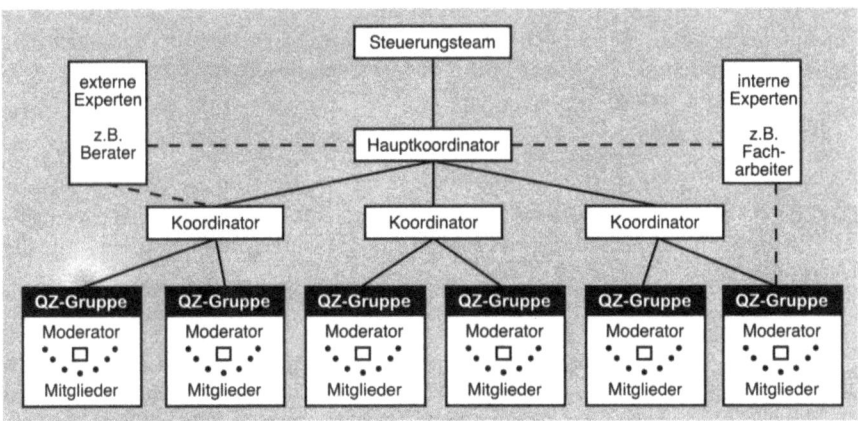

Abb. 40 Aufbau von Qualitätszirkeln (nach: Simon & Heß, 1988)

Der QZ-Koordinator (auch QZ-Kümmerer genannt) ist meist eine jüngere Führungskraft oder, in unserem Falle, der Qualitätsprozeßmanager. Der Koordinator ist der Motor der Zirkel. Er stellt Kontakte zu Zirkeln und Moderatoren her, organisiert, kontrolliert und koordiniert. Er besorgt das Arbeitsmaterial, sammelt und prüft die Verbesserungsvorschläge und gibt sie an die verantwortlichen Stellen weiter. Von der obersten Leistung soll er dabei unterstützt werden. Er ist Mittler und Informant zwischen den Hierarchieebenen.

Der QZ-Moderator führt jeweils einen Qualitätszirkel. Es handelt sich dabei um einen Mitarbeiter aus der Mitte der anderen QZ-Mitglieder, der von ihnen menschlich und fachlich akzeptiert wird. Er gilt als „Übersetzer" zwischen den Hierarchieebenen. Oft ist es hilfreich, zwei Moderatoren pro QZ einzusetzen. Besonders, wenn viele ausländische Kollegen vertreten sind, könnte der Co-Moderator Ausländer sein, um bei eventuellen Sprachproblemen zu helfen. Vorgesetzte nehmen nur punktuell als Informationslieferant an den QZ teil, damit die Kreativität der QZ-Mitglieder möglichst wenig gehemmt wird. Moderatoren fungieren nicht als Lehrer, sondern als Lernhelfer (Simon & Heß, 1988). Sie werden auch als „Coach" betrachtet. Der Moderator soll viel fragen, aber auch zuhören, er soll die Diskussionsinhalte visualisieren, auf die Zielorientierung und den Zusammenhalt der Gruppe achten, die Gruppe zur Arbeit animieren ohne zu fordern und gute Ideen anerkennen. Die Moderatoren der verschiedenen QZ treffen sich regelmäßig zum Austausch von Erfahrungen und zur Diskussion von aufgetretenen Problemen. Die Moderatorentätigkeit stellt hohe Ansprüche an die soziale und fachliche Kompetenz des Mitarbeiters. Er sollte in organisatorischen Leitungstechniken, Problemlösungstechniken und kommunikativen und kooperativen Sozialtechniken geschult werden. Dies Schulung kann extern, aber auch durch die zuvor selbst geschulten Qualitätsprozeßmanager oder QZ-Koordinatoren erfolgen, die somit als Multiplikatoren wirken. Angaben zu Weiterbildungsangeboten (s. Kap. 2) und den erwähnten Sozialkompetenzen (s. Kap. 8, 12-17) finden Sie in diesem Buch.

Die QZ-Mitglieder sind Mitarbeiter aus den Bereichen, bei denen Schwachstellen identifiziert, analysiert und verbessert werden sollen. Die Teilnahme ist, wie bereits erwähnt, freiwillig. Hat man sich jedoch einmal bereit erklärt teilzunehmen, sollte man auch alle Treffen besuchen. Gegenseitige Akzeptanz sowie Geduld und gegenseitiges Zuhören ist eine Voraussetzung für das Funktionieren der Gruppe. Ebenso muß jede Art von Fragen und der offene Meinungsaustausch erlaubt sein. Jeder sollte die Ideen der anderen respektieren und sich für das Gruppenergebnis verantwortlich fühlen. Die freiwillige Teilnahme impliziert eine positive Grundeinstellung zu Idee des QZ.

15.2.3.3
Auswirkung

Das oberste Ziel ist die Verbesserung der Arbeitsqualität. Aber es gibt noch eine große Anzahl an positiven Nebeneffekten sowohl für das Unternehmen, als auch für die Mitarbeiter.

Für das Unternehmen:
Die Zusammenarbeit und Kommunikation zwischen verschiedenen Abteilungen wird verbessert, Schnittstellen werden entschärft. Der Führungsstil wird kooperativer und das Betriebsklima verbessert. Arbeitsabläufe werden optimiert, Durchlaufzeiten verkürzt und Fehlerquellen und Reklamationen somit vermindert. Dadurch steigt die

Kundenzufriedenheit. Entwicklungs-, Herstellungs- und Produktkosten werden durch die verbesserte Effizienz verringert. Das Unternehmen wird flexibler und innovativer.

Für den Mitarbeiter:
Er hat die Möglichkeit, sein Wissen zu erweitern, indem er durch den Austausch mit anderen mehr über den gesamten Herstellproreß 'seines' Produktes erfährt. Seine Fähigkeiten und Erfahrungen werden stärker genutzt, wodurch er Wertschätzung erfährt und sein Selbstvertrauen stärkt. Gerade bei einfach strukturierten Arbeiten verliert die Arbeit wesentlich an Monotonie, und der Entscheidungsspielraum erhöht sich. Die Arbeitszufriedenheit und dadurch bedingt die Leistung steigt. Der Qualitätsgedanke wird verstärkt in das Denken miteingebaut.

Der Einsatz von Qualitätszirkeln erweist sich vielfach als sinnvolles Qualitätsinstrument.

Literatur:
Bungard, W. & Wiendieck, G. (Hrsg.) (1986): Qualitätszirkel als Instrument zeitgemäßer Betriebsführung. Landsberg/Lech.
Simon, Walter & Heß, Martin (1988): Handbuch Qualitätszirkel: Hilfsmittel zur Produktion von Qualität. Köln.

15.2.4
Anschließende Maßnahmen

Ein Qualitätszirkel beschäftigt sich mit „Reklamationen".

Aus einer Liste möglicher Reklamationen (Abb. 41) wird zunächst ein Themenfeld mit Hilfe der ABC- Analyse priorisiert. Danach wird ein Problemfeld mit Hilfe des Ursachen-Wirkungs-Diagramms (Fischgrätendiagramm nach Ishikawa, Abb. 43) strukturiert. Mit der ABC-Analyse kann man Wichtiges von weniger Wichtigem und Unwichtigem unterscheiden. Es werden Kriterien aufgestellt, nach denen Produkte oder Probleme in eine Rangfolge nach ihrer Wichtigkeit gebracht werden. Das Ergebnis dieser Analyse liefert dem Anwender eine Auflistung, mit deren Hilfe er Entscheidungen im Hinblick

Ursache \ Reklamation	Menge	Anzahl	Wert
01 Fertigungsfehler	5		
08 Verpackungsfehler		3	
13 Transport			1.000 DM
21 Verwendung			

Abb. 41 Reklamationsliste

auf bestimmte Ziele treffen kann. Wenn diese Entscheidungen getroffen wurden, folgt als nächstes eine Analyse der Ursachen eines Problems mit Hilfe des Ursachen-Wirkungs-Diagramms.

Als eine Entscheidungshilfe bei der Identifizierung wichtigster Ursachen für das analysierte Problem hat sich die Pareto-Methode herausgestellt. Bezugnehmend auf den Wirtschaftswissenschaftler Vilfredo Pareto erkannte man, daß etwa 80% aller beobachtbaren Erscheinungen auf nur 20% aller relevanten Ursachen zurückzuführen sind (z.B. kommen 80% der Telefonanrufe von 20% der Anrufer). Deshalb spricht man in diesem Zusammenhang auch von der 80 : 20 Regel. Für die Analyse möglicher Fehler bedeutet diese Regel, daß 80% der Fehler durch nur 20% der Ursachen erzeugt werden. Grundgedanke dieser Methode ist, sich auf die wirklich wesentlichen Dinge oder Probleme zu konzentrieren und diese auch zu ändern. Bei der Analyse sollte folgendermaßen vorgegangen werden (Simon & Heß, 1989):

1. *Datensammlung*
   Es sollen Probleme oder mögliche Fehler miteinander verglichen werden und der Nutzen der jeweiligen Problemlösung grafisch dargestellt werden. Das läßt sich am besten mit Statistiken, Checklisten und Diagrammen durchführen.

2. *Entwickeln einer Pareto-Grafik*
   Die Daten werden nun in ein Balkendiagramm übertragen, wobei die Fehlerhäufigkeit von rechts nach links abnehmend dargestellt wird.

3. *Wertzuordnung*
   Es kommt jedoch vor, daß der häufigste Fehler nicht der wichtigste oder schwerwiegendste Fehler ist. Daher wird in diesem Schritt der geschätzte Wert eines Fehlers ermittelt und der Fehler mit diesem Wert gewichtet. Daraus ergibt sich ein neues Balkendiagramm mit geschätzten Kosten und den Fehlern in abnehmender Form (Abb. 42).

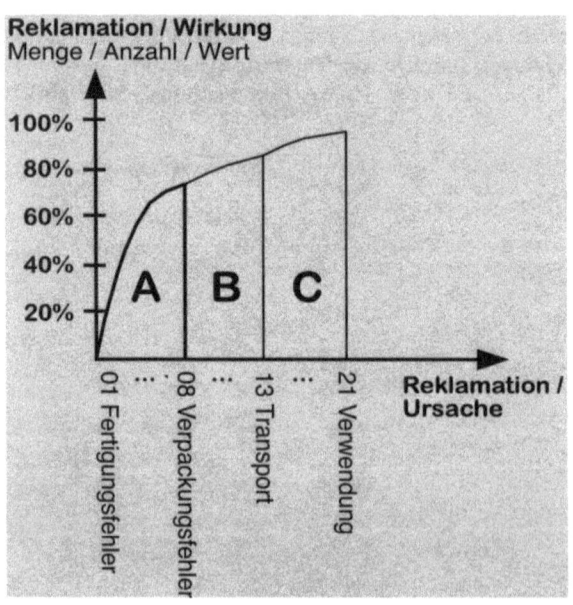

Abb. 42 Pareto-Grafik

4. *Ermittlung der Fortschrittskurve*
   Hier wird die Pareto-Fortschrittskurve aufgestellt. Die einzelnen Fehler, deren unterschiedliche Bedeutung im Gesamtzusammenhang und der Erfolg der Fehlerbeseitigung werden hier eingetragen. Wenn einzelne Fehler beseitigt werden können, wird aus dem Diagramm deutlich, wie hoch die Ersparnisse sind.

Das Ursache-Wirkungsdiagramm (auch Ishikawa-Diagramm) ermittelt Problemursachen systematisch. Man sammelt bei dieser Methode Ideen zu einem Problem und strukturiert diese, um alle Einflußgrößen und deren gegenseitige Abhängigkeiten in ein vollständigen Bild zu bringen (Abb. 43).

Folgende Vorgehensweise wird dabei vorgeschlagen (Haist & Fromm, 1989):

1. *Das Problem beschreiben*
   Hier wird beschrieben, was nicht in Ordnung ist oder nicht so funktioniert, wie es sollte. Man muß sich in der Gruppe entscheiden, welche Qualitätscharakteristik das Problem am besten beschreibt.
2. *Das Ursache-Wirkungs-Diagramm zeichnen und Hauptursachen eintragen*
   Das Diagramm verwendet Pfeile, um eine direkte Beziehung zwischen Ursache und Wirkung zu verdeutlichen. Es gibt einen horizontalen Pfeil, der auf das zu untersuchende Qualitätsmerkmal gerichtet ist. Auf diesen Pfeil treffen Pfeile der vier Haupteinflußgrößen Mensch, Material, Methode und Maschine.
3. *Neben- und Unterursachen erarbeiten*

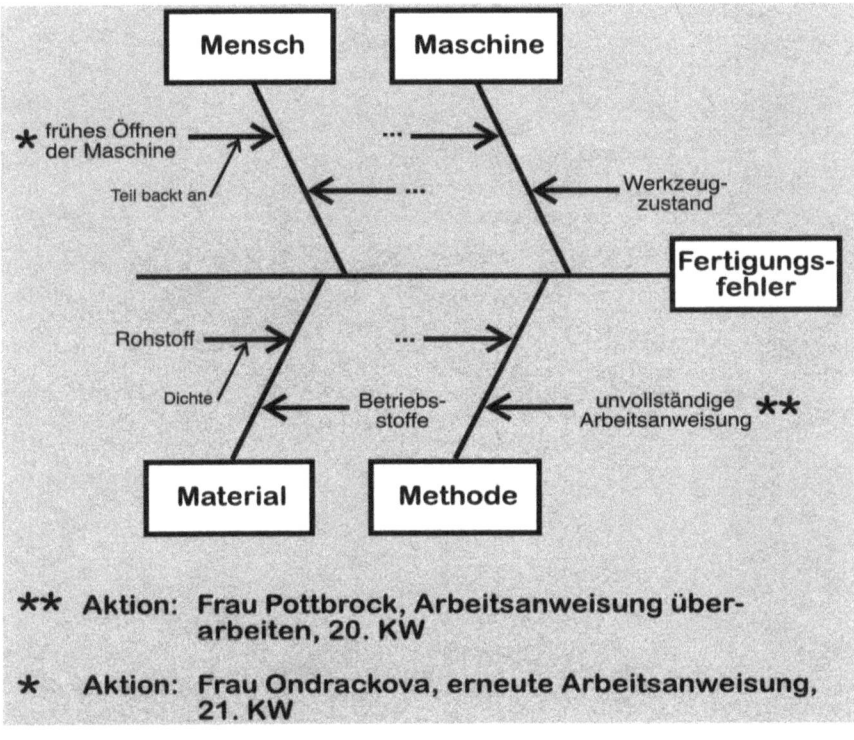

Abb. 43 Ishikawa-Diagramm

Hier erfolgt eine genaue Analyse der Hauptursachen. Nebenursachen werden an die Pfeile der Hauptursachen eingetragen und unter Umständen durch Unterursachen weiter aufgesplittet, so daß sich daraus eine immer feiner werdende Verästelung ergibt. Es sollte aber darauf geachtet werden, das Diagramm nicht zu kompliziert werden zu lassen, da es ansonsten unübersichtlich wird. Eine geeignete Methode zum Sammeln möglicher Ursachen ist das Brainstorming in der Gruppe oder andere Kreativitätstechniken (s. Kap. 8).

4. *Das Diagramm auf Vollständigkeit überprüfen*
In der Guppe wird überprüft, ob alle möglichen Ursachen in das Diagramm aufgenommen und ihre gegenseitigen Abhängigkeiten richtig dargestellt wurden. Das Diagramm bietet eine gute Diskussionsgrundlage für Gruppenmitglieder und ermöglicht ein besseres Verständnis des Problems und der Zusammenhänge. Problemursachen werden mit dieser Methode sichtbar gemacht, es werden aber keine Lösungsmöglichkeiten aufgezeigt. Es bleibt der Gruppe überlassen, sich Lösungen für das Problem zu überlegen.

Literatur:
Haist, Fritz & Fromm, Hansjörg (1989): Qualität in Unternehmen. Prinzipien, Methoden, Techniken. München – Wien.
Simon, Walter & Hess, Martin (1989): Handbuch Qualitätszirkel. Hilfsmittel zur Produktion von Qualität. Köln.

Kapitel 16

Fragebogen Teil 5: abteilungsübergreifende Pfade

16.1
Welche Funktion erfüllt dieser Teil?

Dieser Teil (Anhang 3, Teil 5) ist für die Diagnose der Lernlandschaft eines Unternehmens von besonderer Bedeutung. Im Mittelpunkt dieses Teils steht nicht mehr die Abteilung und die Beziehungen von Knoten und Pfaden innerhalb der Abteilung, sondern die Beziehungen von Abteilungen zueinander.

Die Fragen 1–6 beschreiben die Pfade zwischen den Abteilungen. Die Fragen 7 und 8 untersuchen die Abteilungen als Wissensträger. Somit kann man die Abteilungen in diesem Teil als Knoten interpretieren.

Ohne kommunikative Verknüpfungen zwischen Abteilungen wäre eine Unternehmung nicht lebensfähig. Daher ermitteln die ersten drei Fragen, wie oft Kommunikation stattfindet, auf welchem Wege sie erfolgt, sowie die Art der kommunizierten Information zwischen den Abteilungen. Mit Hilfe dieser Fragen kann man erkennen, wie nah die Abteilungen im Sinne einer Ablauforganisation zueinander stehen.

Die Fragen 4 und 5 beschäftigen sich mit der Weitergabe von Wissen und Erfahrungen. Kommunikative Verknüpfungen sind bei Wissens-/ und Erfahrungsaustausch notwendige, aber nicht hinreichende Bedingungen. Unter Informationen verstehen wir Routine- und Sonderinformationen. Im Gegensatz zu dieser normalen Informationsweitergabe im Arbeitsprozeß bewirkt der Wissens- und Erfahrungsaustausch eine Vergrößerung des organisationalen Wissens.

Frage 6 ermittelt die Wahrnehmung der Richtung des Wissens-/ und Erfahrungsaustausches durch den Vorgesetzten.

Die Fragen 7 und 8 zielen auf die Ermittlung des Wissenspotentiales der einzelnen Abteilungen. Hier wird die Selbst- und Fremdeinschätzung in Bezug auf das potentielle Wissen analysiert. Eine Gegenüberstellung dieser Einschätzungen dient als wichtiger diagnostischer Hinweis auf die Beschaffenheit des Lernnetzes.

16.2
Abgeleitete Maßnahmen

Die Schemazeichnung zeigt den vereinfachten Ablaufgrafen mit abteilungsinternen und abteilungsübergreifenden Schnittstellen. Infolge geht es exemplarisch um die Analyse der abteilungsübergreifenden Schnittstelle Montage und Versand. Zur näheren Betrachtung der Schnittstellen bietet sich die Methode der „Sieben Fragen Kunde – Lieferant" an (jeder Mitarbeiter ist gleichzeitig Kunde und Lieferant) (s. Kapitel 16.2.2).

Die Gegenüberstellung der Selbst- und Fremdeinschätzung der Häufigkeit des Wissens- und Erfahrungsaustausches, visualisiert durch Balkendiagramme und entnommen aus der Frage 4, gibt bei ihrer Präsentation z.B. vor den Abteilungsleitern,

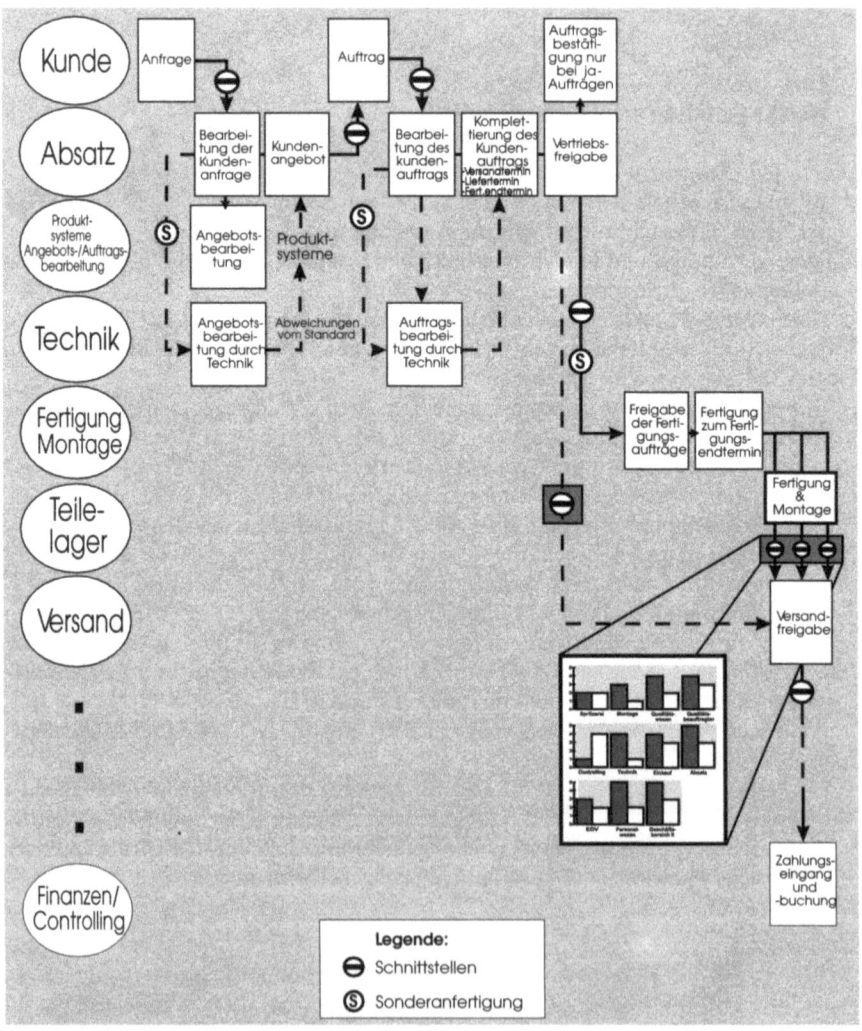

Abb. 44 Schematischer Ablaufgraf mit abteilungsinternen und abteilungsübergreifenden Schnittstellen

Fragebogen Teil 5: abteilungsübergreifende Pfade

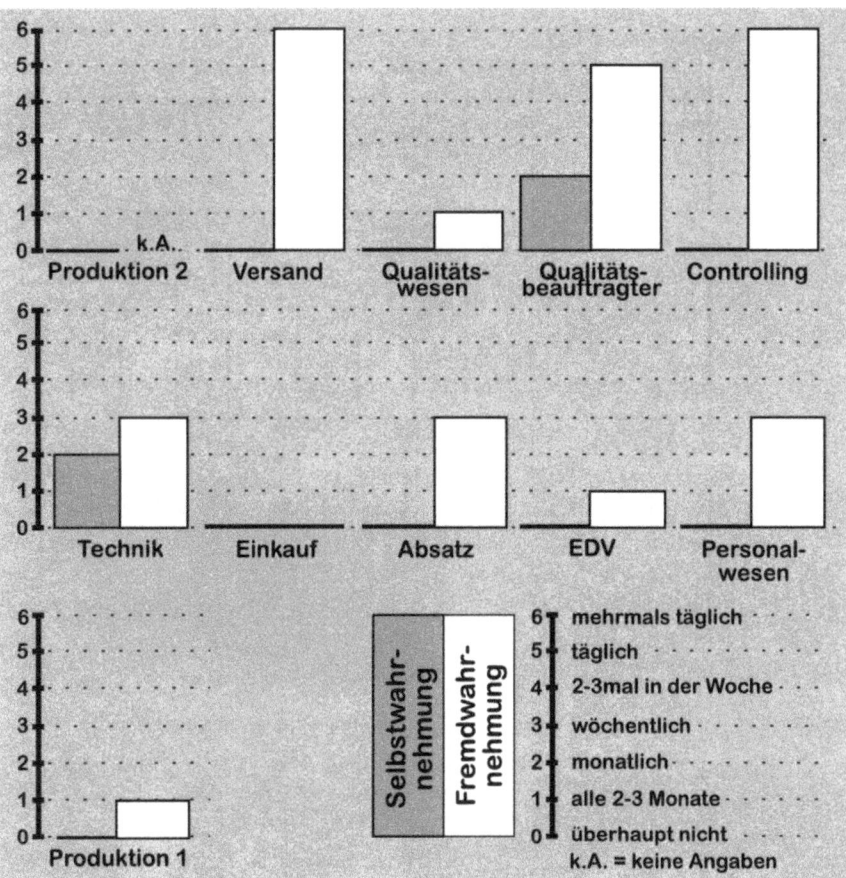

Abb. 45 Selbst- und Fremdwahrnehmung des Erfahrungsaustausches der Abteilung Montage

Anlaß zur Diskussion. Es folgen zwei Beispieldiagramme der Abteilungen Montage und Versand (Abb. 45 und 46).

Wie kommt es zu den Wahrnehmungsdifferenzen? Entsprechen sie der Realität? Anlaß zur Diskussion geben besonders diejenigen Balken, die eine besonders große Wahrnehmungsdifferenz aufweisen.

Ebenso kann mit der Auwertung der Fragen 7 und 8 verfahren werden. Hier kann die Selbst- und Fremdeinschätzung des Wissenspotentials anhand der Balkendiagramme gegenübergestellt werden. Dazu zwei Beispiele der Abteilungen Montage und Versand (Abb. 47 und 48).

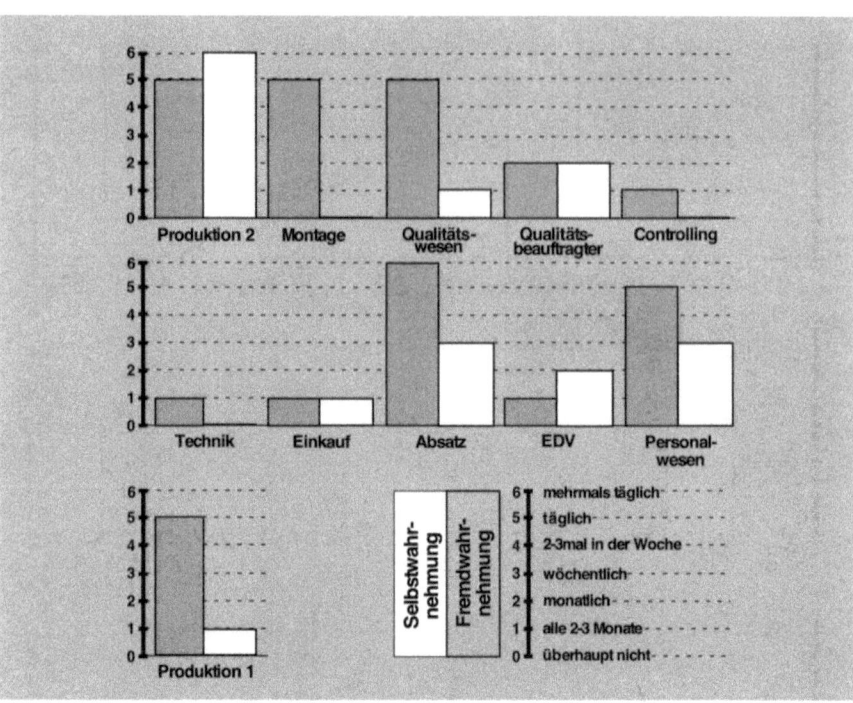

Abb. 46 Selbst- und Fremdwahrnehmung des Erfahrungsaustausches der Abteilung Versand

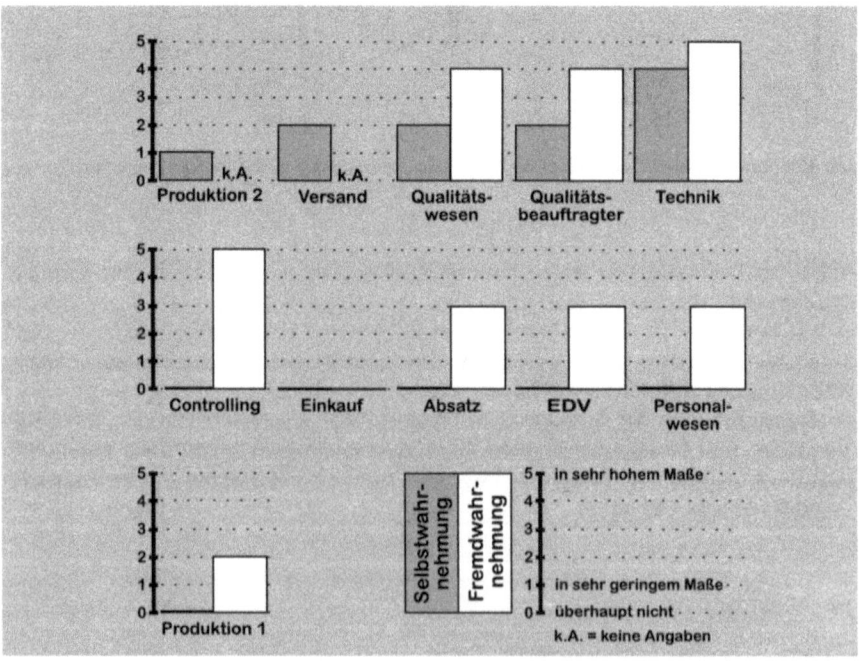

Abb. 47 Selbst- und Fremdwahrnehmung des Wissenspotentials der Abteilung Montage

Fragebogen Teil 5: abteilungsübergreifende Pfade

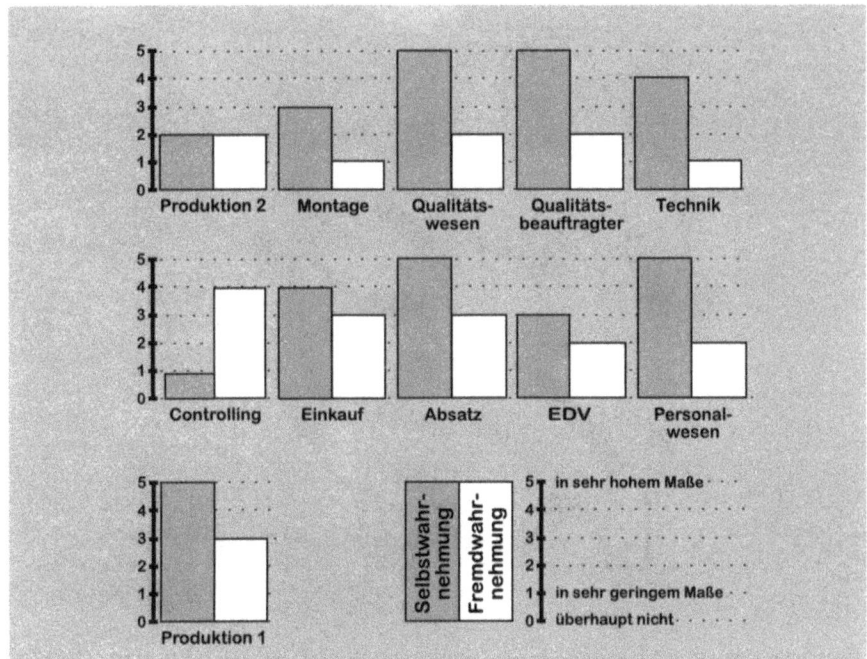

Abb. 48 Selbst- und Fremdwahrnehmung des Wissenspotentials der Abteilung Versand

Die Präsentation dieser Ergebnisse erweist sich als besonders brisant. Hier werden die gleichen Fragen aufgeworfen. Wie entsteht die Wahrnehmungsdifferenz? Warum wird z.B. die Abteilung Controlling als wichtiger Wissensknoten gesehen, während sie sich selbst nicht als möglicher Wissenslieferant betrachtet? Hält die Abteilung absichtlich Wissen zurück, denn Wissen ist Macht, oder sieht man die Möglichkeiten des Austausches einfach nicht? Hier wird enormer Handlungsbedarf sichtbar. Reicht ein klärendes Gespräch zwischen den Abteilungen aus, um Mißverständnisse auszuräumen oder muß an der Einstellung von Personen zu Kooperation und Macht gearbeitet werden? Es ist damit zu rechnen, daß die Diskussionen und die darauf folgenden Änderungen Konflikte verursachen. Hier ist die soziale Kompetenz des Qualitätsprozeßmanagers gefragt.

Aus den Fragen 7 und 8 kann eine Lernlandkarte des Unternehmens erstellt werden, die alle Abteilungen des Unternehmens bzgl. der Wahrnehmungsdifferenz des Wissenspotentials in einer Abbildung (Abb. 49) zeigen.

Handlungsbedarf wird durch die folgenden Symbole sichtbar:

Der jeweils linke Halbkreis gibt die Selbsteinschätzung der Abteilung an, d.h. „in welchem Ausmaß könnten die anderen Abteilungen von dem Wissen in meiner Abteilung lernen". Der jeweils rechte Halbkreis gibt die Fremdeinschätzung der anderen Abteilungen an, d.h. die gemittelte Einschätzung aller anderen Abteilungen bzgl. des Wissenspotentials dieser besagten Abteilung. Die Einschätzungen können von 1 - „in sehr geringem Ausmaß" - bis 5 - „in sehr hohem Ausmaß" - variieren und sind aus der Größe der Halbkreise abzulesen. Je größer der Halbkreis, umso größer das eingeschätzte Wissenspotential der jeweiligen Abteilung.

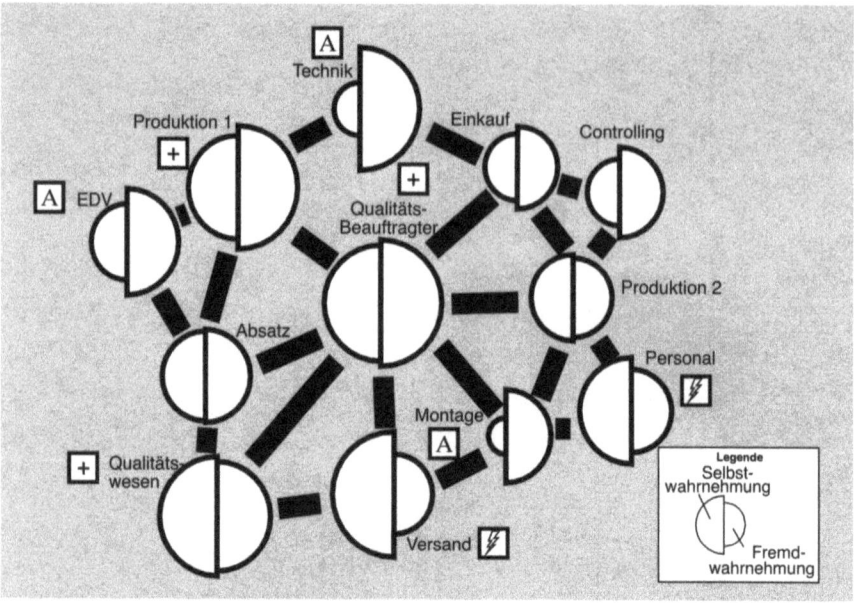

Abb. 49 Die Lernlandkarte des Unternehmens

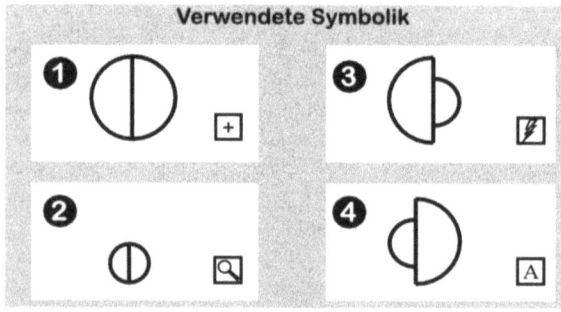

Abb. 50 Symbolik der Lernlandkarte

Das erste in Abb. 50 dargestellte Symbol kennzeichnet eine Abteilung, die:
- einen großen Wissensanbieter darstellt und
- bei der die Selbst- und Fremdeinschätzung ausgeglichen ist. (Beide Werte > 3)

Diese Abteilung ist eine „Vorzeige"-Abteilung, die als Modell oder Multiplikator für andere Abteilungen fungieren kann, weil ihr selbst wahrgenommenes hohes Wissenspotential von anderen Abteilungen genauso eingeschätzt wird. Somit sind die Voraussetzungen für den innerbetrieblichen Wissenstransfer geschaffen. In einer „idealen" Lernlandschaft sind alle Abteilungen dieser Kategorie zuzuordnen.

Das zweite in Abb. 50 dargestellte Symbol kennzeichnet eine Abteilung, die:
- einen kleinen Wissensanbieter darstellt und
- für die die Selbst- und Fremdeinschätzung ausgeglichen ist. (Beide Werte < 2)

Für eine solche Abteilung ist eine genauere Betrachtung bzgl. des tatsächlich vorhandenen Wissens zu empfehlen.

Für die Abteilungen, die durch das dritte und vierte Symbol in Abb. 50 gekennzeichnet sind, beträgt die Differenz zwischen Selbst- und Fremdwahrnehmung bzgl. der Mittelwerte mind. 1.

Eine Abteilung, die durch das dritte Symbol in Abb. 50 gekennzeichnet ist, schätzt sich selbst als hohen Wissensanbieter für andere ein, während sie in der Fremdeinschätzung der anderen Abteilungen eher geringes Wissenspotential besitzt, d.h. es gibt nur geringe Nachfrage von anderen Abteilungen. Somit entsteht eine hohe Differenz zwischen Selbst- und Fremdeinschätzung, die eine Interventionsmaßnahme erfordert. In einer beteiligungsorientierten Planungsphase ist zu überprüfen, welche Einschätzung eher zutreffend ist, um daraus entweder Maßnahmen zu entwickeln, die die Wissensweitergabe unterstützen, oder aber das Wissensangebot der Abteilung differenzieren.

Die Abteilung, die durch das vierte Symbol in Abb. 50 gekennzeichnet ist, stellt den umgekehrten Fall zu C dar, d.h. eine solche Abteilung schätzt ihr Wissenspotential für andere als gering ein, wird aber von den anderen im Gegensatz dazu als hoher potentieller Wissenslieferant betrachtet. Die hohe Differenz zwischen Selbst- und Fremdeinschätzung zeigt in diesem Fall einen höheren Handlungsbedarf als bei der zuvor beschriebenen Kategorie an, weil hier mehrere Abteilungen einen Bedarf an Wissenstransfer signalisieren. Diesem Wunsch sollte unbedingt durch geeignete transferfördernde Maßnahmen entsprochen werden.

Mir wird deutlich, daß die Kooperation nicht nur innerhalb von Abteilungen, sondern auch zwischen den Abteilungen nicht optimal funktioniert, bzw. teilweise nicht vorhanden ist. Deshalb plane ich noch eine Übung zur Kooperation zwischen Gruppen ein.

16.2.1
Übung: Kooperation zwischen Abteilungen

Turmbau

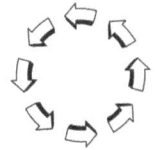

ZIEL:
- Überprüfen der Zusammenarbeit innerhalb einer Gruppe,
- Bilden von Gruppenidentität und Wettbewerbsgeist zwischen den Gruppen und
- Verdeutlichen von Gruppenprozessen.

DAUER: Etwa 2 Stunden und 30 Minuten.

GRUPPENGRÖSSE: Mindestens 8 Teilnehmer in einer Gruppe; mindestens 2 konkurrierende Gruppen.

ARRANGEMENT: Einen großen Raum für alle Teilnehmer und zudem für jede Arbeitsgruppe einen separaten Raum, in dem ungestört gearbeitet werden kann.

VORBEREITUNGEN: Für jede Gruppe benötigt man:

- 4 Bögen Karton,
- 1 große Flasche Klebstoff,
- 5 weiße Karten,
- 5 bunte Karten,
- 1 Schere,
- 1 Lineal,
- 4 Bögen Papier zum Entwerfen und
- Instruktionen für Gruppe und Beobachter.

DURCHFÜHRUNG:
1. Der Moderator teilt die Gruppen ein. In den Gruppen selbst sollen sich die Teilnehmer darauf einigen, wer die Rolle des Beobachters übernimmt (2 Per-sonen).
2. In jeder Gruppe wird jeweils ein Teilnehmer als Abgesandter in die Jury berufen und geht mit Abgesandten aus anderen Gruppen in einen separaten Raum, um die drei festgelegten Beurteilungskriterien Höhe, Standfestigkeit und Originalität weiter zu präzisieren.
3. Jede Gruppe erhält eine Gruppeninstruktion und die Beobachter eine Beobachterinstruktion (siehe Anhang). Damit gehen die Gruppen in ihre Gruppenräume (in denen die Materialien schon bereit liegen) und bearbeiten die Aufgabe 60 Minuten lang. Im Anschluß daran werden die Türme anonym bei der Jury zur Beurteilung abgegeben.
4. Die Jury zieht sich für 15 Minuten zurück und bewertet jeden einzelnen Turm. Danach treffen sich alle Teilnehmer zur Plenumssitzung, und die Jury gibt den Gewinner des Wettbewerbs und ihre präzisierten Beurteilungskriterien bekannt.
5. Der Moderator leitet zum Erfahrungsaustausch und zur Auswertung der Übung über, indem er die von den Beobachtern notierten Beobachtungen sammelt und zur Diskussion stellt. Dabei sollten folgende Fragen als Anregung dienen:
- Wie war die Kooperation in den Gruppen?
- Gab es einen formellen/ informellen Gruppenleiter?
- Wo gab es Schwierigkeiten? Was lief besonders gut?

ANHANG: Die Instruktionen finden Sie in Anhang 8.

Quelle:
Antons, Klaus (1975): Praxis der Gruppensynamik. Übungen und Techniken. Göttingen: Hogrefe Verlag, S. 131.

Bei den abteilungsübergreifenden Pfaden wird die umfassende TQM-Philosophie deutlich. Kunde ist nicht nur der Käufer des Produktes oder der Dienstleistung. Ein wesentlicher Gesichtspunkt ist der, daß jeder Mitarbeiter, egal an welcher Stelle des Unternehmens auch immer, sowohl Kunde als auch Lieferant ist. Das gesamte Unternehmen läßt sich also in Form interner Kunden-Lieferanten-Beziehungen beschreiben. Dabei ist die Methode der „sieben Fragen des Lieferanten" besonders gut geeignet, organisatorische und informationelle Probleme zu erkennen und zu bearbeiten. Diese Methode ist also zur Klärung von betrieblichen Schnittstellen gut geeignet.

16.2.2
Die sieben Fragen des Lieferanten

Die Problemlösetechnik „Die sieben Fragen des Lieferanten" setzt das Grundmodell des Total Quality Management – „jeder Mitarbeiter ist gleichzeitig Kunde und Lieferant – sowohl intern als auch extern"– für die Lösung vor allem informatorischer und organisatorischer Probleme an Prozeßschnittstellen um. Abb. 51 zeigt die methodischen Schritte der Bearbeitung. Diese Methode hat sich insbesondere für Kleingruppenarbeit bewährt, in denen jede Seite einer Schnittstelle (Prozeßschritt, Abteilung usw.) diese Methode anwendet und die Ergebnisse in der Gesamtgruppe gegenseitig vorstellt.

Hier werden die unterschiedlichen Erwartungshorizonte deutlich kontrastiert und können unter moderierter Diskussionsleitung im Konsens angemessen angepaßt werden.

Abb. 52 stellt eine konkrete Schnittstellenanalyse bzgl. der Abteilungen Montage und Versand dar.

Die 7 Fragen des Lieferanten

1. Wer ist mein Kunde intern oder extern?

2. Was benötigt mein Kunde von mir?
(Waren, Dienstleistungen)

3. Welche Erwartungen hat mein Kunde?
(Ziele / Meßgrößen)
(Soll-Erwartung)

4. Was biete ich ihm jetzt?
(Ware / Dienstleistung / Qualitätsmerkmale)
(Ist-Leistung)

5. Wo erfülle ich seine Erwartungen nicht?

6. Was kann ich tun, um seine Erwartungen zu erfüllen?
(Welche Tätigkeit / Vorgänge muß ich ändern)

7. Welche Aktionen setze ich um?
(Was, wann, wo, mit wem ...)

Abb. 51 Sieben Fragen Kunden-Lieferant

Abb. 52 Schnittstellenanalyse Montage/Versand

Kapitel 17

Beinahe angekommen

Der Aufbau des QM-Systems ist erfolgt. Die einzelnen Gruppen haben die Unternehmensprozesse beschrieben, in Kraft gesetzt, die Verfahren sind bekannt, sie werden beachtet und entsprechend dokumentiert. Audit- und Reviewsystem sind eingerichtet, so daß es nicht verwunderlich ist, daß die ZERT-GmbH unser QM-System nach DIN EN ISO zertifiziert hat. Auch mein Team der „Kundenauftragsabwicklung" ist zufrieden mit dem Erreichten. Wir haben an einigen Stellen unsere Abläufe gestrafft, sind teilweise schneller geworden, und die Mitarbeiter beginnen, Probleme aus ihrem Umfeld aufzugreifen und in Verbesserungsteams nach dem Modell der Qualitätszirkel zu bearbeiten. Viele Führungskräfte besuchen Schulungen zur Führung und Kommunikation, beschäftigen sich mit Zielvereinbarungskonzepten und entsprechenden Leistungsbeurteilungssystemen und planen gezielt ihre weitere innerbetriebliche Entwicklung. Unser Unternehmensnetzwerk hat eine enorme Dynamik bekommen. An jeder Stelle laufen marginale Verbesserungsaktivitäten. Auch in unserem Team haben wir eine Reihe von Maßnahmen geplant. Aber irgendwie kommen wir an eine Grenze. Ich habe das Gefühl, daß diese vielen kleinen Verbesserungsaktivitäten irgendwann nicht mehr ausreichen um den „großen Sprung" zu einer noch höheren Kundenorientierung zu erreichen. Das Team beschließt, sich Informationen aus anderen Unternehmen zu besorgen.

Gut gefällt mir die Broschüre zur prozeßorientierten Kundenauftragsabwicklung von Mettler – Toledo „Im Dialog mit der Zukunft – Mehr Transparenz und abteilungsübergreifende Prozeßorganisation". Ich glaube, daß ich sie meinen Kollegen aus den Team "Kundenauftragsabwicklung" zeigen werde.

17.1
Im Dialog mit der Zukunft

VERANTWORTUNG FÜR DIE ZUKUNFT
Die Märkte verändern sich immer schneller. Um auch in Zukunft national und international wettbewerbsfähig zu bleiben, müssen Marktchancen blitzschnell erkannt und realisiert werden. Moderne und vor allem schnelle Prozesse entscheiden somit über die

Wettbewerbsfähigkeit Ihres Unternehmens. Damit tragen Sie eine große Verantwortung.

Der Förderung, Beschreibung und Optimierung der Prozesse vom Wareneingang bis hin zum Warenausgang kommt dabei eine maßgebliche Rolle zu. Sie ist der Schlüssel zum Erfolg Ihres Unternehmens.

Wir stellen uns dieser Entwicklung!

Unser eigenes zukunftsweisendes Reengineering-Konzept der „fraktalen Unternehmung" für die absatzorientierte Produktion in Albstadt wurde inzwischen mehrfach ausgezeichnet. Die mit dieser Neu-Organisation verbundene Philosophie baut auf konsequenter Menschen-, Markt- und Leistungsorientierung auf. Und sie hat nur einen einzigen Sinn und Zweck: das Unternehmen noch leistungsfähiger, effizienter und damit wettbewerbsfähiger zu machen. Für diese Entwicklung in die Zukunft stellen wir Ihnen unser Know-How, wichtige Geräte und Instrumente der Meß- und Prüftechnik sowie die notwendigen Informationssysteme zur Verfügung.

MENSCHENORIENTIERUNG – DER KERN DES ERFOLGES SIND MENSCHEN
Der Mensch steht im Mittelpunkt. Seine individuellen Fähigkeiten bestimmen den Unternehmenserfolg mit. In einer motivierenden Atmosphäre, unterstützt von innovativen Problemlösungen und einem perfekten technischen Umfeld, kann jeder wahre Höchstleistung erbringen. Das zahlt sich aus – für Sie und dadurch auch für Ihre Kunden: in kundenorientierten Problemlösungen bis hin zu kurzen Lieferterminen.

MARKTORIENTIERUNG – DIE RICHTIGEN PRODUKTE ZUR RICHTIGEN ZEIT
Jeder Kunde wird zu einem eigenen Markt. Das ist die Zukunft, und das definiert die Anforderungen an uns und auch an Ihr Unternehmen: Maßgeschneiderte Produkte und schnelle Lieferzeiten bei höchster Qualität werden mehr und mehr gefragt und gefordert. So entsteht ein neuer Standard, der sicherstellt, daß alle Unternehmen, alle Glieder der Leistungskette, die optimale Marktleistung erhalten.

LEISTUNGSORIENTIERUNG – MIT LEISTUNG AN DIE SPITZE
Leistung ist die Voraussetzung für den Erfolg: Mit Ihren Mitarbeitern, marktorientierten Produkten und Dienstleistungen haben Sie es in der Hand, Ihre Ziele zu erreichen. Bei der Optimierung Ihrer Prozesse, vom Wareneingang über Forschung und Entwicklung, Produktion, Qualitätssicherung und Lager bis hin zum Warenausgang, bieten wir Ihnen die geeigneten Waagen, Instrumente und Systeme. Branchenspezifisch und an Ihren individuellen Ansprüchen orientiert.

DIALOGORIENTIERUNG – MIT UNS KÖNNEN SIE RECHNEN
Wir legen Wert auf den Dialog mit Ihnen. In den nächsten Wochen erhalten Sie von uns weitere Hinweise, wie Sie die Prozesse in Ihrem Unternehmen mit Hilfe unserer Produkte und Dienstleistungen optimieren können. Damit gehen wir einen Schritt weiter und orientieren uns mit unseren Lösungsmöglichkeiten an ihren Aufgabenstellungen und Ihrer Branche.

Bis dahin liefert diese Broschüre genügend Anhaltspunkte, um abteilungsübergreifend mit Mitarbeitern, Kollegen oder Partnern über Prozesse und Organisationsabläufe in Ihrem Unternehmen nachzudenken.

Viel Erfolg! Wir freuen uns auf den Dialog mit Ihnen.

Mr. Change: „Ja Adam, Du hast jetzt ein Unternehmen durch diesen Prospekt kennengelernt, das wieder einen Schritt weitergegangen ist im Hinblick auf eine höhere Kundenorientierung. Die Prozeßorientierung der Kundenauftragsabwicklung wird damit zu einem Schlagwort. Damit wird das Problem der Zuweisung eines innerhalb des Unternehmens abgewickelten Teilprozesses durch Organisationseinheiten thematisiert. Dies möchte ich Dir an einem Beispiel aus der Literatur einmal verdeutlichen."

17.2 Prozeßorientierung

„Zu einer funktionalen Spezialisierung kommt man, wenn Organisationseinheiten jeweils nur Teile eines Prozesses bearbeiten. Jeder Prozeßdurchlauf erfordert die Interaktion mehrerer Organisationseinheiten. Eine Prozeßspezialisierung entsteht, wenn der gesamte Prozeß einer einzigen Organisationseinheit zugewiesen wird [...] man spricht in diesem Zusammenhang auch von einer objektorientierten Aufgabenintegration bzw. ganzheitlicher Rundumsachbearbeitung. Natürlich sind auch verschiedene Mischformen zwischen Prozeßspezialisierung und funktionaler Spezialisierung möglich. Naheliegend ist z.B. die Zusammenfassung funktionaler Spezialisten zu Prozeßteams. Prozeßspezialisierte Organisationseinheiten könnten mit funktional speziali-

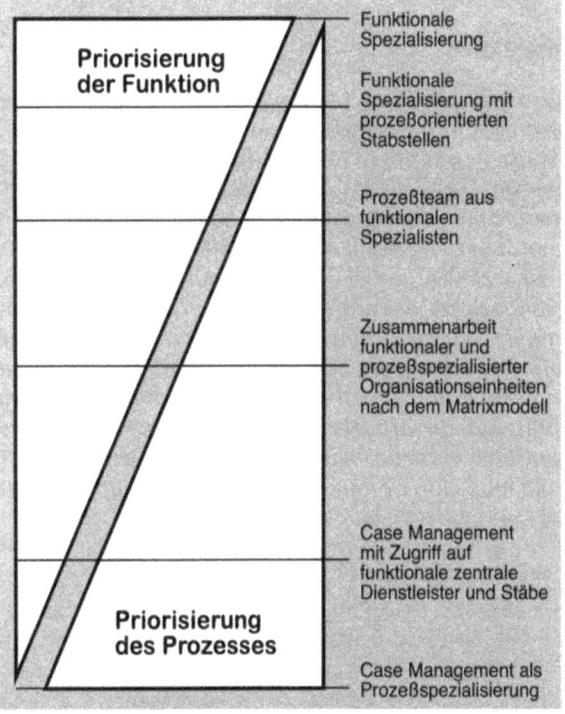

Abb. 53 Funktionen und Prozesse (nach: Nippa & Picot, 1996)

sierten Organisationseinheiten auch nach dem Modell der Matrixorganisation gleichberechtigt zusammenarbeiten [...] Es könnten aber auch funktional spezialisierte Organisationseinheiten prozeßorientierte Case Manager nach dem Stabsprinzip beratend unterstützen oder umgekehrt" (Nippa & Picot, 1996).

„Wie alle anderen Organisationsmodelle, haben auch diese eine persönliche Tragweite. Bedenke, wenn Du gewachsene Strukturen veränderst, insbesondere in Richtung einer größeren Kunden- und Prozeßorientierung, entstehen neue Anforderungen. Abläufe haben Biographien. Selbstverantwortung und Selbstregulation erfordern Absprachen über neue, selbstentworfene Umgangsregeln. Die Fähigkeit zur Konsensbildung durch Dialog wird noch mehr zum Garanten einer „prozeßorientierten Kundenauftragsabwicklung", denn wenn sich die Strukturen verflüssigen, ist der Nährboden für Auseinandersetzungen günstig. Deshalb kommt es auf ein Miteinander an. Wenn Deine Arbeitsgruppe einen solchen Prozeß anstößt, dann werdet Ihr noch deutlicher merken, daß Qualitätsmanagement Prozeßmanagement ist und Qualitätsprozeßmanagement eine permanente Form der Organisationsentwicklung. Ich möchte, daß Du Dich an Erlebnisse im Zusammenhang mit Themenzentrierter Interaktion (TZI) und Konfliktmanagement erinnerst und werde Dir anschließend hierzu einige Unterlagen geben."

17.3
TZI – Themenzentrierte Interaktion

Ich erinnere mich: Heute haben wir, wie jeden Freitag Nachmittag, einen Qualitätszirkel durchgeführt. In den Qualitätszirkeln fällt mir immer wieder auf, wie unterschiedlich die Art und Weise sein kann, in der Diskussionen geführt werden, und wie unterschiedlich dementsprechend die Ergebnisse dieser Diskussionen sind. Manchmal erreicht man während einer Sitzung gar nichts und hat eher das Gefühl, einem Kaffeekränzchen beizuwohnen. Irgend jemand beginnt, von seinem Fußballturnier am Wochenende zu erzählen, wobei die ganze Runde blitzschnell bei den neuesten Bundesligaergebnissen ist. Anstatt über die Verbesserungsmöglichkeiten des Prozesses 'Kundenauftragsabwicklung' nachzudenken, wird über die Verbesserung der Mannschaftsaufstellung von Schalke 04 diskutiert. Und selbst dabei passiert es manchmal, daß ein Mitarbeiter die Brücke zum aktuellen Problem schlägt, indem ihm z.B. auffällt, daß die Mitarbeiter von Auftragsannahme und Auftragserfassung so wenig zusammenarbeiten wie Stürmer und Mittelfeld. Leider ist das nicht immer so, und man muß einige Zirkel beschließen, ohne daß auch nur ein einziger, brauchbarer Verbesserungsvorschlag erarbeitet worden ist, man aber viel über den Flugzeugmodellbau gelernt hat. Bei anderen Zirkeln wiederum ist der Anteil von Privatgesprächen äußerst gering, weil z.B. eine Führungsperson zugegen ist. Diese Diskussionsrunden bringen oft nicht mehr als die zuvor genannte Diskussionsart. Das Gespräch kommt einfach nicht in Gang, niemand traut sich etwas zu sagen, und man hat das Gefühl, die Mitarbeiter verstellten sich. In wieder anderen Qualitätszirkeln scheinen alle Mitarbeiter nur über ihre eigenen Probleme *zu reden, die sie mit ihrer Arbeitsaufgabe haben, und wollen mitteilen, wie sie ihre ganz persönliche Weiterentwicklung sehen. Der Gruppe bringt das natürlich nicht so viel. Es kann auch passieren, daß zwar oberflächlich über das zur Diskussion stehende Problem geredet wird, es aber im Prinzip nur darum geht, seine Position in der Gruppe durch die Diskussion darzustellen, indem man z.B. die Gesprächsführung an sich reißt. Es gibt also viele Aspekte, die bei der Bearbeitung eines Problems in der Gruppe eine Rolle spielen und den Verlauf beeinflussen. Um welche Aspekte handelt es sich dabei, und wie kann man sie sich nutzbar machen?*

17.3.1
Was ist Themenzentrierte Interaktion (TZI)?

Der theoretische Hintergrund und die praktische Anwendung der TZI entstand aus langjährigen Erfahrungen der Psychoanalytikerin Ruth Cohn. Sie hatte sich lange Zeit vor allem mit den Überlegungen beschäftigt, wie man Ich-stärkende Faktoren therapeutischer
Arbeitsmethoden im alltäglichen Umgang miteinander nutzen könnte, um eine für Menschen förderliche Atmosphäre und ganzheitliche Einbindung der Persönlichkeit in den Arbeitsprozeß zu gewährleisten. Themenzentrierte Interaktion ist eine Methode, die individuelle, zwischenmenschliche und sachliche Aspekte in allen Lebensbereichen zu einem pädagogischen Konzept verbinden kann. TZI rückt Themen und Aufgaben in das Zentrum der beteiligten Personen und bearbeitet sie dann in der Interaktion mit allen Beteiligten. Durch die Anwendung dieser Methode entsteht ein Prozeß, der persönlich ist und zugleich auf Gruppe und Inhalt Bezug nimmt. TZI ist in allen Lebenssituationen anwendbar, eignet sich aber vor allem um Prozesse im Rahmen von Gruppenarbeit oder Teamsitzungen besser zu verstehen und in eine Richtung zu lenken, welche für alle an dem Arbeitsprozeß Beteiligten ein produktives, konstruktives und offenes Arbeitsklima bedeutet. Oft scheitert eine Arbeitsaufgabe daran, daß man sich zu sehr auf den Inhalt versteift und die Wirkung emotionaler und psychosozialer Realitäten unterschätzt oder überhaupt nicht beachtet. TZI bietet hier eine Möglichkeit an, im Rahmen der Arbeitsaufgabe die gesteckten Ziele zu erreichen und dabei auch Bedürfnisse des Einzelnen und der Gruppe zu integrieren. Ein wesentliches Anliegen der TZI ist die Strukturierung von Arbeits- und Lernsituationen, so daß alle Personen nicht nur rational beteiligt sind, sondern sich als ganze Person ernst genommen fühlen. Man erfährt Antworten darauf,

- wie Führende andere so leiten, daß ein Optimum an Selbstbestimmung und Mitsprache mit verantwortlichem Hinschauen auf Interessen und Fähigkeiten anderer verknüpft werden,
- wie Vorgesetzte während der Zielerreichung trotzdem Bedürfnisse und zwischenmenschliche Beziehungen der Mitarbeiter beachten und fördern und
- wie Kollegen einen kooperativen Stil entwickeln.

17.3.2
Theoretischer Hintergrund – das TZI-Dreieck

Die Grundstruktur der TZI ist übersichtlich und kann als eine Möglichkeit zum Planen und Leiten von Arbeitsgruppen, Arbeitsteams und in Unterrichtseinheiten genutzt werden, wobei sie einer besseren Kommunikation und Kooperation innerhalb dieser Arbeitsgruppen dient. Die Methodik baut auf drei Grundelementen auf, die gleichwertig behandelt werden: Die Person (das „Ich"), die Gruppe als Ganzes (das „Wir") und die gemeinsame Sache (das „Thema"). Diese drei Elemente stehen in einer dynamischen Beziehung zueinander, welche sich optimal in einem Gleichgewicht befindet, wenn alle drei Elemente gleichwertig in der Gruppe behandelt werden. So wird in der Gruppe Raum für einen offenen Austausch in einem produktiven und kooperativen Arbeitsklima geschaffen. Diese drei Elemente stehen jedoch nicht isoliert im Raum, sondern befinden sich in einem bestimmten Rahmen, dem „Globe". Er repräsentiert die Umwelt der Gruppe, stellt also Zeit und Situation, soziales, politisches oder kulturelles Umfeld der eigentlichen Gruppenarbeit dar.

Dieses Dreieck in einem Kreis (Abb. 54) stellt die Beziehungen zwischen den vier Komponenten deutlich dar. Das „Ich" steht für einzelne Personen, das „Wir" steht für die Interaktionen innerhalb der Gruppe, und das „Thema" ist symbolisch für Lernstoffe, Arbeitsaufgaben und gemeinsame Ziele. Der Kreis um das Dreieck stellt die umfassende Welt, also den Globe allen Handelns und Erlebens dar, innerhalb dessen Grenzen Interaktion und Kommunikation stattfinden können.

Das Ich
Die Ich-Komponente stellt sich als Summe aller Aspekte der Persönlichkeit eines Menschen dar, wobei die Ich-Identität als Übereinstimmung von Werten, Zielen und den Handlungen in der Person verstanden wird. Der Mensch strebt nach Selbstentfaltung und befindet sich immer auf diesem Weg. Wichtig dabei ist die Meinung des Menschen von sich selbst, also sein „Selbstkonzept", das für seine seelische und körperliche Gesundheit verantwortlich ist. Das Ziel von TZI ist es, die Identität des Einzelnen zu fördern und in die Gruppe zu integrieren, also seine Selbstverwirklichung im Rahmen der Gruppe zu leiten.

Das Wir
Das Wir ist eine Anzahl von Menschen, die am gleichen Ort, zur gleichen Zeit und mit dem gleichen Thema beschäftigt sind. Diese Wir-Zugehörigkeit ist Voraussetzung und

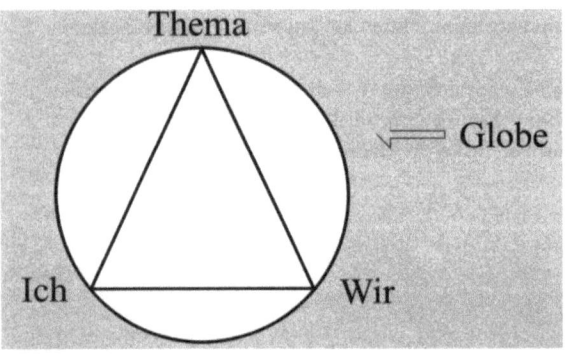

Abb. 54 Das TZI-Modell

Ziel allen Handelns und Denkens des Menschen in der Gruppe. Die Gemeinschaft und das Gemeinschaftsgefühl sind die tragenden Komponenten für jede Individualität, und sie sichern das Fortbestehen der Menschheit. Durch die Einbindung in soziale Gruppen gibt es für die Menschen vier Entfaltungsmöglichkeiten, die durch TZI gefördert werden sollen:

- Antrieb zu Tätigkeit und Produktivität,
- einen Raum, dem ich mich zugehörig und in dem ich mich sicher fühle,
- den Rahmen, in dem Mitbestimmung und Gestaltung möglich sind und Mitverantwortung erwartet wird,
- den Standort, von dem aus Auseinandersetzung geschehen kann.

Man sollte auf jeden Fall beachten, daß das Wir durch jedes einzelne Mitglied individuell mitgestaltet wird und durch seine Einbindung die Kommunikation aller prägt. Der Einzelne wird sich wiederum optimal in der Gruppe engagieren können, wenn er seine Individualität wahren und fortwährend aktualisieren kann. TZI beachtet die Individualität der einzelnen Person ebenso wie die Interaktion in der Gruppe und den Einfluß des Themas im Zusammenhang mit dem Globe. Für das Entstehen des Wir-Gefühls ist vor allem die Anfangsphase von Gruppen von Bedeutung, denn hier werden Grundsteine für eine vertrauensvolle und offene, vor allem aber kooperative Atmosphäre geschaffen. Von einem echten Wir-Gefühl kann man in einer Gruppe dann sprechen, wenn folgende Merkmale vorhanden sind (Langmaack, 1994):

- Struktur und Vereinbarungen;
- Zielsetzung und Aufgabe;
- Wahrung der Identität;
- Mitsteuerungsmöglichkeiten im Prozeß;
- Interaktion;
- Rückbezug auf ein gemeinsames Wertesystem.

Das Thema

TZI ist vor allem auch für solche Gruppen geeignet, die sich zur Bearbeitung einer Sachaufgabe oder zu einer Problemlösung zusammengefunden haben, denn TZI thematisiert neben Ich- und Gruppenaspekten auch die Wichtigkeit des Themas. Themen sind Verbindungsanker für Beziehungen, und Sympathie und Interesse am anderen sind Verbindungsanker für Themen. Dabei gibt es „kleine Themen", die nur von einer begrenzten Dauer tragfähig sind, und „große Themen", die ein großes Ziel erreichen wollen. Daneben gibt es das oft vernachlässigte und trotzdem sehr wichtige „Mitläuferthema", welches die emotionale Seite des Themas, der Gruppe und der Gefühle jedes einzelnen beinhaltet. Erst wenn Thema und Mitläuferthema miteinander gekoppelt sind, wird es zu einer stimmigen Kommunikation in der Gruppe führen und alle Beteiligten sind wirklich dabei. Bei der Erarbeitung eines Themas gibt es vier Schritte, die seiner Entwicklung helfen:

1. Was ist mein eigener Bezug zum Thema?
2. Was bedeutet es für mich?
3. Wie setze ich das Thema und seine Bearbeitung mit dem bisherigen und zukünftigen Prozeß der Gruppe in Beziehung?

4. Welches sind die Möglichkeiten und Grenzen, die zur Bearbeitung des Themas zur Verfügung stehen?
5. Wie starten wir mit dem Thema einen lebendigen Prozeß?

Auch die Themenbearbeitung selbst durchläuft verschiedene Stadien, die hier kurz aufgezählt werden:
1. Eröffnungsphase, in der das Thema genannt und eingeführt wird;
2. Bearbeitungsphase, in der wichtige Aspekte des Themeninhalts durchgearbeitet werden:
3. Entscheidungsphase, in der Schritte der Veränderung und des Neubeginns festgelegt werden;
4. Integration zum Abschluß, in der die Entscheidungen in die Realität übertragen werden.

Der Globe
Die Bedeutung des Globe sollte jedem klar sein, denn er bestimmt die Grenzen, innerhalb derer Autonomie möglich ist. Der Globe übt sowohl auf die Gruppe, als auch auf das Thema einen Einfluß aus. Der Einzelne und auch die Gruppe stehen in einem ständigen Austausch mit dem Globe und beeinflussen ihn ebenso, wie er ihr Verhalten beeinflußt. Dabei hat jeder Teilnehmer einer Gruppe seinen eigenen Globe, der aber Komponenten enthält, die mit anderen Personen gleich sind. TZI berücksichtigt in ihrer Planung den Globe jedes Individuums und versucht, ihn in den Gruppenprozeß und Ablauf zu integrieren. Die Gruppenmitglieder werden im Rahmen ihrer Arbeit aus ihrem Globe herausgezogen und am Ende wieder hinaus geführt, damit sich die Ergebnisse ihrer Arbeit auch innerhalb des Globe bewähren können.

**17.3.3
Das Prinzip „Balance"**

Das Dreieck hat sein optimales Gleichgewicht gefunden, wenn sich die drei Aspekte Ich, Wir und Thema in Balance befinden, wenn also kein einzelner Aspekt besonders hervorgehoben wird und die anderen beiden zu kurz kommen. Daß diese Balance nicht statisch sein kann, wird bei der Vergegenwärtigung einer Gruppensitzung deutlich. Es gibt hier immer ein dynamisches Auf und Ab, ein ständiges Suchen und wieder Verlieren der Balance, das aber notwendig ist, um eine Entwicklung voranzuführen. Es fördert mehr Kreativität und Mut im Umgang mit Neuem und verhilft der Gruppe, in unbekannte Bereiche vorzudringen. Um die Dynamik der Gruppenprozesse besser zu verstehen, kann man sich zur Veranschaulichung einen Eisberg vorstellen, dessen Spitze natürlich aus dem Wasser ragt, der größere und gefährlichere Teil sich aber unter Wasser befindet (s. Abb. 28, Kap. 13).

Die Spitze des Eisbergs ist gleichzusetzen mit der Sachebene in einer Gruppe und der untere Teil mit der psychosozialen Ebene, die den Beteiligten nicht immer bewußt ist. Die Sachebene stellt die mit der eigentlichen Aufgabe verbundenen Aspekte wie Anliegen, Vorgaben, Mittel, Informationen, Theorien etc. dar, während die psychosoziale Ebene Angst, Liebe, Wünsche, Zu-/Abneigung, Werte, Akzeptanz, Status etc. enthält. Beide Ebenen stehen in einer nicht zu trennenden Wechselbeziehung. Die Vorgänge innerhalb der psychosozialen Ebene geben entscheidende Impulse an die Sachebene weiter. Wichtig ist, daß jede Gruppe eine Balance zwischen psychosozialer Ebene und Sachebene findet, damit Störungen aus dem emotionalen und individuellen Bereich die Arbeit an der Aufgabe nicht behindern. Andererseits führt eine Fixierung aller Kräfte auf das Thema zu einem Mangel in psychosozialen Belangen, die ein vernünftiges Weiterarbeiten nicht mehr erlaubt. TZI hat fünf Erlebnisbereiche festgelegt, die in ihrem Zusammenspiel eine Balance der Aspekte Ich-Wir-Thema ermöglichen:

1. Ordne Deine Zeit und Deinen Tagesablauf so, daß er eine äußere und feste Struktur erhält.
2. Mache die Erfahrung einer konstruktiven Zusammenarbeit, in dem Du im Rahmen von Gruppenarbeit Arbeitsteilung, gegenseitige Absprachen, Aufeinanderangewiesensein und Ergänzen erlebst. Hier stehen Kooperation und Interaktion im Vordergrund.
3. Erfahre die Wirkung Deiner Person auf andere und nehme Feedback auf. Es herrschen vor allem Konkurrenz und Wetbewerb.
4. Es wird die Beziehung des Menschen zu dem Produkt seiner Arbeit und zu seiner Institution gefördert. Verbinde also den Globe mit Deiner Arbeit.
5. Setzte Dich auseinander mit Theorien und Texten, mit praktischen Neuschöpfungen und Wertvorstellungen.

Der Prozeß einer Gruppe ist umso erfolgreicher, je besser die vier Aspekte Ich, Wir, Thema und Globe und ihr dynamisches Gleichgewicht beachtet werden. Eine weitere Hilfe sind die aufgestellten Postulate, die ein besseres Verstehen des Anliegens der TZI ermöglichen.

17.3.4
Die Postulate des TZI

17.3.4.1
Das erste Postulat: „Sei Dein eigener Chairman!"

Bei diesem Postulat geht es darum, eine Balance zu finden zwischen Autonomie und Interdependenz. Der Mensch muß also seine kognitiven, emotionalen, sozialen und praktischen Fähigkeiten und Bedürfnisse ausweigen und mit seiner Umwelt abstimmen. Man kann diese Forderung in der Aussage zusammenfassen: „Schau nach innen, schau nach außen und entscheide Dich dann!" Der Mensch soll bei einer Entscheidung erst in sich gehen und überlegen, was für ihn allein wichtig und von Bedeutung ist, so wie er sein Leben gerne gestalten würde. Dann soll er sich aber auch nach außen wenden und schauen, ob er seine Wünsche und Forderungen auch mit der Umwelt vereinbaren kann, denn sein Handeln soll nicht rücksichtslos und egoistisch sein, sondern planvoll und vorausschauend. Erst wenn der Mensch beide Blickwinkel genau betrachtet hat, ist er in der Lage, auch eine umsichtige Entscheidung zu treffen, die ihn in seiner Entwicklung weiter bringt und der Umwelt nützt.

17.3.4.2
Das zweite Postulat: „Störungen haben Vorrang!"

Damit sind alle Störungen gemeint, die die Beteiligten davon abhalten, sich mit dem eigentlichen Thema zu beschäftigen, obwohl sie es eigentlich möchten. Das können negative Störungen wie Frustration, Krankheit oder Zerstreutheit sein, aber auch positive Störungen wie große Freude und Heiterkeit. Sie alle lenken die Energie, welche eigentlich für die Aufgabenbewältigung bestimmt war, ab und erschweren ein Weiterkommen. Störungen sind im Rahmen der ablaufenden Gruppenprozesse ein untrüglicher Indikator dafür, daß Inhalt oder Vorgehen nicht mehr mit der Vorstellung der Teilnehmer übereinstimmen und deshalb durch andere Dinge abgelenkt werden. Ergebnisse können aber nur erreicht werden, wenn Leiter und Teilnehmer uneingeschränkt bei der Sache sind. Mit der Verbalisierung von möglichen Störungen wird dem Teilnehmer eine Möglichkeit angeboten, wieder in den Arbeitsprozeß und das Gruppengeschehen zurückzukommen. Mögliche Störungen des Arbeitsprozesses sind z.B.:

- ein zu schnelles oder zu langsames Tempo;
- es wird nicht über Konsequenzen der gemeinsamen Arbeit gesprochen;
- kritische Fragen dürfen nicht gestellt werden;
- durch eine euphorische Stimmung werden eigentliche Sachziele aus den Augen verloren.

Erst wenn Menschen ihre Störungen aussprechen dürfen und keine Tabuthemen bestehen, entsteht auch eine arbeitsförderliche Atmosphäre, in der Leistungsdruck zu Leistungsfreude und Konkurrenz zu Kooperation werden. Probleme, die ein Teilnehmer ausspricht, werden oft auch von anderen empfunden und können entweder noch nicht in Worte gefaßt werden oder die Betroffenen trauen sich nicht, ihr Anliegen zu äußern. Weitere wichtige Quellen der Störung sind:

1. *Übertragung*
   Oft überträgt man Persönlichkeitseigenschaften auf Menschen, die man zum ersten Mal trifft, nur weil sie einen an jemand anderen erinnern. Dadurch entstehen natürlich Erwartungen, die diese Personen nicht erfüllen können, weil sie eben nicht die gedachten Personen sind. Die Beteiligten werden dadurch in der einen oder anderen Art und Weise enttäuscht und können sich nicht mehr auf das eigentliche Ziel der Gruppe konzentrieren.
2. *Angst*
   Angst ist eine weit verbreitete Ursache für Störungen, die ganz unterschiedliche Gründe haben kann. Durch Ängste wird die Arbeit in einem Team erheblich beeinträchtigt und kann bis zur Arbeitsunfähigkeit der Gruppe führen.
3. *Krankheit*
   Diese Störquelle kann sowohl physische als auch psychische Ursachen haben. Wenn eine Person in einer langwierigen Konferenz starke Kopfschmerzen bekommt, könnte es ein Zeichen des Körpers sein, eine Pause einzulegen und frische Luft zu schnappen, damit man danach besser wieder arbeiten kann.

Man sollte Hindernisse und Störungen nicht einfach übergehen, sondern sie in einem angemessenen Zeitrahmen lösen, soweit es die Aufgabe ermöglicht. Wenn absehbar ist, daß sich die Störung nicht einfach beheben läßt, sollte man sich darauf einigen, zu einem späteren und günstigeren Zeitpunkt die Störung ausgiebig zu besprechen und jetzt lieber im Dienste der Aufgabe weiter zu arbeiten. Es ist wichtig, die Störung generell in den Gruppenprozeß aufzunehmen und zu thematisieren, da ansonsten alle Störfaktoren mit der Zeit angesammelt werden, bis eine produktive Arbeit nicht mehr möglich ist.

Um eine bessere und offene Kommunikation zu ermöglichen, bietet die TZI Spielregeln der Kommunikation an, die als Leitfaden für den gesamten Gruppenprozeß angesehen werden können. Den Gruppenteilnehmern steht es jedoch frei, in Absprache mit dem Gruppenleiter ihre eigenen Regeln aufzustellen, nach denen sie ihre Gruppensitzung gestalten wollen:

1. Vertritt Dich selbst in Deinen Aussagen; sprich per „Ich" und nicht per „Wir" oder „man".
2. Stelle möglichst keine Fragen, es sei denn, Du erläuterst ihren Hauptgrund.
3. „Seitengespräche haben Vorrang". Sie stören und sind zugleich meist wichtig. Sie würden nicht geschehen, wenn sie nicht wichtig wären.
4. „Nur einer zur gleichen Zeit bitte".
5. Sei authentisch und selektiv in Deiner Kommunikation. Mache Dir bewußt, was Du denkst und fühlst, und wähle aus, was Du sagst und tust.
6. Beachte Signale aus Deinem Körper, und achte auf solche Signale auch bei den anderen.
7. Sprich Deine persönlichen Reaktionen aus, und stelle Interpretationen so lange wie möglich zurück.

Literatur:
Langmaack, Barbara (1994): Themenzentrierte Interaktion. Weinheim.
Löhmer, Cornelia (1992): Themenzentrierte Interaktion (TZI). Die Kunst, sich selbst und eine Gruppe zu leiten. Mannheim.

Ich erinnere mich an eine Situation, in der ich mich, wie so viele Male, mit Konflikten auseinandersetzen mußte.
„Wie schaffe ich es bloß, daß sich Herr Hausmann nicht gleich angegriffen fühlt, wenn ich in seiner Abteilung etwas verändern möchte?"
Heute wird mir einmal mehr klar, daß Prozesse bereits einen Prozeßeigner haben, bevor wir ihn offiziell so genannt haben. Durch die Analyse des Kernprozesses 'Kundenauftragsabwicklung' wird deutlich, daß viele Reklamationen darauf zurückzuführen sind, daß Annahme und Datenerfassung des Kundenauftrages nicht in einer Hand liegen. Manchmal entsteht ein Fehler einfach nur dadurch, daß z.B. die Person, die den Auftrag erfassen soll, die Handschrift desjenigen, der den Auftrag angenommen hat, nicht korrekt entziffern kann. Deshalb beschließen wir im Qualitätszirkel, der aus den betroffenen Mitarbeitern und Herrn Hausmann besteht, und in dem ich die Moderation übernehme, daß Annahme und Erfassung von der gleichen Person ausgeführt werden sollen. Herr Hausmann hat vor vielen Jahren die Abteilung eingerichtet und so organisiert, wie sie jetzt ist. Als ich im Qualitätszirkel den Verbesserungsvorschlag der Mitarbeiter bzgl. der Schnittstelle Annahme/Erfassung zusammenfasse, meint Herr Hausmann, es gäbe gar keine Probleme und man würde das dramatisieren. Er sei schlicht dagegen, einen Vorgang, der sich Jahre lang bewährt hätte, zu ändern, und außerdem sei eine Änderung gar

nicht so einfach machbar. Er versucht, einige Zeit mit mir darüber zu diskutieren und verfängt sich dabei immer mehr in Widersprüche, bis er schließlich aufsteht und den Gruppenraum mit einem lauten Türzuschlagen effektvoll verläßt. Ich verstehe nicht, warum Herr Hausmann die Tatsache der anfallenden Reklamationen einfach leugnet und warum er sich in eine solch hoffnungslose Situation hineinmanövriert hat. Erst jetzt, da ich mich außerhalb der Situation befinde und ich die Ereignisse mit einigem Abstand betrachten kann, wird mir klar, daß Herr Hausmann die Änderung als Angriff auf seine Person versteht. Er sieht sich nämlich als Prozeßeigner, also als eine Person, die für einen Prozeß verantwortlich ist. Ich habe es mit einem handfesten Konflikt zu tun. Wie kann ich ihm aber begreiflich machen, daß auf diese Art und Weise keiner einen Konflikt gewinnen kann?

Mein Freund Mr. Change muß mir einmal mehr mit seinem Rat zur Seite stehen. Noch ehe ich den Wunsch zu Ende gedacht habe, ist er auch schon da.

„Hallo Adam! Ich habe bereits beobachtet, was vorgefallen ist. Diese Situation ist mir durchaus bekannt. Ein Mensch katapultiert sich selbst in eine ausweglose Position und muß als Verlierer aus dieser Situation hervorgehen. Das muß nicht sein. Wenn die Menschen doch nur einmal genauer über die verschiedenen Handlungsmöglichkeiten nachdenken würden! Ich werde Dir von einer Theorie erzählen, die sich damit beschäftigt, welche Entwicklungsmöglichkeiten eine Konfliktsituation hat. Allein durch das Wissen dieser Alternativen kannst Du für Dich selbst, aber auch für andere, das Entstehen von Konfliktsituationen sensibler wahrnehmen und dadurch negativen Entwicklungen entgegenwirken."

17.4
Konfliktmanagement

Konflikte sind ein ständiger Begleiter in allen Lebensbereichen. Es können viele unterschiedliche Ursachen für das Entstehen von Konflikten aufgezählt werden, und der Umgang mit ihnen hängt von der jeweiligen Persönlichkeit der Bertoffenen und ihren individuellen Erfahrungen im Laufe der Sozialisation ab

„Ein Konflikt liegt immer dann vor, wenn eine Partei oder beide Parteien zum gleichen Zeitpunkt Handlungen beabsichtigen oder durchführen, die zur Folge haben könnten oder haben, daß sich die andere Partei behindert, blockiert, bedroht oder verletzt fühlt" (Berkel, 1991). Diese Definition beschreibt charakteristische Merkmale eines Konflikts in der Gruppe. Konflikte sind unvermeidlich und aus der gruppeninternen Perspektive zwangsläufig und notwendig. Sie sollen aber nicht soweit gehen, daß zwischenmenschliche Beziehungen z.B. innerhalb einer Arbeitsgruppe beeinträchtigt oder zerstört werden. Die Auffassung von Konflikten hat sich im Laufe der Zeit gewandelt. Wenn man früher davon ausging, Konflikte wären vermeidbar, destruktiv und hemmend und würden durch Störenfriede und Aufwiegler verursacht, hat sich heute eher die Ansicht durchgesetzt, daß Konflikte im Alltag unvermeidbar sind, produktiv genutzt werden können und zur Lösung von Problemen motivieren. Sie werden durch strukturelle und persönliche Faktoren bedingt.

17.4.1
Konfliktursachen

Es können zahlreiche Ursachen für Konflikte aufgezählt werden. Sie liegen meistens in der Person selbst, ihren sozialen Beziehungen oder in den Gegebenheiten der betrieblichen Organisationen. Häufig tragen Ereignisse aus all diesen Bereichen zum Entstehen eines Konflikts bei. Beispiele solcher Konfliktursachen sind (Decker, 1994):

- Mißverständnisse aus Mangel an Kommunikation und Information;
- Unsicherheit aus Mangel an Selbstvertrauen oder Zielklarheit;
- Streß aus Mangel an Zeit oder Methodik;
- Frustration aus Mangel an Erfolg und Anerkennung;
- Abwehrverhalten/Abwehrmechanismen aus Mangel an Ich-Stärke (vor allem aggressives und resignatives Verhalten);
- Außenseiterposition aus Mangel an sozialer Anpassung;
- „Aus der Rolle fallen" aus Mangel an situativer Anpassung;
- Unvermögen aus Mangel an Können, Wissen, etc.

Es gibt zwei mögliche Perspektiven, Konflikte zu betrachten: Die gruppeninterne und die organisatorische Perspektive.

1. Die gruppeninterne Perspektive lenkt die Aufmerksamkeit auf die Notwendigkeit der Konfliktaustragung im Rahmen eines Lösungsprozesses, einer Aufgabe oder eines Problems. Erst wenn in der Gruppe bestimmte Arbeitsschritte durchlaufen wurden und es aufgrund von unterschiedlichen Meinungen und Sichtweisen zu Konflikten und auch zu deren Lösung gekommen ist, hat die Gruppe all ihre Möglichkeiten ausgeschöpft und die volle Reife und Arbeitsfähigkeit entwickelt.
2. Die organisatorische Perspektive beschäftigt sich mit Auswirkungen eines Konflikts in Gruppen auf die Unternehmensorganisation. Im Rahmen betrieblicher Koordination kann die Arbeitsgruppe organisatorische Defizite auffangen, indem sie diese aufnimmt, kennzeichnet und bearbeitet. In der Gruppe entsteht der Konflikt, wird angesprochen und ausgetragen. Konflikte zeigen dem Unternehmen, welche möglichen Schwächen sich in ihrer Organisationsstruktur befinden und werden durch deren Austragung in der Arbeitsgruppe von dieser teilweise kompensiert. Die Gruppe durchläuft einen Prozeß der Konfliktwahrnehmung, -austragung und letztendlich seiner Bewältigung, optimalerweise in Form einer gegenseitigen Verständigung. Der Verständigungsprozeß ist hier wichtig, da er in den meisten Fällen in der Gruppe geschieht und nicht von einer Autorität aufgezwungen wird.

17.4.2
Konfliktdynamik

Konflikte sind in der Gruppe notwendig und auch erwünscht; man muß aber die Konfliktdynamik in den Griff bekommen. Wenn Konflikte eskalieren und zur Arena für persönliche Rachefeldzüge und Kämpfe um Macht und Einfluß werden, ist konstruktives Arbeiten nicht mehr möglich. Das Unternehmen sollte solche Rahmenbedingungen schaffen, die eine sachliche und produktive Atmosphäre herstellen und negative Konfliktauswirkungen reduzieren. Um solche Bedingungen realisieren zu können, muß zunächst einmal die Konfliktdynamik an sich verstanden werden. Es gibt ein Phasenmodell der Konfliktdynamik mit neun Eskalationsstufen, das zeigt, auf welcher Stufe des Konflikts noch sachliches Arbeiten möglich ist und ab wann Konflikte die Arbeit hemmen (Glasl, 1990). Zudem gibt es für jede Stufe des Konflikts passende Interventionsmaßnahmen an. Die neun Eskalationsstufen werden nach drei Schwellenbereichen gegliedert, die eine Trennung zwischen noch lösbaren Konflikten, nur unter Opfern zu lösenden Konflikten und überhaupt nicht mehr zu lösenden Konflikten bedeuten.

1. Den ersten Schwellenbereich, „win-win"-Situationen genannt, bilden die ersten drei Eskalationsstufen. Kennzeichnend für diese Situationen ist, daß noch kooperative Einstellungen bei den Konfliktparteien bestehen und die Differenzen im objektiven Bereich angesiedelt sind. Es entstehen zwar zunehmend kompetitive Einstellungen; beide Konfliktparteien können aber aus der Konfliktlösung immer noch einen Nutzen ziehen. Keine der Parteien geht aus der Lösung als Verlierer hervor.
2. Die Eskalationsstufen vier bis sechs liegen im zweiten Schwellenbereich und werden „win-lose"-Situationen genannt. Der Konflikt verlagert sich von der objektiven Sphäre zunehmend in die subjektive und wird hier ausgetragen. Es geht nicht mehr um den Gegenstand an sich, also um unterschiedliche Meinungen und Ansichten, sondern es wird zunehmend mit verzerrten und stereotypen Bildern der Gegenpartei gearbeitet. Dabei entsteht eine Konfliktsituation, aus der eine Partei nur dann als Sieger hervorgehen kann, wenn sie die andere Partei diskreditiert und als Verlierer darstellt. Der Konflikt wird auf der persönlichen Ebene geführt, und das ursprüngliche Problem tritt in den Hintergrund.
3. Im dritten Schwellenbereich (Eskalationsstufen sieben bis neun), den „lose-lose"-Situationen, findet zunehmend ein Kampf zwischen den Konfliktgegnern statt, den keine der Parteien mehr gewinnen kann. Der Gegner ist zum Feind geworden, den es zu vernichten gilt, sogar unter Hinnahme eigener, großer Verluste. Der Konfliktgegner ist ein entpersönlichtes und dinghaftes Objekt, das man hassen muß, um selbst als „Sieger" aus dieser Situation hervorzugehen. Das ist jedoch unwahrscheinlich, denn die Mittel, mit denen beide Parteien arbeiten, zielen auf die Vernichtung des Gegners ab. Vielmehr werden beide Parteien diesen Kampf als Verlierer verlassen.

Die Tabelle (8) zeigt deutlich, daß eine konstruktive Konfliktbewältigung nur in den ersten drei Eskalationsstufen (also in win-win-Situationen) stattfinden kann. In sich steigernden Situationen wird die Kooperation zunehmend durch die oben aufgeführten Verhaltensweisen behindert oder sogar unmöglich gemacht. Wichtig für den Moderator oder Leiter einer Gruppe ist es, Anzeichen von aufkeimenden Konflikten noch im ersten Schwellenbereich zu erkennen und sie zu thematisieren, um ein angenehmes Klima für die Bearbeitung weiterer Sachaufgaben zu gewährleisten.

17.4.3
Konfliktbehandlung

Die Konfliktbehandlung erfordert unterschiedliche Strategien, die von der jeweiligen Eskalationsstufe abhängen. Generell muß die Konfliktbewältigung den entstandenen Spannungszustand beenden, indem die empfundene Störung bzw. Herausforderung beseitigt wird. Man sollte hier nicht nur die objektive Seite beachten, sondern sich auch

Tabelle 8 Phasenmodell der Eskalation (nach: Wahren, 1994)

Eskalationsstufen	Schwellen	Verhaltensaspekte
1. Verhärtung		Standpunkte verhärten sich zwar und prallen aufeinander, es sind aber noch keine starren Lager und Meinungen vorhanden.
2. Debatte	win-win	Polarisation im Denken / Fühlen und Handeln, ermüdende Debatten, taktische Finessen; es bilden sich Subgruppen und verhärtende Standpunkte.
3. Taten		Reden hilft nicht mehr – es müssen Taten folgen; keine Partei will mehr nachgeben, Kontrahenten sollen jeweils eine eigne Auffassung übernehmen.
4. Koalitionen		Es bildet sich ein Schwarz-Weiß-Denken, der Gegner wird zum „Feind"; Anhänger werden geworben, und es bilden sich symbolische Koalitionen.
5. Gesichtsverlust	win-lose	Wahnhaft übersteigertes Selbstbild benötigt ein Feindbild; öffentliche Bloßstellung, Diffamierung des Anderen.
6. Drohstrategien		Es bleibt nur die Flucht nach vorn; Drohungen und Gegendrohungen eskalieren und erzeugen eine verhängnisvolle Abhängigkeit.
7. Schlacht		Der „Feind" muß skrupellos manipuliert und unschädlich gemacht werden; eine Niederlage wird akzeptiert, wenn der Schaden für den Gegner größer ist.
8. Vernichtungsfeldzug	lose-lose	Der „Feind" muß nun völlig vernichtet werden; die Opferbereitschaft wächst – nur das eigene Überleben sichern.
9. Gemeinsam in den Abgrund		Totaler Krieg jeder gegen jeden, ob Sympathisant, Neutraler oder Gegner; Vernichtung des Feindes als einziges Lebensziel

um die Gefühlsebene kümmern. Das bedeutet z.B., eine sachliche und vorurteilsfreie Form bei der Konfliktlösung zu bewahren und die Beteiligten nicht persönlich anzugreifen. Die vorgeschlagenen Konfliktbehandlungsstrategien sind Moderation, Prozeßbegleitung, Vermittlung, Schiedsverfahren und Machteingriff (tab. 9). Im ersten Schwellenbereich bekommt die Gruppe eine Möglichkeit, den Konflikt eigenständig zu lösen. Der Prozeß wird von einem Moderator beobachtet und gegebenenfalls gesteuert. Hier findet je nach Bedarf ein fließender Übergang zum Vermittler statt. Die nächste Schwelle benötigt einen Vermittler, denn die Konfliktgegner sind nicht mehr in der Lage, selbständig über die Sachlage zu diskutieren und Entscheidungen zu treffen. Auf der letzten Stufe gelangt man nur noch über den Machteingriff eines Dritten zu einer Schlichtung des Konflikts, auch gegen den Willen der Beteiligten. In solchen Fällen ist es ratsam, mit dieser Aufgabe eine neutrale Person zu betrauen, welche dann die Konfliktbewältigung beeinflußt.

Aufmerksamkeit sollte auch der Beziehung Vorgesetzter – Mitarbeiter in einem Betrieb geschenkt werden. Diese stellt eine besonders wichtige Arena für Kompetenz und Machtausübung dar, innerhalb deren Grenzen es häufig zu Konflikten kommt, die je nach Art eher produktive oder destruktive Kräfte bei den Beteiligten auslösen:

1. *Ich gewinne – Du verlierst*
   In dieser Konfliktsituation gewinnt der Vorgesetzte durch Einsatz von Strenge, Härte, Macht und Autorität, und der Untergebene verliert. Das führt zu hoher Fluktuation, Leistungsverminderung, Kündigung und Fehlzeiten.
2. *Du gewinnst – Ich verliere*
   Der Vorgesetzte verliert, indem er Nachgiebigkeit und Bequemlichkeit aus Angst vor offenen Auseinandersetzungen übt und den Untergebenen gewinnen läßt.
3. *Jeder gewinnt*
   Hier nutzt niemand seine Machtposition aus, sondern man beschäftigt sich gemeinsam mit dem Konflikt und sucht nach dessen Lösung. Wichtig sind dabei gegenseitige Anerkennung und Fairneß.

Eine schwierige Aufgabe bei der Konfliktbewältigung erfüllen Personen, die die Rolle des Moderators, Vermittlers oder Schlichters übernehmen. Die Anforderungen an Kenntnisse und Fähigkeiten bei der Leitung einer in Konflikt geratenen Gruppe sind hoch, da bei der Bewältigung viele Schwierigkeiten von Seiten der Konfliktgegner erwartet werden können. Es gibt in einer Gruppe immer Personen mit bestimmten Rollen. Zum Beispiel gibt es Streitsüchtige, die immer allen Vorschlägen widersprechen und Gegenargumente bringen, oder den Alleswisser, der sich zu allem äußert und die Beiträge der anderen wiederholt. Einer jeden Rolle sollte der Moderator so begegnen, daß die Personen sich nicht persönlich angegriffen oder sich nicht ernst genommen fühlen, und trotzdem Fortschritte in der Bewältigung des Konflikts erzielt werden können.

Zusammenfassung:
Konflikte sind zwangsläufig und in Gruppen zur besseren Problemlösung auch erwünscht. Sie sollten aber nicht so weit eskalieren, daß eine produktive Arbeit nicht mehr möglich ist und nur noch ein persönlicher Kampf ausgetragen wird. Das zu verhindern ist die Aufgabe des Gruppenleiters oder Moderators, indem er konstruktive Rahmenbedingungen für eine Konfliktaustragung schafft.

Tabelle 9 Strategiemodelle der Konfliktbehandlung (nach: Wahren, 1994)

Eskalationsstufen	Konfliktbehandlungsstrategien			
1. Verhärtung	*Moderation* Ein interner oder externer Moderator versucht, die Probleme inhaltlich und prozedural zu korrigieren.			
2. Debatte				
3. Taten		*Prozeßbegleitung* Gefestigte Rollen und Beziehungen werden durch einen psychologisch erfahrenen Gesprächsleiter aufgetaut und Fixierungen gelockert.		
4. Koalitionen				
5. Gesichtsverlust			*Vermittlung* Ein von beiden Seiten anerkannter Mediator bemüht sich um einen Kompromiß, der alle Interessen berücksichtigt.	
6. Drohstrategien				
7. Schlacht	*Schiedsverfahren* Ein Schlichter löst das Problem nach eigener Lageeinschätzung.			
8. Vernichtungsfeldzug		*Machteingriff* Eine befugte Autorität führt Maßnahmen gegen den Willen der Streitenden durch.		
9. Gemeinsam in den Abgrund				

Literatur:
Berkel, K. (1985): Konflikttraining. Arbeitshefte zur Führungspsychologie. Heidelberg.
Decker, Franz (1994): Team Working. Gruppen erfolgreich führen und moderieren. München.
Glasl, F. (1990): Konfliktmanagement. Stuttgart.
Wahren, Heinz-Kurt E. (1994): Gruppen- und Teamarbeit in Unternehmen. Berlin – New York.

Die Unterlagen zur Themenzentrieten Interaktion und zum Konfliktmanagement waren schon recht interessant. Das Balance-Modell zwischen Ich, Wir und Thema hat mir gezeigt, daß ich die Möglichkeit habe, diese Balance herzustellen. Ich als Person bin gemeint. Wie kann ich mich selbst so leiten, daß die konstruktiven Kräfte in mir angeregt werden? Ich in der Leitungsfunktion bin gemeint. Wie kann ich andere so anleiten, daß ein Optimum an Selbstbestimmung und Mitsprache sich mit selbstverantwortlichem Handeln und Interessen und Fähigkeiten verknüpft und auf die gemeinsame Aufgabe zentriert werden kann? Ich als Kollege bin gemeint. Wie kann ich in Arbeitsteams einen Stil entwickeln, mit dem wir kooperativ miteinander umgehen und den Sieger-Verlierer-Spielen so wenig Chance wie möglich geben? Strategie- und Phasenmodelle der Eskalation von Konflikten haben mein Verständnis vom Konfliktgeschehen erweitert und mir hilfreiche Wege zur Konfliktbehandlung aufgezeigt. Ich denke, ich werde meinen Kollegen im Team davon erzählen, vielleicht können wir eine betriebsinterne Seminarreihe mit externen Referenten konzipieren. Zunächst denke ich, sollten wir einen mehrtägigen Workshop durchführen, in dem wir das weitere Vorgehen hinsichtlich der Veränderungen hin zur „prozeßorientierten Kundenauftragsabwicklung" planen. Dazu werde ich meine Kollegen einladen.

Der Workshop wird drei Tage dauern. Ich habe Mr. Change einen möglichen Ablaufplan gezeigt, mit dem er sehr zufrieden ist.

17.5
Kick-off- Workshop „Prozeßorientierte Kundenauftragsabwicklung"

Die Ergebnisse des Workshops:
1. *Zielsetzung des Projektes:*
   „Die gewünschten Produkte sind in definierter Qualität zum vereinbarten Termin vollständig und fehlerfrei zu liefern."
2. *Rahmenbedingungen der Kundenauftragsabwicklung:*
   Liefertreue, einen Vertriebsweg, Wirtschaftlichkeit, kundenorietiertes Zeitfenster, Organisation des Außendienstes, Versandvorschrift und -art, Qualität der Aufträge, Flexibilität
3. *Verhaltensleitlinien des Projektteams:*
   „Zukunftsichernde Veränderung im Dialog mit den Beteiligten"
4. *Regeln und Prinzipien der internen und externen Kommunikation:*
   1. Es gibt keine Veränderungen ohne Widerstand
   2. Widerstand enthält immer eine verschlüsselte Botschaft
   3. Nichtbeachtung von Widerstand führt zu Blockaden
5. *Kreativitätssitzung „Prozeßorientierte Kundenauftragsabwicklung"*

Mittels Metaplan entwickeln alle zusammen ein Zukunftsszenario der „prozeßorientierten Kundenauftragsabwicklung" im Unternehmen (siehe Abb. 55).

6. *Strukturierung der Prozeßmerkmale in Funktionsbäumen (siehe Abb. 56)*
7. *Erarbeitung eines Bewertungskataloges für den Prozeß (siehe Abb. 57)*
8. *Umsetzungskonzept „Konsens durch Unternehmensdialog"*

Gemeinsam werden wir ein Dilalogpapier erarbeiten, das den Verlauf und die Ergebnisse des Projektes veranschaulicht. Dieses Dialogpapier wollen wir zunächst einmal der Geschäftsführung vorstellen, aber nicht in einer Frontalpräsention, sondern ganz im Sinne eines Konsens im Unternehmensdialog. Jeweils drei Projektmitglieder werden

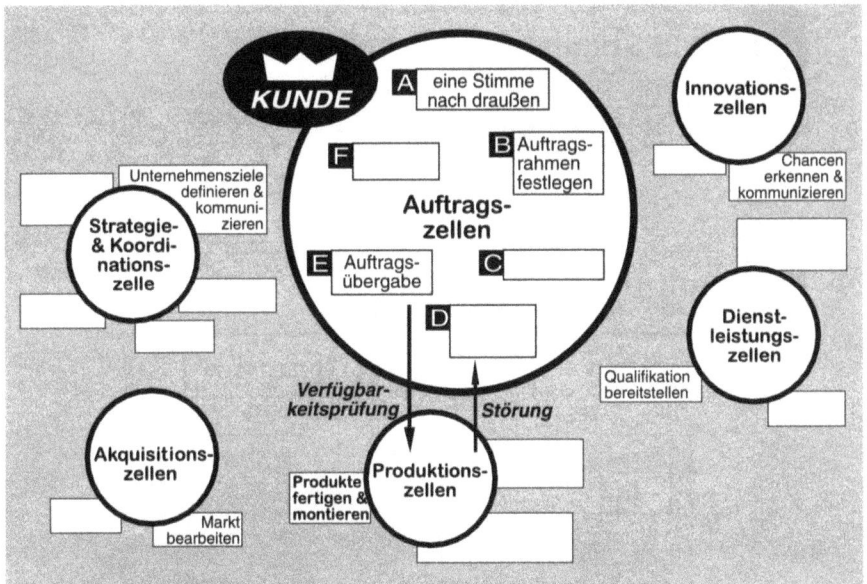

Abb. 55 Prozeßorientierte Kundenauftragsabwicklung

mit einem Geschäftsführer die Inhalte und deren Entstehung diskutieren. Danach diskutieren die Geschäftsführer unter sich und die Projektgruppe unabhängig voneinander die Erkenntnisse. Nach der Zustimmung der Geschäftsführung planen wir weitere Schritte im Umsetzungsprozeß. Wir könnten uns vorstellen, daß wir das, was wir mit den Geschäftsführern begonnen haben, auch mit den anderen Mitarbeitern des Unternehmens fortsetzen um die Detaillierung und Umsetzung des Konzeptes im Konsens mit den Beteiligten vorzunehmen.

„Adam, ich bin wirklich erstaunt über diese ersten Arbeitsergebnisse. Du hast in den letzten Monaten viel gelernt und große Fortschritte gemacht im Management des Wandels! Ich habe den Eindruck, bald werde ich mich anderen Qualitätsprozeßmanagern widmen können. Du bist fit für die Zukunft."

Adam lehnt sich beschaulich zurück und beide resümieren über ihre gemeinsame Reise durch die Lernlandschaft.

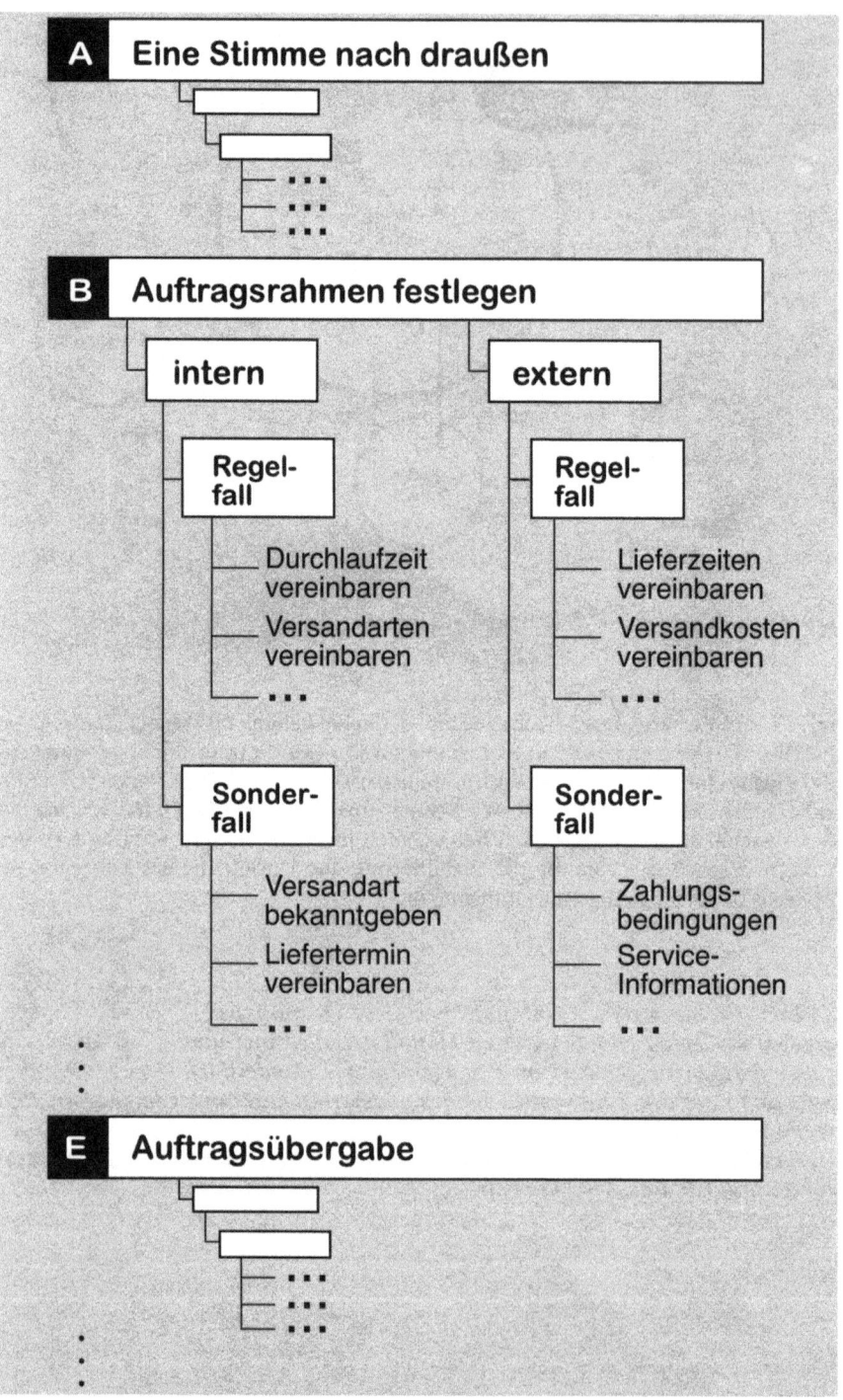

Abb. 56 Funktionsbäume von Prozeßmerkmalen

Bewertungs-elemente \ Prozeß-elemente	Durchlaufzeit vereinbaren	Versandarten vereinbaren	B	...		Service-Informationen
Bearbeitungszeit						
Dokumentationszeit						
Transportzeit						
Abstimmungszeit						
⋮						
Kommunikationszeit						
Liegezeit						
Suchzeit						
Kundenzufriedenheit						
Reklamationsquote						
Liefertreue						
Krankenstand						

Qualitativ prognostische Bewertung:
z.B. 3-stufig: sehr starke Veränderung
                 starke Veränderung
                 gleichbleibend
5-stufig: ...

Abb. 57 Bewertungsmatrix

17.6
Resümee der Reise durch die Lernlandschaft

Drei Jahre liegen nun hinter uns, individuell gesehen eine lange Zeit. In dieser Zeit ermöglicht die betriebliche Lernlandschaft Veränderungen und es bieten sich Möglichkeiten, die Lernschaft zu verändern. Ist es Struktur und Verhalten oder Verhalten und Struktur? Bin ich Treibender oder Getriebener? Ist es Macht oder Ohnmacht? Wo ist Wissen und wer lernt? Wer nimmt Wissen von wem wo auf und gibt es an wen wohin weiter? Wie verändere ich mich und wie verändere ich? Ich erfahre viel über mein eigenes Verhalten, spüre die Grenzen der Struktur und erlebe und initiiere Veränderungen *der Struktur. Dabei fängt alles so harmlos mit dem Aufbau eines umfassenden Qualitätsmanagementsystems und der kundenorientierten Ablaufgestaltung an. Daraus wird eine Reise durch Prozeßbiographien eines ganzen Unternehmens. Den Ablauf der „Kundenauftragsabwicklung" leuchte ich dabei sehr intensiv von verschiedenen Stellen aus. Ich erfahre die Unüberschaubarkeit fremder Städte des Qualitätsmanagements, erstelle mir einen Wegeplan zur Erkundung und setze Meilensteine. Dabei verknüpfe ich eine Menge Fach- und Methodenwissen mit Wissen über mich und meinen Betrieb. Ich erinnere mich noch an die ersten Lehrgangstage, die neue Sprache in der „ISO-Familie", die Auseinandersetzungen mit den Familienmitgliedern und den Menschen, die viel über diese „ISO-Familie" zu erzählen wissen. Im Seminar ist alles immer so plausibel, und ich bin voller Tatendrang. Die große Aufgabe, vor der ich stehe, wird mir aber immer wieder bewußt, wenn ich in meinem Betrieb bin. Die Hilfsmittel zur Projektplanung, Aktions- und Terminplanung(s. Kap. 6) und Arbeitsgruppensteuerung sind gut strukturiert. Auch die Methoden, z.B. die Kraftfeldanalyse (s. Kap. 3), sind strukturierte Handlungsanleitungen. Solange ich für mich plane, mir die Methoden anschaue oder Unterlagen vorbereite, gibt es nur selten Schwierigkeiten. Die entstehen dort, wo ich mich im betrieblichen Lernnetz bewege, das Kraftfeld der hemmenden und fördernden Kräfte spüre und die Verletzungsgefahren an scharfen Schnittstellen sehe. Das Lernnetz beschreibt die Informations- und Lernbeziehungen im Betrieb (s. Kap. 11–16). Da gibt es lernresistente Knoten und so manchen Trampelpfad. Mir wird klar, daß sich der Betrieb nicht schlagartig als Ganzes ändert und einzelne Personen keine umfassenden Veränderungen herbeiführen können. Es gibt zwar Unterschiede zwischen den betrieblichen Personengruppen, zwischen ihren Möglichkeiten, Veränderungen herbeizuführen und auch in der Auswirkung ihrer Veränderungen. Die Mitglieder eines Betriebes erweitern oder verbessern durch Erfahrung, durch „Darüber nachdenken" oder durch Aneignung außerbetrieblichen Wissens ihr eigenes Wissen und können ihr eigenes Wissen anderen zugänglich machen und Wissenslücken schließen. Das Lernen der einzelnen Personen und die Weitergabe ihres Wissens an andere, bzw. die Aufnahme des Wissens anderer, dient dem Prozeß des „Total Quality Learning". Mir wird dabei klar, daß die Grenzen im Verhalten der Person, aber auch in der betrieblichen Struktur begründet sein können. Wir setzen Hilfsmittel zur Darstellung und Bewertung von Prozessen ein. Da Prozesse aber Biographien haben, ist es wichtig, etwas über Motivation und Führung (s. Kap. 14) zu erfahren um ein anderes Verständnis entwickeln zu können. Das Lernnetz macht die Wissens- und Informationsstruktur deutlich und bestimmt damit die Themenfelder der Kommunikation (s. Kap. 13), der Kooperation (s. Kap. 15) und des Konfliktmanagements (s. Kap. 17). Mit Hilfe von entsprechenden Übungen können wir uns die Lebendigkeit von Struktur und Verhalten verdeutlichen, ohne uns zunächst einmal mit den betrieblichen Gegebenheiten auseinandersetzen zu müssen. Das Übertragen auf betrieblich erlebte Situationen gelingt uns schnell. Auch erleben wir manchmal die Begrenztheit der eigenen betrieblichen Struktur. An einer wesentlichen Stelle im Projektablauf merken wir, daß die vielen kleinen Veränderungen innerhalb der alten Struktur nur begrenzt die Effizienz des alten Ablaufes einer funktionalen Kundenauftragsabwicklung verbessern, und wir brechen zu neuen Ufern einer prozeßorientierten Kundenauftragsabwicklung auf. Hier stehen wir gegenwärtig in dem Bewußtsein, daß sich unser Betrieb immer weiterentwickeln wird. Eckpfeiler des Total Quality Learning sind die Kundenorientierung, die Prozeßorientierung und die Lernorientierung durch Unternehmensdialog.*

Anhang

Anhang 1

Beispielhafte Verfahrensanweisung
Titel: Erstellung, Änderung und Pflege von Verfahrens-, Arbeits- und Prüfanweisungen
1. *Zweck*
   Mit dieser Verfahrensanweisung soll der einheitliche formale Aufbau aller Verfahrens-, Arbeits- und Prüfanweisungen der FA. Mustermann GmbH & Co. KG sichergestellt werden.
2. *Geltungsbereich*
   Die VA-QS-01 gilt für die Erstellung von Verfahrens-, Arbeits- und Prüfanweisungen in allen Betrieben und allen Abteilungen der Fa. Mustermann.
3. *Verantwortlichkeit/Zuständigkeit*
   Für die Erstellung und den Inhalt von Anweisungen sind die Fachvorgesetzten verantwortlich. Für die Aufnahme von Verfahrensanweisungen in das dokumentierte QM-System ist die Freigabe des QM-Beauftragten bzw. des Leiters der Qualitätssicherung erforderlich.
   Für Arbeitsanweisungen und Prüfanweisungen sind die jeweiligen Abteilungen verantwortlich und zuständig.
4. *Begriffe, Definitionen, Symbole*
   Verfahrensanweisungen (VA's) sind am Ablauf orientierte, die Bereiche übergreifende Anweisungen.
   Die Verfahrensanweisung beschreibt die Zuständigkeiten, Abläufe und dazugehörigen Hilfsmittel für einen bestimmten Vorgang. Die schriftliche Festlegung eines Ablaufes in der Verfahrensanweisung dient unter anderem der Dokumentation, Festlegung und Sicherstellung der Abläufe und einer einheitlichen Bearbeitung.
   In den Verfahrensanweisungen der Fa. Mustermann werden die Aufbau- und Ablaufstruktur des Unternehmens klar definiert und Verantwortungen zugewiesen.
   Arbeitsanweisungen (AW's) und Prüfanweisungen (PA's) sind auf den Arbeitsplatz bezogenen Darstellungen und enthalten das technische und technologische Know-How der Fa. Mustermann.
   Aus diesem Grunde dürfen weder Verfahrens- noch Prüf- oder Arbeitsanweisungen Dritten ohne Genehmigung des Qualitätsbeauftragten/der Geschäftsleitung zugänglich gemacht werden.

Abkürzungen und Funktionskurzbezeichnungen:
AF: Auftragsführung
DE: Design/Konstruktion
GF: Geschäftsführung
PA: Prüfanweisung
QM: Qualitätsmanagement
VK: Verkauf/Angebot/Kalkulation
QSH: Qualitätsmanagement-Handbuch
AW: Arbeitsanweisung
EK: Einkauf
KM: Kaufmännische Bearbeitung
QB: Qualitätsbeauftragter
UL: Unterlieferant
VA: Verfahrensanweisung
Sinnbilder in Ablaufplänen:
(Die Form der Sinnbilder entspricht DIN 66 001)

5. *Ablaufbeschreibungen:*

5.1 *Vorgehensweise*

Alle Verfahrensanweisungen sind grundsätzlich nach folgendem Aufbau zu gestalten:

0. Titel
1. Zweck
2. Geltungsbereich
3. Verantwortlichkeit/Zuständigkeit
4. Begriffe, Definitionen
5. Ablaufbeschreibung
6. Dokumentation
7. Verteiler
8. Anlagen/Mitgeltende Unterlagen

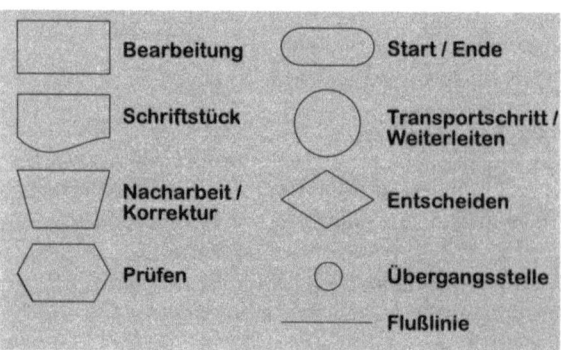

Abb. 58 Sinnbilder in Ablaufplänen (nach: DIN 66001)

Anhang

Bei Arbeits- und Prüfanweisungen können ggfs. die Punkte 3, 4, 6 und 8 entfallen, die Entscheidung hierüber obliegt der Abteilungsleitung. Die Numerierung der einzelnen Punkte ist dann entsprechend anzupassen.

5.2 *Erläuterung des Identifikationsschlüssels*
Unterschieden wird zwischen VA-, AW- und PA-Nummern. Die Identifizierung erfolgt alphanumerisch.
Die ersten beiden Buchstaben bezeichnen die Anweisungsart. VA steht für eine Verfahrensanweisung, AW für eine Arbeitsanweisung und PA für eine Prüfanweisung.
Zwei weitere Buchstaben kennzeichnen die betroffene/erstellende Abteilung des Unternehmens (siehe Abschnitt 4), z.B.:
QS = Qualitätssicherung oder VK = Verkauf
Verfahrensanweisungen werden dann fortlaufend zweistellig numeriert, z.B.:
VA-QS-00
Arbeits- und Prüfanweisungen, AW und PA, werden analog numeriert.
AW-DE-01 oder PA-QS-02

5.3 *Formale Gestaltung*
Für die VA's, AW's und PA's sind die Formblätter gemäß der Anlage zu verwenden. Auf der ersten Seite der Anweisung ist vom Ersteller, von der Abteilungs- bzw. der Betriebsleitung und ggfs. von QS abzuzeichnen.
Arbeits- und Prüfanweisungen müssen nicht von QS freigegeben werden!
Die Seitenzahlen sind als 1/n anzugeben.
Revisionsstand: Erstausgabe/Erstellung = 0
Revisionsstände werden durch fortlaufende Nummerierung angegeben.
0. Titel
Hier ist der Titel der Anweisung zu nennen.
1. Zweck
Hier sollte erläutert werden, was mit der Anweisung erreicht werden soll, z.B.:
„Hiermit soll die ordnungsgemäße und einheitliche Angebotsbearbeitung bei allen Organisationseinheiten von Mustermann sichergestellt werden".
2. Geltungsbereich
Unter diesem Punkt ist der Geltungsbereich der Anweisung aufzuführen, z.B.:
„Diese Anweisung gilt für alle Abteilungen"
3. Verantwortlichkeit/Zuständigkeit
Hier ist die herausgebende, verantwortliche Abteilung bzw. Stelle zu nennen.:
„Qualitätssicherung"
4. Begriffe, Definitionen
Hier sind spezifische Begriffe, Kurzbezeichnungen etc. zu erläutern, soweit dies noch nicht in der übergeordneten Dokumentation (QSH, VA's etc.) erfolgt ist.
5. Ablaufbeschreibung
Bei der Darstellung der Ablaufbeschreibungen kann zwischen 3 Varianten gewählt werden:

a) Text
b) Flußdiagramm mit Erläuterungen (Sinnbilder nach DIN 66 001)
c) Matrix/Tabelle

Zu wählen ist die Darstellungsform, die den zu beschreibenden Vorgang am deutlichsten beschreibt/erläutert.

6. *Dokumentation*
Unter diesem Punkt sind die Formulare und Formblätter aufzuführen, mit denen die Arbeitsausführung gemäß den Anweisungen nachgewiesen wird.

7. *Verteiler*
Hier sind die Stellenbezeichnungen der Empfänger bzw. die betroffenen Abteilungen aufzulisten.

8. *Anlagen/Mitgeltende Unterlagen*
Als Anlagen sollten Kopien der Formblätter/Formulare beigefügt werden (siehe Dokumentation).
Unter mitgeltenden Unterlagen sind weiterführende Regelungen für die Arbeitsausführung wie Gesetze, Normen, Richtlinien etc. aufzuführen.

5.4 *Erstellung, Prüfung und Freigabe*
A's, AW's und PA's können von jedem Mitarbeiter der Fa. Mustermann erstellt werden.
Prüfung auf sachliche Richtigkeit und Vollständigkeit erfolgt durch den jeweiligen Fachvorgesetzten.
Die QS-Freigabe bei VA's erfolgt durch den QS-Beauftragten bzw. den Leiter der Qualitätssicherung, wobei lediglich die Übereinstimmung mit den Anforderungen des QS-Systems geprüft wird, nicht jedoch die fachliche Richtigkeit. Diese Prüfung erfolgt, wie oben erwähnt, allein durch den jeweiligen Fachvorgesetzten.

5.5 *Verteilung der Anweisungen*
Ausgabestelle für Verfahrensanweisungen ist die Abteilung Qualitätssicherung. Aufgrund der Unternehmensstruktur erhalten die Geschäftsführung und die Qualitätssicherung je ein Handbuch. Diese Handbücher enthalten alle gültigen Verfahrens-, Arbeits- und Prüfanweisungen und sind dort allen Mitarbeitern zugänglich.
Die gültigen Verfahrensanweisungen werden auf dem Formblatt FB-QS-... erfaßt. Die Bedarfsbestimmung und Verteilung von Arbeits- und Prüfanweisungen wird von den Abteilungsleitungen durchgeführt. Die Unterverteilung von Anweisungen an die Arbeitsplätze wird abteilungsintern geregelt und durch den auf der Anweisung genannten Verteiler nachgewiesen. Auf dem Formblatt „Liste der Arbeits- und Prüfanweisungen" (FB-QS-...) wird eine Liste der gültigen AW's und PA's des Unternehmens geführt.

5.6 *Änderung von VA's, AW's und PA's*
VA's, AW's und PA's unterliegen der Dokumentationspflicht. Daher sind Änderungen und Revisionen lückenlos nachvollziehbar zu dokumentieren. D.h. für alle Anweisungen muß von allen Änderungen/Revisonen, ausgehend von der Revison 0, ein Exemplar bei der ausgebenden Stelle archiviert werden.
Änderungsdienst und Pflege von Verfahrensanweisungen werden von der Abteilung Qualitätssicherung organisiert, die Änderung und Pflege von Arbeits-

und Prüfanweisungen obliegt den herausgebenden Stellen. Änderungen von Unterlagen werden in Zusammenarbeit mit bzw. von den entsprechenden Abteilungen durchgeführt und in Umlauf gebracht. Alle überarbeiteten Anweisungen werden nur komplett im Austausch gegen die alten Unterlagen ausgegeben. Die alten Anweisungen werden von der QS-Abteilung bzw. der herausgebenden Stelle bis auf ein Archivierungs-Exemplar vernichtet (s.o.).
Änderungen können nur durch die Abteilungen vorgenommen werden, die auch die Erstausgabe erstellt bzw. genehmigt und freigegeben haben. Anregungen für Änderungen können von allen Mitarbeitern der Fa. MUSTERMANN bei den betreffenden Abteilungen gemacht werden.
Die Änderung ist im Text durch Unterstreichen kenntlich zu machen.
Es ist jeweils die gesamte Anweisung gegen eine geänderte Fassung auszutauschen.
Altunterlagen behalten bis auf weiteres ihre Gültigkeit und werden bei der nächsten inhaltlichen Revision auf den in dieser Verfahrensanweisung beschriebenen Standard gebracht.

6. *Dokumentation*
   Entfällt.

7. *Verteiler*
   Alle Handbücher des Unternehmens.

8. *Anlagen/Mitgeltende Unterlagen*
   Formblatt FB-QS-…: „Liste der Verfahrensanweisungen"
   Formblatt FB-QS-…: „Liste der Arbeits- und Prüfanweisungen"
   Mitgeltende Unterlagen:
   Qualitätsmanagementhandbuch Fa. Mustermann, Kapitel 2 und 5

Anhang 2

Transfer-Analyse-Bogen

Code: _____
Prozeßbereich: _____
Transferproblem: _____
Zeitraum: _____

Zielgruppe:
- ❏ Einzelperson
- ❏ mehrere Personen
- ❏ Vorgesetzter
- ❏ hierarchisch gleichgestellte Person
- ❏ hierarchisch untergeordnete Person

Transferproblem:
- ❏ personell _____
- ❏ organisatorisch _____
- ❏ technisch _____
- ❏ finanziell _____

subjektive Hemmniseinschätzung:

❏ ----- ❏ ----- ❏ ----- ❏ ----- ❏
sehr gering   sehr groß

subjektives Bewältigungsvermögen:

❏ ----- ❏ ----- ❏ ----- ❏ ----- ❏
sehr gering   sehr groß

Bewältigungsstrategien: _____

Art der Konfliktaustragung: _____

Konkrete Bewältigungsstrategie:
- ❏ Information _____
- ❏ Beteiligung _____
- ❏ Unterstützung/Hilfe _____
- ❏ Verhandlung _____
- ❏ Beeinflussen _____
- ❏ Zwang _____

Kurzbeschreibung: _____
(z.B. Arbeitshilfe) _____

Bewältigungsstrategien: erfolgreich   ❏ ----------- ❏
                                       ja   nein

Woran lag es Ihrer Meinung nach:
- ❏ Fähigkeit   ❏ mangelnde Fähigkeit
- ❏ leichte Aufgabe   ❏ schwere Aufgabe
- ❏ Anstrengungen   ❏ mangelnde Anstrengung
- ❏ Glück   ❏ Pech

Sonstige Gründe bei Erfolg/Mißerfolg: _____

Initiative:

❏ ----- ❏ ----- ❏ ----- ❏ ----- ❏
o.A. | o.A. | o.A. | o.A. | o.A.
häufig Zeitv. | selten Zeitv. | ohne Zeit | mit Eigenin. | mit hoher Eigenin.

Anhang 3

Vorgesetztenfragebogen

Interviewleitfaden
für die
Befragung
von
Führungskräften

Name:
Vorname:

Interviewer:

Entwickelt von:
Prof. Dr. Herbert Schnauber
Dr. Joachim Zülch
Dipl.-Psych. Sabine Grabowski
Dipl.-Psych. Sabine Schlaeger

Der Vorgesetztenfragebogen Teil 1.

1. Sind Ihnen die Qualitätspolitik und -grundsätze der Unternehmung bekannt?

   ja ☐   nein ☐

2. Welche Qualitätsziele haben Sie aus der Qualitätspolitik und den -grundsätzen für Ihre Abteilung/Gruppe abgeleitet?

   _____
   _____

Der Vorgesetztenfragebogen Teil 2.

1. In welchen Abständen führen Sie mit Ihren Mitarbeitern

   a) Führungsgespräche

bisher noch nicht	un- regel- mäßig	1 x im Jahr	halb- jähr- lich	mehr- mals im Jahr
○	①	②	③	④

   b) Leistungsbeurteilungen durch?

bisher noch nicht	un- regel- mäßig	1 x im Jahr	halb- jähr- lich	mehr- mals im Jahr
○	①	②	③	④

2. Verwenden Sie für diese Gespräche einen einheitlichen Beurteilungsbogen?

   ja ○   nein ○

3. Sind Sie in Personalbeurteilungstechniken geschult?

   ja ○   nein ○

4. Führen Sie mit Ihren Mitarbeitern nach dem Besuch von Weiterbildungsveranstaltungen Rückkehrergespräche?

   ja ○   nein ○

Anhang

Der Vorgesetztenfragebogen Teil 3.

1. Welche *Wissensquellen* nutzen Sie für Ihre persönliche Weiterbildung?

	gar-nicht	un-regel-mäßig	1 x im Jahr	halb-jähr-lich	monat-lich	öfter
Fachzeitschriften	☐	1	2	3	4	5
Andere Fachliteratur	☐	1	2	3	4	5
Messebesuche	☐	1	2	3	4	5
Tagungen/Vortragsveranstaltungen	☐	1	2	3	4	5
Unternehmensübergreifende Arbeitskreise	☐	1	2	3	4	5
Gespräche mit Kunden	☐	1	2	3	4	5

Austausch mit:

– dem Vorgesetztem	☐	1	2	3	4	5
– meinen Mitarbeitern	☐	1	2	3	4	5
– Kollegen aus meiner Abteilung	☐	1	2	3	4	5
– Kollegen aus anderen Abteilungen	☐	1	2	3	4	5

Andere: _____

2. Welche der folgenden *Lernformen* nutzen Sie für Ihre persönliche Weiterbildung?

Individuelles Lernen: sehr ungern   sehr gern

Selbststudium	1	2	3	4	5
Vortrag	1	2	3	4	5
Besuch von Messen/Tagungen	1	2	3	4	5
Coaching (Intensivschulungen mit externem Trainer)	1	2	3	4	5
Mentoring (Lernpatenschaft mit interner Führungskraft aus dem Unternehmen)	1	2	3	4	5

Gruppenorientiertes Lernen:

Verhaltenstraining	1	2	3	4	5
Seminare:	1	2	3	4	5
Unternehmens*intern*	1	2	3	4	5
– zusammen mit Kollegen und Vorgetzten	1	2	3	4	5
– mit Kollegen als Teilnehmer	1	2	3	4	5
– zusammen mit meinen Mitarbeitern	1	2	3	4	5
Unternehmens*extern*	1	2	3	4	5
– einziger Teilnehmer ihres Unternehmens	1	2	3	4	5
– mehrere Teilnehmer ihres Unternehmens	1	2	3	4	5

Informell:

in Auseinandersetzung mit meiner Arbeit	1	2	3	4	5
in Auseinandersetzung mit anderen Mitarbeitern des Unternehmens	1	2	3	4	5

Anhang

Der Vorgesetztenfragebogen Teil 3. (1. Fortsetzung)

3. Bitte schätzen Sie *Ihren persönlichen Wissensstand und Ihren Wissensbedarf* zu folgenden Themen des Qualitätsmanagements ein:

	Wissensstand	Wissensbedarf
	Begriff/Methoden unbekannt / gehört/gelesen / ich kenne Prinzip / ich beherrsche Methode / ich wende dies an	für Tätigkeit nicht sinnvoll / sehr gering / ... / sehr hoch

Thema TQM

	Wissensstand (1–5)	Wissensbedarf (□, 1–5)
Qualitätspolitik	① ② ③ ④ ⑤	□ ① ② ③ ④ ⑤
Internat. Qualitätspreise	① ② ③ ④ ⑤	□ ① ② ③ ④ ⑤
TQM	① ② ③ ④ ⑤	□ ① ② ③ ④ ⑤
Kaizen	① ② ③ ④ ⑤	□ ① ② ③ ④ ⑤
Lean Production	① ② ③ ④ ⑤	□ ① ② ③ ④ ⑤
Null-Fehler-Programm	① ② ③ ④ ⑤	□ ① ② ③ ④ ⑤
Qualitätszirkel	① ② ③ ④ ⑤	□ ① ② ③ ④ ⑤

Thema Qualitätsmanagement nach DIN EN ISO 9000 ff.

	Wissensstand	Wissensbedarf
Qualitätsplanung	① ② ③ ④ ⑤	□ ① ② ③ ④ ⑤
DIN / ISO 9000 ff.	① ② ③ ④ ⑤	□ ① ② ③ ④ ⑤
Qualitätsmanagement-handbuch	① ② ③ ④ ⑤	□ ① ② ③ ④ ⑤
Qualitätsverfahrens-anweiseung	① ② ③ ④ ⑤	□ ① ② ③ ④ ⑤

Thema Qualtitätsmanagementmethoden

	Wissensstand	Wissensbedarf
Computer Aided Quality	① ② ③ ④ ⑤	□ ① ② ③ ④ ⑤
Qualitätsbezogene Kosten	① ② ③ ④ ⑤	□ ① ② ③ ④ ⑤
Quality Function Deployment	① ② ③ ④ ⑤	□ ① ② ③ ④ ⑤
Audit	① ② ③ ④ ⑤	□ ① ② ③ ④ ⑤
Fehlermöglichkeits- und Einflußanalyse	① ② ③ ④ ⑤	□ ① ② ③ ④ ⑤
Statistical Process control	① ② ③ ④ ⑤	□ ① ② ③ ④ ⑤
Design of Experiments/ Versuchsplanung	① ② ③ ④ ⑤	□ ① ② ③ ④ ⑤
Simultaneous Engineering	① ② ③ ④ ⑤	□ ① ② ③ ④ ⑤
Prozeßmanagement	① ② ③ ④ ⑤	□ ① ② ③ ④ ⑤

Sonstige, nicht genannte Themen

	Wissensstand	Wissensbedarf
_____	① ② ③ ④ ⑤	□ ① ② ③ ④ ⑤
_____	① ② ③ ④ ⑤	□ ① ② ③ ④ ⑤
_____	① ② ③ ④ ⑤	□ ① ② ③ ④ ⑤
_____	① ② ③ ④ ⑤	□ ① ② ③ ④ ⑤
_____	① ② ③ ④ ⑤	□ ① ② ③ ④ ⑤

Anhang

4. Bitte schätzen Sie *Ihren persönlichen* Wissens- bzw. Trainingsbedarf zu folgenden *verhaltensorienten* Themen ein:

Wissens-/Trainingsbedarf

für Tätigkeit nicht sinnvoll / sehr gering ... sehr hoch

Kommunikation   ☐—1—2—3—4—5

wenn **hoch/sehr hoch**:
was speziell? (Bitte ankreuzen)
Gesprächsführung/Rhetorik ☐
Diskussionsleitung ☐
Präsentation/Vortrag ☐
Moderation ☐
Nonverbale Kommunikation ☐

Führung   ☐—1—2—3—4—5

wenn **hoch/sehr hoch**:
was speziell? (Bitte ankreuzen)
Führungsstile/-verhalten ☐
Moderne Führungskonzepte ☐
Methoden und Instrumente der Führung ☐
(z. B. Projektmanagement)

Persönlichkeit   ☐—1—2—3—4—5

wenn **hoch/sehr hoch**:
was speziell? (Bitte ankreuzen)
Selbst- und Fremdwahrnehmung ☐
Umgang mit eigenen Stärken/Schwächen ☐
Umgang mit Erfolg/Mißerfolg ☐
Fähigkeit zur Selbstkritik ☐

Motivation   ☐—1—2—3—4—5

wenn **hoch/sehr hoch**:
was speziell? (Bitte ankreuzen)
Motivarten ☐
Praktische Formen der Mitarbeitermotivation ☐
Umgang mit Demotivation ☐

Konfliktmanagement   ☐—1—2—3—4—5

wenn **hoch/sehr hoch**:
was speziell? (Bitte ankreuzen)
Wahrnehmung von Konflikten ☐
Umgang mit Konflikten/Konfliktbehandlung ☐
Konfliktlösungsstrategien ☐

Teamarbeit   ☐—1—2—3—4—5

wenn **hoch/sehr hoch**:
was speziell? (Bitte ankreuzen)
Gruppenstruktur ☐
Verhalten von und in Gruppen ☐
Gruppensteuerung ☐
Effiziente Zusammenarbeit ☐
Arbeitstechniken in Gruppen (z.B. Visualisierung, ☐
Problemlöse-/Entscheidungstechniken,
Kreativitätstechniken)

Der Vorgesetztenfragebogen Teil 3. (2. Fortsetzung)

Der Vorgesetztenfragebogen Teil 4.

1. Wie oft findet in Ihrer Abteilung (zwischen Ihnen und den Mitarbeitern, den Mitarbeitern untereinander) Wissens-/Erfahrungsaustausch statt?

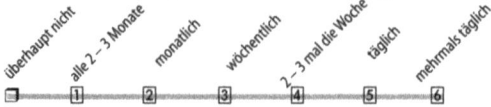

2. Wie oft findet in dieser Wissens-/Erfahrungsaustausch in Ihrer Abteilung auf den aufgeführten Wegen statt?

   a. in persönlichen Gesprächen zu zweit

   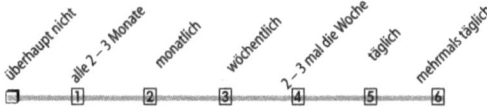

   b. in Arbeitsbesprechungen

   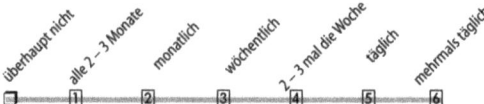

   c. in Projektgruppen

   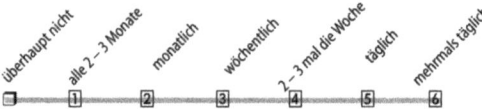

   d. in Qualitätsgruppen/-zirkeln/-gesprächskreisen

   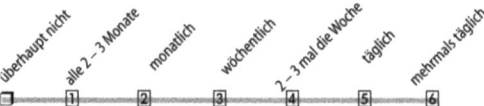

   e. in internen Schulungsmaßnahmen

   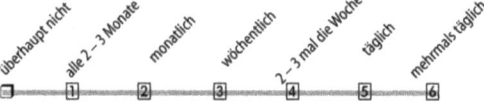

Anhang

3. Kreuzen Sie bitte an, auf welche Art und Weise Sie sich mit den in der Matrix angegebenen Personen über die Lerninhalte der von Ihnen im letzten Jahr besuchten Seminaren ausgetauscht haben.

	Mit meinem Vorgesetzten	Mit meinen Mitarbeitern	Mit Kollegen meiner Abteilung	Mit Kollegen anderer Abteilungen	Mit anderen Personen
Bei Abteilungsbesprechungen					
In Zweiergesprächen (eher formel: z.B. Nachbesprechung des Seminars mit dem Vorgesetzten)					
Als Präsentation/Vortrag zu diesem Thema					
Als Bericht/Memo/Notiz/Info					
Informell (z.B. in Pausen, oder am Rande von formellen Sitzungen/Gesprächen)					
Andere Anlässe: _____ _____					

4. In welchem Ausmaß können *Sie* lernen

   – von Ihrem Vorgesetzten

   – von Ihren Mitarbeitern

Der Vorgesetztenfragebogen Teil 4. (1. Fortsetzung)

Der Vorgesetztenfragebogen Teil 5

Die folgenden Fragen betreffen die Beziehungen Ihres Bereiches/Ihrer Abteilung zu den anderen Abteilungen in Ihrem Unternehmen. Mit „Bereich" bzw. „Abteilung" sind gemeint: der Bereichsleiter bzw. Abteilungsleiter und alle Personen, die ihm direkt berichten. Die Spalte Ihrer eigenen Abteilung streichen Sie einfach durch. Bitte beantworten Sie jede der folgenden Fragen jeweils für jede der genannten Abteilungen getrennt und tragen den Ihrer Meinung nach zutreffenden Wert der Antwort-Skala in die entsprechende Spalte ein.

		Abt.:	Abt.:	Abt.:
1.	Wie häufig kommuniziert Ihre Abteilung mit der anderen Abteilung auf den unten aufgeführten Wegen?			
	0 = überhaupt nicht / 1 = alle 2–3 Monate / 2 = 2–3 mal in der Woche / 3 = monatlich / 4 = wöchentlich			
2.	Wie häufig kommunizieren Sie mit der anderen Abteilung auf den unten aufgeführten Wegen?			
	a. schriftlich (z.B. Briefe, Memos oder Berichte)			
	b. persönliche Gespräche und Diskussionen			
	c. Telefongespräche			
	d. Gruppen, Projekt- oder andere Teamsitzungen (mit drei oder mehr Personen Ihrer und der anderen Abteilung) (Bitte benutzen Sie die Skala von Frage 1)			

	Abt.:	Abt.:	Abt.:
3. Wie hoch ist der Prozentsatz der unten aufgeführten Informationsarten an den Gesamtinformationen, die im letzten halben Jahr zwischen Ihrer und der anderen Abteilung ausgetauscht wurden?			
a. Routineinformationen	___%	___%	___%
b. Sonderinformationen (z.B. bei Ausnahmen, Problemen, Störungen, Verzögerungen, im normalen Arbeitsablauf)	___%	___%	___%
c. Neue Informationen/ Wissen	___%	___%	___%
Spaltensumme	100%	100%	100%

4. Wie oft finden zwischen Ihrer und der anderen Abteilung Wissens-/ Erfahrungsaustausch statt?			

überhaupt nicht	alle 2–3 Monate	monatlich	wöchentlich	2–3 mal die Woche	täglich
0	1	2	3	4	5

Der Vorgesetztenfragebogen Teil 5. (1. Fortsetzung)

	Abt.:	Abt.:	Abt.:
5. Wie oft findet dieser Wissens-/ und Erfahrungsaustausch zwischen Ihrer und der anderen Abteilung auf den unten aufgeführten Wegen statt? (Bitte benutzen Sie die Skala von Frage 4)			
a. in persönlichen Gesprächen zu zweit			
b. in Arbeitsbesprechungen			
c. in Projektgruppen			
d. in Qualitätsgruppen/-zirkeln/ -gesprächskreisen			
e. in internen Schulungsmaßnahmen			
6. Geben Sie bitte die Richtung des Wissens-/Erfahrungsaustausches an. = Richtung ist ausgewogen + Meine Abteilung vermittelt mehr Wissen. − Andere Abteilung vermittelt mehr Wissen.			
7. In welchem Ausmaß könnte die andere Abteilung durch das in Ihrer Abteilung vorhandene Wissen profitieren/ lernen?			

überhaupt nicht — in sehr geringem Maße — in sehr geringem Maße

0   1   2   3   4   5

| 8. In welchem Ausmaß könnte Ihre Abteilung durch das in der anderen Abteilung vorhandene Wissen profitieren/lernen? (Bitte benutzen Sie die Skala von Frage 7) | | | |

Vorgesetztenfragebogen Teil 5. (2. Fortsetzung)

Mitarbeiterfragebogen

Interviewleitfaden

Name:
Vorname:

Interviewer:

Entwickelt von:
Prof. Dr. Herbert Schnauber
Dr. Joachim Zülch
Dipl. - Psych. Sabine Grabowski
Dipl. - Psych. Sabine Schlaeger

Der Mitarbeiterfragebogen Teil 1.

1. Sind Ihnen die Qualitätspolitik und -grundsätze der Unternehmung bekannt?

   ja ☐   nein ☐

2. Welche Qualitätsziele haben Sie aus der Qualitätspolitik und den -grundsätzen für Ihre Abteilung/Gruppe abgeleitet?

   _____

   _____

Anhang

Der Mitarbeiterfragebogen Teil 2.

1. Bitte schätzen Sie *Ihren persönlichen Wissensstand und Ihren Wissensbedarf* zu folgenden Themen des Qualitätsmanagements ein:

	Wissensstand	Wissensbedarf
	Begriff/Methoden unbekannt / gehört/gelesen / ich kenne Prinzip / ich beherrsche Methode / ich wende dies an	für Tätigkeit nicht sinnvoll / sehr gering — sehr hoch

Thema TQM

	Wissensstand	Wissensbedarf
Qualitätspolitik	①—②—③—④—⑤	☐—①—②—③—④—⑤
Internat. Qualitätspreise	①—②—③—④—⑤	☐—①—②—③—④—⑤
TQM	①—②—③—④—⑤	☐—①—②—③—④—⑤
Kaizen	①—②—③—④—⑤	☐—①—②—③—④—⑤
Lean Production	①—②—③—④—⑤	☐—①—②—③—④—⑤
Null-Fehler-Programm	①—②—③—④—⑤	☐—①—②—③—④—⑤
Qualitätszirkel	①—②—③—④—⑤	☐—①—②—③—④—⑤

Thema Qualitätsmanagement nach DIN EN ISO 9000 ff.

	Wissensstand	Wissensbedarf
Qualitätsplanung	①—②—③—④—⑤	☐—①—②—③—④—⑤
DIN/ISO 9000 ff.	①—②—③—④—⑤	☐—①—②—③—④—⑤
Qualitätsmanagement-handbuch	①—②—③—④—⑤	☐—①—②—③—④—⑤
Qualitätsverfahrens-anweiseung	①—②—③—④—⑤	☐—①—②—③—④—⑤

Thema Qualtitätsmanagementmethoden

	Wissensstand	Wissensbedarf
Computer Aided Quality	①—②—③—④—⑤	☐—①—②—③—④—⑤
Qualitätsbezogene Kosten	①—②—③—④—⑤	☐—①—②—③—④—⑤
Quality Function Deployment	①—②—③—④—⑤	☐—①—②—③—④—⑤
Audit	①—②—③—④—⑤	☐—①—②—③—④—⑤
Fehlermöglichkeits- und Einflußanalyse	①—②—③—④—⑤	☐—①—②—③—④—⑤
Statistical Process control	①—②—③—④—⑤	☐—①—②—③—④—⑤
Design of Experiments/ Versuchsplanung	①—②—③—④—⑤	☐—①—②—③—④—⑤
Simultaneous Engineering	①—②—③—④—⑤	☐—①—②—③—④—⑤
Prozeßmanagement	①—②—③—④—⑤	☐—①—②—③—④—⑤

Sonstige nicht genannte Themen

	Wissensstand	Wissensbedarf
_____	①—②—③—④—⑤	☐—①—②—③—④—⑤
_____	①—②—③—④—⑤	☐—①—②—③—④—⑤
_____	①—②—③—④—⑤	☐—①—②—③—④—⑤
_____	①—②—③—④—⑤	☐—①—②—③—④—⑤
_____	①—②—③—④—⑤	☐—①—②—③—④—⑤

2. Bitte schätzen Sie *Ihren persönlichen* Wissens- bzw. Trainingsbedarf zu folgenden *verhaltensorientierten* Themen ein:

Wissens- / Trainingsbedarf

Skala: für Tätigkeit nicht sinnvoll / [1] sehr gering / [2] / [3] / [4] / [5] sehr hoch

Kommunikation ☐—[1]—[2]—[3]—[4]—[5]

wenn hoch/sehr hoch:
was speziell? (Bitte ankreuzen)
- Gesprächsführung/Rhetorik ☐
- Diskussionsleitung ☐
- Präsentation/Vortrag ☐
- Moderation ☐
- Nonverbale Kommunikation ☐

Führung ☐—[1]—[2]—[3]—[4]—[5]

wenn hoch/sehr hoch:
was speziell? (Bitte ankreuzen)
- Führungsstile/-verhalten ☐
- Moderne Führungskonzepte ☐
- Methoden und Instrumente der Führung (z. B. Projektmanagement) ☐

Persönlichkeit ☐—[1]—[2]—[3]—[4]—[5]

wenn hoch/sehr hoch:
was speziell? (Bitte ankreuzen)
- Selbst- und Fremdwahrnehmung ☐
- Umgang mit eigenen Stärken/Schwächen ☐
- Umgang mit Erfolg/Mißerfolg ☐
- Fähigkeit zur Selbstkritik ☐

Motivation ☐—[1]—[2]—[3]—[4]—[5]

wenn hoch/sehr hoch:
was speziell? (Bitte ankreuzen)
- Motivarten ☐
- Praktische Formen der Mitarbeitermotivation ☐
- Umgang mit Demotivation ☐

Konfliktmanagement ☐—[1]—[2]—[3]—[4]—[5]

wenn hoch/sehr hoch:
was speziell? (Bitte ankreuzen)
- Wahrnehmung von Konflikten ☐
- Umgang mit Konflikten/Konfliktbehandlung ☐
- Konfliktlösungsstrategien ☐

Teamarbeit ☐—[1]—[2]—[3]—[4]—[5]

wenn hoch/sehr hoch:
was speziell? (Bitte ankreuzen)
- Gruppenstruktur ☐
- Verhalten von und in Gruppen ☐
- Gruppensteuerung ☐
- Effiziente Zusammenarbeit ☐
- Arbeitstechniken in Gruppen (z.B. Visualisierung, Problemlöse-/Entscheidungstechniken, Kreativitätstechniken) ☐

Der Mitarbeiterfragebogen Teil 2. (Fortsetzung)

Anhang 4

4.1 Die statistische Auswertung des Lernnetzinstrumentes
Der Lernnetzfragebogen beinhaltet Fragen mit *vier unterschiedlichen Antwortmöglichkeiten.*

1. Die erste Antwortmöglichkeit besteht aus *freien Antworten*, d.h. dem Befragten steht Platz zur Verfügung, seine frei produzierte Antwort einzutragen. Wird das Lernnetzinstrument als geleitetes Interview durchgeführt, was zu empfehlen ist, um Mißverständnisse seitens des Befragten an Ort und Stelle klären zu können, notiert der Interviewer die frei geäußerten Antworten des Befragten an dem dafür vorgesehenen Platz. Die freie Antwort erlaubt eine rein qualitative Auswertung, d.h. es sind keine Kennwerte zu ermitteln. Es besteht die Möglichkeit, vergleichbare Antwortmuster im nachhinein zu kodieren.
Vorgesetztenfragebogen: 1.Teil, Nr.2; 3.Teil, Nr.1 letzter Abschnitt

2. Die zweite Antwortmöglichkeit sieht die Antwortalternativen *Ja* und *Nein* vor. Hierbei ist es nur möglich, Häufigkeiten anzugeben. Diese können in absoluten Zahlen oder in Prozent angegeben werden.
Vorgesetztenfragebogen: 1.Teil, Nr. 1; 2.Teil, Nr. 2–4; 4. Teil, Nr. 3
Einen Sonderfall stellt die Frage 6 im Teil 5 dar, die sich auf die Richtung des Wissens- und Erfahrungsaustausches bezieht. Diese kann mit einem Minuszeichen, einem Gleichheitszeichen oder einem Pluszeichen angegeben werden. Diese drei Zeichen kann man mit den Zahlen 1, 2 und 3 kodieren und, so wie bei den ja-und-nein-Antworten, lediglich die Häufigkeit des Vorkommens auszählen oder Prozentangaben dazu machen.

3. Die dritte Antwortmöglichkeit sieht die Bewertung auf einer *fünfstufigen Rangskala* vor. Bei einer Abstufung in fünf Möglichkeiten geht man von Ordinalskalenniveau aus. Eine Ordinalskala macht lediglich Angaben zu größer-kleiner-Relationen. Es ist also nicht möglich, einen Mittelwert oder die Streuung zu berechnen. Als Maß der zentralen Tendenz dient der Median. Dieser Wert gibt denjenigen Skalenwert an, der genau in der Mitte der Stichprobe liegt. Das bedeutet also, daß genau 50% der Befragten darunter und 50% darüber angekreuzt haben. Um ein Streuungsmaß zu erhalten, könnte man zusätzlich die Angabe von kleineren Perzentilen, z.B. Dezilen machen. Hierfür gibt man die Skalenwerte an, die in 10%-Abschnitten der Befragten angekreuzt wurden. So erhält man einen Eindruck von der Verteilung der Skalenwerte.
Vorgesetztenfragebogen: 2.Teil, Nr. 1; 3.Teil, Nr. 1–Nr.4

4. Die vierte Antwortmöglichkeit sieht die Bewertung auf einer *sechs- oder siebenstufigen Schätzskala* oder Angaben in *Prozent* (5.Teil, Nr.3 a–c) vor. Hierbei geht man von Intervallskalenniveau aus. Bei Intervallskalenniveau kann man nicht nur Aussagen zwischen größer und kleiner treffen, sondern man geht von der Gleichheit der Differenzen aus. Somit dient als Maß der zentralen Tendenz das arithmetische Mittel. Als Dispersionsmaß kann die Streuung oder die Varianz (quadrierte Streuung) berechnet werden.
Vorgesetztenfragebogen: 4.Teil, Nr.1, 2 und 4; 5.Teil, Nr.1, 2, 4, 5 und 7
Die statistische Auswertung kann mit Tabellenkalkulationsprogrammen erfolgen (z.B. Excel oder SPSS).

Die graphische Darstellung kann anhand von Balken-, Torten- oder Liniendiagrammen erfolgen, welche von den meisten Kalkulationsprogrammen automatisch erstellt werden können.
Vertiefende Angaben zu den statistischen Grundlagen finden Sie in Bortz (1989).

4.2 Erfolgskontrolle

Das Lernnetzanalyseinstrument kann im Verlauf der Aktivitäten des Qualitätsprozeßmanagers zu verschiedenen Zeitpunkten eingesetzt werden um Veränderungen in der Lernlandschaft des Unternehmens zu registrieren. Anhand des Lernnetzfragebogens wurde der Wissenstand und der Wissensbedarf zu qualitätsrelevanten Themen abgefragt. Hier können die Werte einzelner Personen oder die Mediane von Personengruppen zu verschiedenen Zeitpunkten miteinander verglichen werden. Dies ermöglicht eine Kontrolle, ob eingeleitete Maßnahmen, wie z.B. Schulungen oder Informationsveranstaltungen, Erfolg hatten. Bestehen noch Diskrepanzen zwischen dem gewünschten und dem tatsächlichen Wissenstand oder ist der Bedarf nicht verringert, sollten weitere Maßnahmen folgen. Ebenso kann überprüft werden, ob sich die Bekanntheit der Qualitätsziele verbessert hat oder die Kenntnis von Personalbeurteilungsmethoden usw. Weiterhin können Veränderungen im Gebrauch und Häufigkeit von Lernquellen registriert werden. Sämtliche Veränderungen des Lernnetzes, die individuellen Knoten und Pfade betreffen, können durch die Gegenüberstellung von Vorher/Nachher-Werten dargestellt werden. Haben sich die Pfade zwischen den Abteilungen verstärkt? Sind die individuellen und kollektiven Knoten gewachsen? Die Entwicklung kann durch den Vergleich z.B. der Häufigkeit des Wissens- und Erfahrungsaustausches zwischen zwei Abteilungen, welche die Pfaddicke bestimmt, zu zwei verschiedenen Zeitpunkten dargestellt werden. Daraus leitet sich der Handlungsbedarf ab. Darüber hinaus kann die Entwicklung der Knoten bezüglich der Annäherung von Selbst- und Fremdeinschätzung des Wissenspotentials oder der Häufigkeit des Erfahrungsaustausches von Abteilungen anhand der Veränderung der Differenz der Balken abgelesen werden. Die folgende Abbildung zeigt die Veränderung der Selbstwahrnehmung der Häufigkeit des Erfahrungsaustausches der Abteilung Montage innerhalb von fast zwei Jahren.

Dieser Darstellung kann die veränderte Fremdwahrnehmung der anderen Abteilungen gegenüber gestellt werden. So kann untersucht werden, ob im Laufe der Zeit nicht nur ein Anstieg des Erfahrungsaustausches, sondern auch eine Annäherung in der Wahrnehmung zwischen den verschiedenen Abteilungen erfolgt ist.

Die Beobachtung von Veränderung der Lernlandschaft anhand des Vergleichs von Daten zu verschiedenen Zeitpunkten kann auf sämtliche Elemente des Lernnetzanalyseinstrumentes angewendet werden. Betrachtet man Veränderungen der Lernlandschaft durch mehrmaliges Anwenden des Lernnetzanalyseinstrumentes, so läßt sich daraus gezielt ableiten, an welchen Stellen noch Handlungsbedarf besteht, d.h. welche Knoten und Pfade noch verändert werden sollten.

Anhang

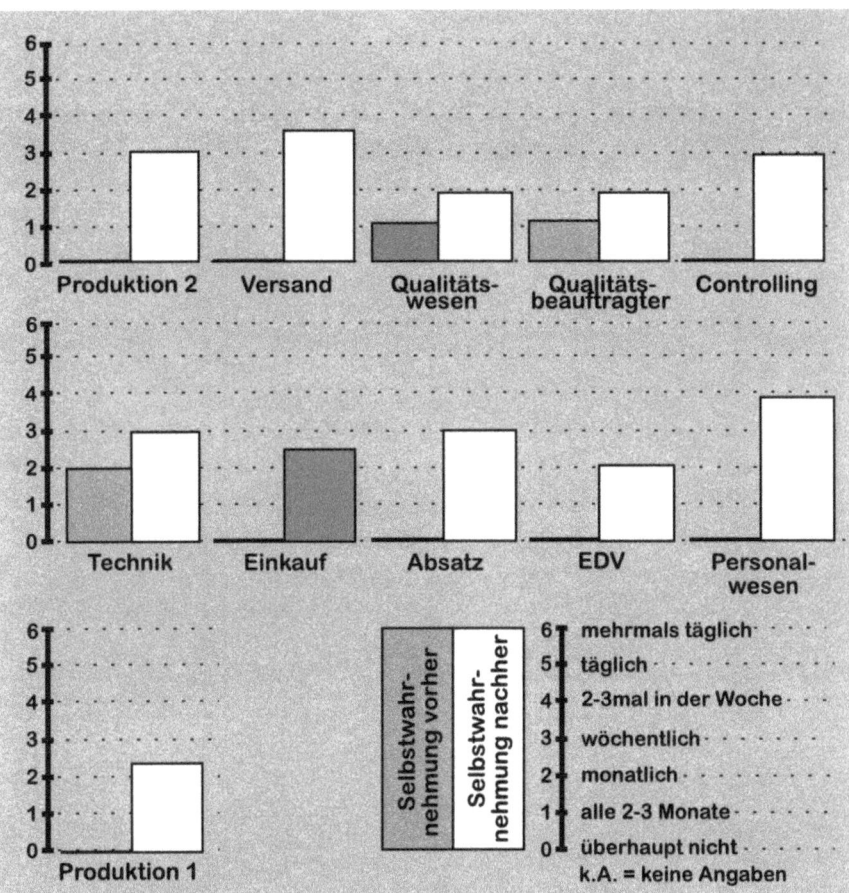

Abb. 59 Veränderung der Selbstwahrnehmung der Häufigkeit des Erfahrungsaustausches der Abteilung Montage innerhalb von zwei Jahren

Anhang 5

Ziele setzen

Auswertungsschema			
Arbeiter: _____			
Runde	gesetztes Ziel	Erreichte Punktzahl	Gesamtpunktzahl je Runde
Übung			
1			
2			
3			
4			
	Diskussion		
5			
6			
7			

Anhang 6

6.1
Checkliste für Führungskräfte

6.1.1
Instruktion:

„Diese Checkliste ist dazu gedacht, Ihnen die Möglichkeit zu geben, wichtige Tätigkeiten, die von Führungskräften ausgeübt werden, zu erkennen und Ihre eigenen Verhaltensweisen und Fähigkeiten kritisch zu beurteilen."

1. Lesen Sie sich die Checkliste durch und entscheiden Sie, mit welcher Ihrer Verhaltensweisen Sie zufrieden sind und welche Sie verbessern bzw. verändern sollten, und kreuzen Sie das entsprechende Feld an.
2. Manche Verhaltensweisen, die für Sie wichtig sind, befinden sich vielleicht nicht auf der Liste. Tragen Sie diese bitte in die freigelassenen Zeilen ein.
3. Verhaltensweisen/ Tätigkeiten, die für Sie nicht in Frage kommen, vermerken Sie bitte im Feld „trifft nicht zu."
4. Gehen Sie die Liste nochmals durch und wählen Sie die drei oder vier Verhaltensweisen aus, die Sie zuerst verbessern wollen. Tragen Sie diese auf dieser Seite unten ein, und sprechen Sie mit mindestens einem anderen Teilnehmer darüber.

Ich muß darauf achten…
1.
2.
3.
4.
5.

6.1.2
Checkliste

	ist gut so	müßte anders/besser sein	trifft nicht zu
Mein Verhältnis zu Vorgesetzten			
1. Ich konkurriere mit anderen Kollegen.			
2. Ich habe ein offenes Verhältnis zu meinen Vorgesetzten.			
3. Ich fühle mich meinen Kollegen gegenüber unterlegen.			
4. Ich stehe für das ein, was ich tue.			
5. Ich halte mich an die von der Geschäftsleitung ausgegebene Marschroute.			
Mein Verhältnis zur Gruppe			
1. Ich kenne die anderen Gruppenmitglieder auch privat.			
2. Wir setzen uns oft zusammen, um unsere Arbeit/Probleme zu besprechen.			
3. Wir sorgen für einen freien Meinungsaustausch.			
4. Wir fordern ein hohes Leistungsniveau.			
5. Jemand, der sich gegen die Gruppennorm vergeht, wird zurechtgewiesen.			
6. Wir definieren unsere Ziele.			
7. Jeder gibt seine Informationen an die anderen weiter.			
8. Der eigene Status wird dazu benutzt, Entscheidungen in der Gruppe zu manipulieren.			
9. Wir delegieren, um die Arbeit zu erleichtern.			
Mein Verhältnis zu Kollegen			
1. Ich helfe den anderen, Ihre Probleme zu erkennen.			
2. Ich helfe den anderen bei der Lösung ihrer Probleme.			
3. Einigen Kollegen gegenüber verhalte ich mich reserviert.			
4. Ich greife ein, wenn etwas nicht klappt.			
5. Ich bin unerbittlich in meiner Kritik.			
6. Ich motiviere die anderen.			
7. Ich kenne meine Ziele und die meiner Kollegen.			
8. Wenn jemand in Schwierigkeiten ist, helfe ich ihm.			
9. Ich halte mit meiner Meinung nicht hinter dem Berg.			
10. Ich unterstütze es, wenn jemand ein Risiko eingeht.			
11. Ich bin immer offen für Kritik.			

	ist gut so	müßte anders/besser sein	trifft nicht zu
Mein Verhältnis zur Belegschaft			
1. Die Beschäftigten kennen mich persönlich.			
2. Ich stehe der Belegschaft immer zur Verfügung.			
3. Ich weiß, was die Leute denken.			
4. Ich bin für sie da, wenn es Konflikte zu lösen gilt.			
5. Mein Verhältnis zur Belegschaft ist mir wichtig.			
6. Ich gebe meine Informationen schnell weiter.			
7. Ich lege Wert auf meine Stellung.			
8. Bei meinen Kontakten zur Belegschaft halte ich nicht immer den Dienstweg ein.			
Die Arbeit mit Gruppen			
1. Wir gehen immer systematisch vor.			
2. Alle Mitglieder können ihre Fähigkeiten entfalten.			
3. Wir achten auf Pünktlichkeit.			
4. Wir nutzen unsere Zeit effektiv.			
5. Wir hören aktiv zu.			
6. Ich sage, was ich denke.			
7. Ich beherrsche die Szene.			
8. Ich achte auf ein gutes Klima in der Gruppe.			
9. Ich weiß, wie ich mit destruktiven Kräften umgehen muß.			
10. Ich pflege auch informelle Kontakte zu den Gruppenmitgliedern.			
11. Andere Gruppen interessieren uns weniger.			
12. Wir stimmen uns mit anderen Gruppen ab.			
13. Wir wollen uns gegenseitig besser kennenlernen.			
14. Wir treffen uns öfter mit anderen Gruppen.			
15. Wir versuchen, Konflikte mit anderen Gruppen aus dem Weg zu gehen.			
Training und Weiterbildung			
1. Wir nehmen uns Zeit für gegenseitige Beratung.			
2. Ich kenne die Weiterbildungswünsche der Gruppenmitglieder.			
3. Ich veranlasse die Leute, Trainings zu besuchen.			
4. Ich stelle den Mitgliedern Zeit und Geld für Trainings zur Verfügung.			
5. Wir geben einander Feedback.			
6. Ich vertraue anderen meine Arbeit an, damit sie in neue Verantwortungen hineinwachsen können.			

	ist gut so	müßte anders/besser sein	trifft nicht zu
Kontinuierliche Weiterbildung			
1. Ich nehme mir Zeit zum Nachdenken.			
2. Ich informiere mich über andere Unternehmen.			
3. Wir diskutieren unsere Prinzipien und Wertvorstellungen			
4. Ich suche nach neuen Herausforderungen.			
5. Ich besuche regelmäßig Weiterbildungsveranstaltungen.			
6. Ich weiß, wann und wie ich spezielles Know-How einsetzen muß.			

Anhang

6.2
Führungsstil-Profil

6.2.1
Instruktion:

Bitte geben Sie Ihre ehrliche Meinung über den Vorgesetzten dieser Gruppe ab, und bewerten Sie seine Führungsqualitäten auf der unten angegebenen Sieben-Punkte-Skala. Wenn Sie glauben, daß der Vorgesetzte von einem bestimmten Merkmal "mehr" zeigen sollte, dann machen Sie einen Kreis um die entsprechende Beschreibung.

6.2.2
Tabelle

	1 2 3 4 5 6 7	
delegiert, damit Menschen sich entfalten können	1 2 3 4 5 6 7	delegiert nur, damit die Arbeit erledigt wird
ist immer auf der Suche nach Ideen und Produkten	1 2 3 4 5 6 7	verbringt die meiste Zeit damit, seine Ideen zu verkaufen und Leute zu überreden
bezieht die Mitglieder in alle Entscheidungen ein	1 2 3 4 5 6 7	bezieht die Mitglieder nur in unwichtige Entscheidungen ein
schätzt und nützt die Arbeit aller Mitglieder	1 2 3 4 5 6 7	hat die Möglichkeiten der Gruppenmitglieder nicht voll erkannt
gewinnt die Unterstützung der Mitglieder durch seine überlegten und anerkannten Grundsätze	1 2 3 4 5 6 7	verschafft sich Unterstützung durch Position, Status und Macht
läßt in der Gruppe Selbständigkeit walten	1 2 3 4 5 6 7	läßt Diskussionen zu, trifft aber die Entscheidungen selber
hat eine logisch fundierte Meinung	1 2 3 4 5 6 7	schwankt je nach Argument und Situation hin und her
hat seine Rolle klar erkannt und mit der Gruppe abgesprochen	1 2 3 4 5 6 7	neigt dazu, seine Probleme für sich zu behalten, und es fällt ihm schwer, offen darüber zu sprechen
weiß um seine Verantwortlichkeit für die Arbeit des Teams, überläßt die Verantwortung aber der Gruppe	1 2 3 4 5 6 7	glaubt, daß er allein für die Arbeit der Gruppe verantwortlich ist
ermutigt zur Kreativität	1 2 3 4 5 6 7	neigt dazu, kreative Beiträge der Mitglieder abzuwürgen
ist bereit, Risiken einzugehen	1 2 3 4 5 6 7	geht lieber auf Nummer sicher
verlangt Feed-back, um seine Arbeit kontrollieren zu können	1 2 3 4 5 6 7	es fällt ihm schwer, um Feedback zu bitten und zu akzeptieren
sucht und schätzt neue Erfahrungen	1 2 3 4 5 6 7	arbeitet gewöhnlich mit derselben Methode, ohne aus seinen Erfahrungen zu lernen
ist ein Teil der Gruppe	1 2 3 4 5 6 7	schafft psychologische Distanz zur Gruppe
ist konsequent in seinem Verhalten zu den Mitgliedern	1 2 3 4 5 6 7	sein Verhalten der Gruppe gegenüber ist wechselhaft und kaum berechenbar

Anhang 7

7.1
Lutts und Mipps

7.1.1
Teilnehmerinstruktion

Zur Problemlösungsaufgabe für alle Teilnehmer:
Nehmen Sie an, daß *Lutts* und *Mipps* neue Längenmaße sind und *Dars*, *Wors* und *Mirs* neue Zeiteinheiten darstellen.
Ein Mann fährt von Stadt A durch Stadt B und Stadt C zur Stadt D.
Die Aufgabe Ihrer Gruppe ist es zu bestimmen, wie viele Wors die ganze Reise dauert. Sie haben genau 20 Minuten Zeit zur Lösung der Aufgabe. Wählen Sie keinen offiziellen Gruppensprecher oder -führer. Sie werden Kärtchen erhalten, die Informationen zu der gestellten Gruppenaufgabe enthalten. Sie können diese Informationen mündlich austauschen, aber Sie müssen die Karten die ganze Zeit über in Ihrer Hand behalten und dürfen niemandem ihre Karten zeigen.
Die Aufgabe soll mündlich gelöst werden!

7.1.2
Informationskarten

Die Fragen und Antworten (siehe nächste Seite) werden mit Schreibmaschine auf Karteikarten geschrieben; jeder Teilnehmer erhält vom Moderator mindestens zwei Informationskarten, die sich aber nicht auf dieselbe Grundinformation beziehen dürfen.
Aufgabenlösung: Die Reise von A nach D dauert „23/30" Wors!

7.1.3 *Fragebogen zur Prozeßanalyse*

Fragebogen zur Prozeßanalyse (diesen Fragebogen erhält jeder Teilnehmer und füllt ihn aus)
1. Habe ich vollständig verstanden, wie die Lösung zustande gekommen ist, und kann ich das Ergebnis auch als mein Ergebnis auffassen?
2. Wessen Mitwirkung war am hilfreichsten für die Gruppe zur Lösung der Aufgabe?
3. Woraus bestand ihre/seine Mitwirkung?
4. Wessen Teilnahme schien die Aufgabenlösung der Gruppe zu behindern?
5. Worin bestand ihr/sein behinderndes Verhalten?
6. Welche Gefühlsreaktionen hatte ich beim Lösen der Aufgabe?
7. Welche Verhaltensweisen anderer Gruppenmitglieder haben bei mir Kooperationsbereitschaft geweckt?
8. Welche Rolle(n) spielte ich selbst während der Aufgabenlösung?

Anhang

Fragen:	Antworten:
Wie weit ist der Weg von „A" nach „B"?	Die Entfernung zwischen „A" und „B" beträgt 4 Lutts.
Wie weit ist der Weg von „B" nach „C"?	Die Entfernung zwischen „B" und „C" beträgt 8 Lutts.
Wie weit ist der Weg von „C" nach „D"?	Die Entfernung zwischen „C" und „D" beträgt 10 Lutts.
Wie schnell fährt der Mann von „A" nach „B"?	Der Mann fährt von „A" nach „B" mit einer Geschwindigkeit von 24 Lutts pro Wors.
Wie schnell fährt der Mann von „B" nach „C"?	Der Mann fährt von „B" nach „C" mit einer Geschwindigkeit von 30 Lutts pro Wors.
Wie schnell fährt der Mann von „C" nach „D"?	Der Mann fährt von „C" nach „D" mit einer Geschwindigkeit von 30 Lutts pro Wors.
Was ist ein Dars?	Ein Dars entspricht 10 Wors.
Was ist ein Mirs?	Ein Mirs ist eine Zeiteinheit.
Was ist ein Lutts?	Ein Lutts entspricht 10 Mipps
Was ist ein Mipps?	Ein Mipps ist ein Längenmaß.
Was ist ein Wors?	Ein Wors entspricht 5 Mirs.
Wieviele Mirs hat eine Stunde?	Eine Stunde hat 2 Mirs.
Wie viele Mipps hat ein Kilometer?	Ein Kilometer hat zwei Mipps.

7.2
Quadrate

Für dieses Spiel benötigt man 5 Spieler und einen Beobachter. Der Beobachter hat die Aufgabe, die Einhaltung der Spielregeln streng zu überwachen und nicht die geringste Ausnahme zuzulassen! Die Aufgabe, die nur von den fünf Spielern der Gruppe gemeinsam gelöst werden kann, lautet:

> Jeder Spieler setze aus den ihm zur Verfügung gestellten Einzelstücken und jeden Teilen, die er auf dem Tauschwege erwirbt, ein *Quadrat* zusammen. Und zwar derart, daß am Ende die Gruppe *fünf Quadrate* von *gleicher Größe* zusammengesetzt hat!
> Die einzelnen Felder sind, zur Kontrolle für den Seminarleiter, auf der Rückseite mit Buchstaben versehen. Felder mit gleichen Buchstaben sind identisch.

7.2.1
Quadratvorlage

Wichtigste Regel: Während des Spieles darf kein Wort gewechselt werden! Es ist erlaubt, sich mit den Augen Zeichen zu geben, aber nicht mit den Händen! Man darf also nicht auf Einzelteile deuten, die ein anderer Spieler hat. Teile aus dem eigenen Satz, die man nicht für sein Quadrat verwenden kann, legt man in die Mitte der Tischplatte. Von dort darf man auch Teile (in beliebiger Zahl) wegnehmen, sofern man sie verwenden kann. Das Spiel wird auf jeden Fall nach 20 Minuten abgebrochen, ganz gleich, wie weit die Gruppe ist.

Anhang

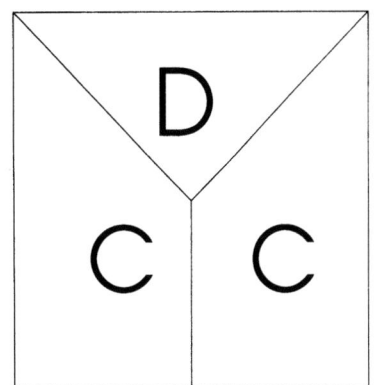
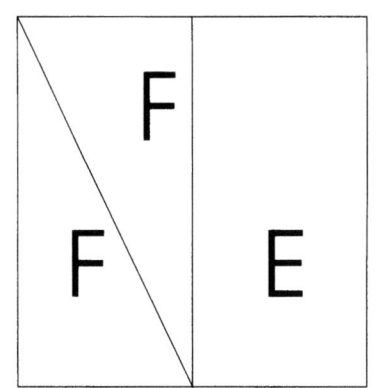
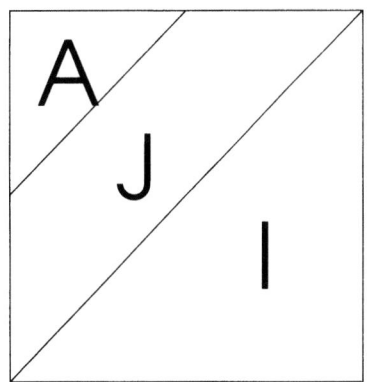
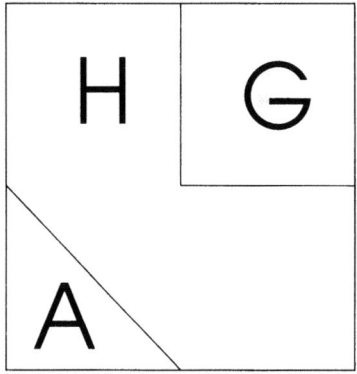
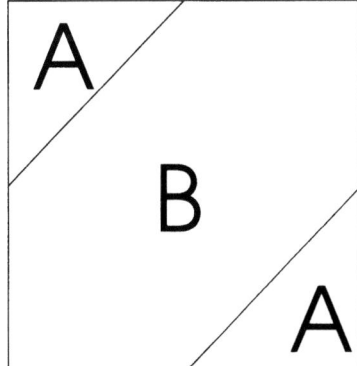

7.2.2
Auswertungsbogen

Teilnehmer								
Merkmal	Wert	Bemerkungen	Wert	Bemerkungen	Wert	Bemerkungen	Wert	Bemerkungen
Kooperation								
Greift andere Meinungen/ Ideen auf und führt sie weiter								
Hilft anderen aus Schwierigkeiten								
Setzt sich nicht auf Kosten anderer durch								
Integration								
Erkennt, wo und wodurch Konflikte entstehen/ strebt Lösungen an								
Geht auf Kollegen ein, ohne sein Konzept aufzugeben								
Selbständigkeit								
Verrichtet Arbeiten ohne Druck durch andere								
Ist bereit, Neues zu erkunden/ erlernen								
Ergreift Initiative								

Bewertung:
Das den Anforderungen entsprechende Verhalten ist

gar nicht	sehr niedrig	niedrig	überwiegend	hoch	sehr hoch
0	1	2	3	4	5

ausgeprägt.

7.3
Wörter und Buchstaben

7.3.1
Anleitung zur Prozeßbeobachtung

Zweck:
Die Teilnehmer der Beobachtungsgruppe nehmen nicht an der eigentlichen Aufgabe teil, sondern schreiben ihre Beobachtungen nach dem Gruppenbeobachtungsschema nieder. Wenn die Innengruppe mit ihrer Arbeit fertig ist, beschreiben die Beobachter mündlich und anhand ihrer Notizen, wie die Innengruppe in der Arbeitssituation funktionierte.
  Siehe auch Gruppenbeobachtungsschema
  Vorbereitung der Instruktionen und Briefumschläge

7.3.2
Anweisung für den großen Briefumschlag:

„Dieser Briefumschlag enthält zwei kleinere Briefumschläge. Der eine dieser Briefumschläge enthält eine „Buchstaben"-Aufgabe und der andere eine „Wörter"-Aufgabe. Ihre Aufgabe ist es nun, eine dieser beiden Aufgaben auszuwählen und sie zu lösen."
  Diese Anweisung wird zusammen mit den beiden kleinen Briefumschlägen in den großen Umschlag gelegt und zugeklebt.

7.3.3
Anweisung für die „Wörter"-Aufgabe:

„Dieser Umschlag enthält Karten, auf die Wörter geschrieben sind. Ihre Aufgabe besteht nun darin, diese Karten zu arrangieren."
  In den kleinen Briefumschlag soll nun zusammen mit der Instruktion folgendes gelegt werden:
- eine Karte mit der Aufschrift „AB"
- eine Karte mit der Aufschrift „BANDENMITGLIEDER"
- eine Karte mit der Aufschrift „COLTS"
- eine Karte mit der Aufschrift „DIE"
- eine Karte mit der Aufschrift „EINIGE"
- eine Karte mit der Aufschrift „FREIWILLIG"
- eine Karte mit der Aufschrift „GABEN"

Der kleine Briefumschlag wird nun zugeklebt.

7.3.4
Anweisung für die „Buchstaben"-Aufgabe:

„Dieser Umschlag enthält Karten, auf die Buchstaben geschrieben sind. Ihre Aufgabe besteht darin, diese Karten zu arrangieren."
  In den anderen kleinen Briefumschlag mit der Bezeichnung „Buchstaben"-Aufgabe werden Karten mit der folgenden Aufschrift hineingelegt:

- drei Karten mit der Aufschrift „A"
- drei Karten mit der Aufschrift „B"
- drei Karten mit der Aufschrift „C"
- drei Karten mit der Aufschrift „D"
- drei Karten mit der Aufschrift „E"
- drei Karten mit der Aufschrift „F"
- drei Karten mit der Aufschrift „G"

In den kleinen Briefumschlag wird die Instruktion zusammen mit den 21 Karten hineingelegt und zugeklebt.

7.3.5
Anweisung für das Gruppenbeobachtungsschema

- Kommunikation zwischen Personen:
1. Fähigkeit, sich auszudrücken (sowohl verbal als auch nonverbal)
2. Fertigkeit im Zuhören
3. Reaktionsfähigkeit, Schlagfertigkeit
- Kommunikationsmuster:
4. Richtung (Einzelperson zu Einzelperson, Einzelperson zur Gruppe, alles durch einen Führer usw.)
5. Gehalt der Kommunikation (intellektuell, gefühlsbetont)
- Führungsfunktionen:

......ergreift die Initiative ......folgt der Gruppe
......koordiniert ......blockiert
......bewertet ......sucht Anerkennung
......gleicht aus ......dominiert
......stellt Normen auf ......zieht sich zurück

- Führungsstil:

......demokratisch
......autoritär
......gleichgültig

- Wirkung der Führung:

......eifrige Teilnahme
......fehlendes Verantwortungsgefühl
......Widerstand
......Passivität
......Interessenlosigkeit

- Klima:
  - Ton (herzlich, kühl, formell usw.)
  - Zusammengehörigkeit
- Ziele:
  - klar und ausgedrückt
  - Rücksicht auf bereits gesteckte, übergeordnete Ziele

- Variation der Arbeitsweise:
  - Gruppengröße
  - Zeiteinteilung
  - Praktisches Arrangement
- Entwicklung der Gruppe:
  - Richtung (in Richtung einer neuen oder reifen Gruppe)
  - Entwicklungsstadium
  - Entwicklungsgeschwindigkeit
- Reaktionen des Beobachters:
  - Was empfanden Sie bei Ihrer Arbeit als Beobachter?
  - Was empfinden Sie gerade jetzt?
  - Welche Gefühle, Bedenken, Ideen usw. haben Ihre Beobachtungen bei Ihnen hervorgerufen?
  - Haben Sie andere Anmerkungen?

Anhang 8

Instruktionen zur Übung Turmbau

8.1
Instruktion für die Gruppen:

Sie bilden das Projektteam TURMBAU AG, einem großen mittelständischen Unternehmen, das an einer wichtigen Ausschreibung für den Bau eines Messeturms teilnimmt. In der Ausschreibung wird von einem Bauvolumen von max. 100 Mio. DM ausgegangen. In 60 Tagen soll dazu Ihre Ausschreibung und Ihr Modell fertig sein.

Bauen Sie deshalb in der Gruppe diesen Turm, der entsprechend den Ausschreibungsbedingungen ausschließlich aus dem Ihnen zu Verfügung gestellten Baumaterial konstruiert werden soll:

- 4 Bögen Kartonpapier (insg. 40 Mio)
- 5 weiße Karten (insg. 20 Mio)
- 5 bunte Karten (insg. 25 Mio)
- 1 Schere (5 Mio)
- 1 Lineal (5 Mio) und
- 4 Bögen Papier (5 Mio), nur zum Entwerfen.

Der Turm muß auf seinem eigenen Fundament stehen können, d.h. er darf weder gegen die Wand oder irgendeinen Gegenstand im Raum gelehnt werden, noch darf er aufgehängt oder an der Decke angebracht werden.

Ihre Gruppe steht im Wettbewerb zu anderen Unternehmen; nur eine davon kann gewinnen. Die Türme werden anschließend von der Jury nach 3 Kriterien beurteilt:
- Höhe
- Standfestigkeit
- Originalität

Sie können Ihr Material in jeder beliebigen Art und Weise, wie es Ihre Gruppe möchte, zuschneiden, biegen, kleben, zusammenfügen etc.

Der Bau muß in genau 60 Minuten fertig sein. D.h., Ihre Präsentation (max. 3 Minuten) beginnt genau um .... Uhr; eine Verlängerung ist nicht möglich.

Viel Spaß und Erfolg bei der Übung !!

8.2
Instruktion für den Beobachter

Hier sind einige Fragen, die Ihnen bei Ihrer Aufgabe als Beobachter behilflich sein können:
1. Wie hat sich die Gruppe für die Arbeit organisiert?
2. War eine Gruppenstruktur vorhanden? Wie haben die Gruppenmitglieder darauf reagiert? Konnten Sie Änderungen in dieser Hinsicht beobachten? Und welche waren das?
3. War keine Struktur vorhanden? Wie ist die Gruppe bei der Strukturierung vorgegangen? Erfolgte eine Rollenverteilung? Wie? Wurde jemand zum Leiter ernannt? Wie? Konnte man überhaupt ein Vorgehen in dieser Hinsicht feststellen?
4. Wie war das Arbeitsklima? Allgemein freundlich, entspannt, gelassen…? Konnten einzelne Vorschläge berücksichtigt werden? Wurden einige Gruppen-Mitglieder an der Arbeit aktiv beteiligt? Konnten Sie während der Arbeit Spannungen feststellen?
5. Wer half der Gruppe am besten bei der Arbeit? Wer hatte die meisten, wer die besten Einfälle? Wurde viel herumdiskutiert?
6. War die Gruppe für die Durchführung der Aufgabe genug motiviert? War das Ziel der Übung klar? Wurde das ausdrücklich festgestellt? Wer hat die wichtigsten Entscheidungen getroffen?

Literaturverzeichnis

- *Alderfer, C.P.* (1972): Existence, relatedness, growth. Human needs in organizational settings. New York.
- *Antons, Klaus* (1975): Praxis der Gruppendynamik. Übungen und Techniken. Göttingen.
- *Becher, M.* (1994): Strukturierte Mitarbeitergespräche.. In: Schwuchow u.a. (Hrsg.): Jahrbuch Weiterbildung. Düsseldorf, S. 90–94.
- *Berger, K.; Brauer, J.-P.; Grabowski, S.; Kamiske, G. F.; Schnauber, H. & Specht, D.* (1995): Qualitätsmanagement in der überbetrieblichen Umsetzung. Schlüsselfaktoren und Erfahrungen. Bestelladresse: Lehrstuhl für Industriebetriebslehre und Arbeitswissenschaft, Universität Kaiserslautern, Postfach 3049, 67653 Kaiserslautern, Tel.: 0631/ 205-3649. Fax: 0631/ 205-3397.
- *Berkel, K.* (1985): Konflikttraining. Arbeitshefte zur Führungspsychologie. Heidelberg.
- *Birkenbihl, Michael* (1995): Train the Trainer. 12. Auflage; Landsberg/ Lech.
- *Bortz, J.* (1989): Statistik für Sozialwissenschaftler. 3., neu bearb. Auflage. Berlin.
- *Bungard, W.& Wiendieck, G.* (Hrsg.) (1986): Qualitätszirkel als Instrument zeitgemäßer Betriebsführung. Landsberg/Lech.
- *Comelli, Gerhard* (1985): Training als Beitrag zur Organisationsenwicklung. Handbuch der Weiterbildung für die Praxis in Wirtschaft und Verwaltung, BD 4. München – Wien.
- *Comelli, G. & von Rosenstiel, Lutz* (1995): Führung durch Motivation. Mitarbeiter für Organisationsziele gewinnen. München.
- *Decker, Franz* (1994): Teamworking. Gruppen erfolgreich führen und moderieren. München.
- *Deutsches Institut für Normung e.V.* (Hrsg.) (1992): DIN ISO 8402. Qualitätsmanagement und Darlegung des QM-Systems – Begriffe. Berlin.
- *Deutsches Institut für Normung e.V.* (Hrsg.): DIN EN ISO 9000. Normen zum Qualitätsmanagement und zur Qualitätssicherung/QM-Darlegung. Berlin 1994.
- *Deutsches Institut für Normung e.V.* (Hrsg.): DIN EN ISO 9001. Qualitätsmanagementsysteme – Modell zur Qualitätssicherung/QM – Darlegung in Design, Entwicklung, Produktion, Montage und Wartung. Berlin 1994.
- *Deutsches Institut für Normung e.V.* (Hrsg.): DIN EN ISO 9002. Qualitätsmanagementsysteme – Modell zur Qualitätssicherung/QM – Darlegung in Produktion, Montage und Wartung. Berlin 1994.

- *Deutsches Institut für Normung e.V.* (Hrsg.): DIN EN ISO 9003. Qualitätsmanagementsysteme – Modell zur Qualitätssicherung/QM – Darlegung bei der Endprüfung. Berlin 1994.
- *Deutsches Institut für Normung e.V.* (Hrsg.): DIN EN ISO 9004. Qualitätsmanagement und Elemente eines Qualitätsmanagementsystems. Berlin 1994.
- *Deutsches Institut für Normung e.V.* (Hrsg.): E DIN ISO 10013. Leitfaden für die Erstellung von Qualitätsmanagement-Handbüchern. Berlin 1994.
- *Doppler, K. & Lauterburg, Ch.* (1994): Change management: Den Unternehmenswandel gestalten. New York – Frankfurt/Main.
- *Dorrman, W. & Hinsch, R.* (1981): Die IE-SV-F. Ein differentieller Fragebogen zur Erfassung von Attributionsgewohnheiten in Erfolgs- und Mißerfolgssituationen. Diagnostica, 1981, 27, 4, S. 360–378.
- *Duncan, R.B. & Weiss, A.*: Organisational Learning: Implications for organisational design. In: Staw, B. M. (Hrsg.), ROB 1/1979.
- *Francis, Dave & Young, Don* (1989): Mehr Erfolg im Team. Essen.
- *Gaitanides, M.*(Hrsg.) (1994): Prozeßmanagement – Konzepte, Umsetzungen und Erfahrungen des Reengineering. München.
- *Glasl, F.* (1990): Konfliktmanagement. Stuttgart.
- *Hahn, D. & Laßmann, G.* (1986): Produktionswirtschaft: Controlling industrieller Produktion. Band 1: Grundlagen Führung und Organisation, Produkte und Produktionsprogramm, Matrial und Dienstleistung. Heidelberg – Wien.
- *Haist, Fritz & Fromm, Hansjörg* (1989): Qualität im Unternehmen. Prinzipien, Methoden, Techniken. München – Wien.
- *Heckhausen, H.* (1989): Motivation und Handeln. 2., völlig überarbeitete und ergänzte Auflage. Berlin – Heidelberg – New York.
- *Heidack, C.* (Hrsg.) (1993): Lernen der Zukunft. München.
- *Heider, Fritz* (1958): The psychology of interpersonal realtions. New York.
- *Herzberg, F.* (1966): Work as the Nature of Man. Cleveland.
- *Hinkel, Norbert* (1991): Teamentwicklung in einer Bildungsabteilung. In Sattelberger, Thomas (Hrsg.): Innovative Personalentwicklung. 2.Auflage. Wiesbaden.
- *Irle, M.* (1975): Lehrbuch der Sozialpsychologie. Göttingen.
- *Kamiske, G.F. & Brauer, J.P.* (1993): Qualitätsmanagement von A bis Z. Erläuterung moderner Begriffe des Qualitätsmanagements. München – Wien.
- *Kuhl, Julius & Beckmann, Jürgen* (Eds.) (1994): Volition and Personality – Action versus State Orientation. Seattle – Toronto – Bern – Göttingen.
- *Langmaack, Barbara* (1985): Wie die Gruppe laufen lernt. Anregungen zum Leiten und Planen von Gruppen. Weinheim.
- *Langmaack, Barbara* (1994). Themenzentrierte Interaktion: Einführenden Texte rund ums Dreieck. Weinheim.
- *Lau-Villinger, D.* (1994): Qualifizierungsberatung für Klein- und Mittelbetriebe im Kontext der Personal- und Organisationsentwicklung. In: Kailer, N. (Hrsg.): Beratung bei Weiterbildung und Personalentwicklung. Wien.
- *Lewin, Kurt* (1938): The conceptual representation and the measurement of psychological forces. Durham/N.C.
- *Lewin, K.* (1951): Field theory and social science. New York.

- *Locke, E. & Latham, P.* (1990): A theory of goal setting and task performance. Englewood Cliffs, NJ.
- *Löhmer, Claudia* (1992): Themenzentrierte Interaktion (TZI): die Kunst, sich selbst und eine Gruppe zu leiten. Mannheim.
- *Masing, Walter* (1988): Handbuch der Qualitätssicherung. München – Wien.
- *Maslow, A.H.* (1954): Motivation and personality. New York.
- *Mettler-Toledo*: „Im Dialog mit der Zukunft". Zu bestellen bei: Mettler-Toledo (Albstadt) GmbH, Postfach 250, 72423 Albstadt.
- *Müller – Stewens, G. & Pautzke, G.*: Führungskräfteentwicklung und organisatorisches Lernen. In: Sattelberger, T. (Hrsg.), 1991.
- *Naisbitt, J.* in: Wiendick, G. (1988): Führung 2000 – Perspektiven und Konsequenzen. 7. Deutscher Quality-Circle, Bad Dürkheim.
- *Neuberger, Oswald* (1990). Führen und geführt werden. Stuttgart.
- *N.N.*: Epiktet, Teles und Musonius – Wege zum Glück. München, 1991.
- *Nippa, M. & Picot, A.* (1996): Prozeßmanagement und Reingeneering. Die Praxis im deutschsprachigen Raum – Konzepte und Praxisbeispiele. 2. Auflage. Frankfurt/ Main.
- *Pfeiffer, I.W. & Jones, J.E.* (1979): Arbeitsmaterial zur Gruppendynamik, 1.–6. Band. Berlin.
- *Pautzke, G.* (1989): Die Evolution der organisatorischen Wissensbasis. München.
- *Probst, G.J.B.* (1987): Selbst-Organisation. Ordnungsprozesse in sozialen Systemen aus ganzheitlicher Sicht. Berlin – Hamburg.
- *Probst, G.J.B.* (1993): Organisation. Strukturen, Lenkungsinstrumente und Entwicklungsperspektiven. Landsberg/Lech.
- *Probst, G.J.B.* (1995): Organisationales Lernen und Bewältigung von Wandel. In: Geißler, H. (Hrsg.): Organisationslernen und Weiterbildung. Berlin.
- *Qualitätsmanagement*: DGQ-Lehrgänge, DGQ-Prüfungen und Zertifizierung (1995/1996). Deutsche Gesellschaft für Qualität e.V. (Hrsg.). Geschäftsstelle Berlin: Allee der Kosmonauten 28, 12681 Berlin.
- *Qualitätsmanagement*: Methoden und Werkzeuge zur Planung und Sicherung der Qualität (nach DIN ISO 9000 ff.), Band 2. WEKA Fachverlag für technische Führungskräfte GmbH. Morelstr.33, 86159 Augsburg.
- *Sarges, W.* (Hrsg.) (1990): Management-Diagnostik. Göttingen.
- Sattelberger, T. (1991): Die lernende Orgnisation. Konzepte für eine neue Qualität der Unternehmensentwicklung. Wiesbaden.
- *Schlaeger, S.* (1995): Motivationale Bedingungen eines betrieblichen Anreizsystems. Diplomarbeit an der Fakultät für Psychologie, Ruhr-Universität Bochum.
- *Schnauber, H & Zülch, J.* (1994): Zertifizierung – Chance für umfassendes Qualitäts- und Wertschöpfungsmanagement. In: Qualität und Zuverlässigkeit – Zeitschrift für industrielle Qualitätssicherung (QZ), 05/95, S. 509 – 514.
- *Schuler, Heinz* (1993): Lehrbuch der Organisationspsychologie. Göttingen.
- *Simon, Walter & Heß, Martin* (1988): Handbuch Qualitätszirkel: Hilfsmittel zur Produktion von Qualität. Köln.
- *Six, B. & Kleinbeck, U.* (1989): Arbeitsmotivation und Arbeitszufriedenheit. In: Graumann, C.F.; Irle, M.; Kuhl, J.; Prinz, W.; Thomae, H. & Weinert, F.E. (Hrsg): Enzyklopädie der Psychologie. Bd. 3, Organisationspsychologie. Göttingen.

- *Staehle, W.* (1994): Management: eine verhaltenswissenschafliche Perspektive, 7. Auflage. München.
- *Sydow, J.* (1985): Der soziotechnische Systemansatz der Arbeits- und Organisationsgestaltung: Darstellung, Kritik, Weiterentwicklung. Frankfurt.
- *Vopel, Klaus W.* (1978): Interaktionsspiele & Bände. ISKO-Press: Hamburg.
- *Vroom, V.H.* (1964): Work and Motivation. New York.
- *Vroom, V. & Yetton, P.W.* (1973): Leadership and decision making. Pittsburgh, University of Pittsburgh.
- *Wahren, Kurt-Heinz* (1994): Gruppen- und Teamarbeit in Unternehmen. Berlin.
- *Weber, Hermann* (1981): Arbeitskatalog der Übungen und Spiele. Ein Verzeichnis von über 700 Gruppenübungen und Rollenspielen. Essen.
- *Weiner, B.* (1972): Theories of motivation. From mechanism to cognition. Chicago.
- *Weinert, Ansfried* (1992): Lehrbuch der Organisationspsychologie. Weinheim.
- *Wiendieck, G.* (1994): Arbeits- und Organisationspsychologie. München.
- *Wissenschaftlicher Rat der Dudenredaktion (Hrsg.)*: Duden Bd. 5 „Fremdwörterbuch", Mannheim – Wien – Zürich 1982.
- *Wottawa, Heinrich & Gluminski, Iris* (1995): Psychologische Theorien für Unternehmen. Göttingen.
- *Wunderer, Rolf* (1993): Führung und Zusammenarbeit. Beitrag zu einer Führungslehre. Stuttgart.
- *Wunderer, W. G.* (1980): Kooperative Führung, Band 2. Berlin.
- *Zink, K.J.* (1994): Business excellence durch TQM: Erfahrungen europäischer Unternehmen. München – Wien.

Autoren

Dipl.-Psych. Sabine Grabowski, geb. 1965, studierte Psychologie im Hauptfach und Pädagogik im Nebenfach an der Ruhr-Universität Bochum und war von 1990 bis 1995 wissenschaftliche Mitarbeiterin am Lehrstuhl für Arbeitssystemplanung und -gestaltung dieser Universität. Seit 1995 ist sie Mitarbeiterin bei der Unternehmensberatung INNOSYS GmbH in Bochum.

Dipl.-Psych. Sabine Schlaeger, geb. 1968, studierte Psychologie im Hauptfach und Wirtschaftswissenschaften im Nebenfach an der Ruhr-Universität Bochum. Während ihrer Studienzeit war sie studentische Hilfskraft und seit 1995 ist sie wissenschaftliche Mitarbeiterin am Lehrstuhl für Arbeitssystemplanung und -gestaltung dieser Universität.

Prof. Dr.-Ing. Herbert Schnauber, geb. 1938, studierte Eisenhüttenkunde an der TH Aachen und promovierte im Fachgebiet Maschinenbau an der TH Darmstadt. Nach seiner Habilitation im Fachbereich Fertigungstechnik/Arbeitswissenschaft der Universität Siegen übernahm er 1985 den Lehrstuhl für Arbeitssystemplanung und -gestaltung (LAS) an der Ruhr-Universität Bochum. Seit Ende 1994 ist er Mitglied im Vorstand der DGQ.

Dr. phil. Joachim Zülch, geb. 1955, studierte Psychologie an der Ruhr-Universität Bochum und ist seit 1985 wissenschaftlicher Mitarbeiter am LAS. 1990 promovierte er am Psychologischen Institut dieser Universität und ist seit 1991 Akademischer Oberrat am LAS. Darüber hinaus ist er Dozent im Bereich Qualitätsförderung/Fachauditor der DGQ.

H. Schnauber, S. Grabowski, S. Schlaeger, J. Zülch

Total Quality Learning
Ein Leitfaden für lernende Unternehmen

1996. Etwa 200 S. 50 Abb. Geb. ISBN 3-540-61408-7

Neben fachbezogenen Fragen des Qualitätsmanagements werden hier viele Probleme des sozialen und methodischen Bereichs erörtert. Das schnelle Überfliegen des Buches wird durch die Visualisierung möglicher Methoden, Gefahrenquellen und Ideen vereinfacht.

D. Specht, K. Berger, K. Scheithauer

Qualitätslernen
Ein Leitfaden für die Arbeitssystemgestaltung

1996. Etwa 200 S. 60 Abb., Diskette Geb. ISBN 3-540-61298-X

Systemanforderung : **Hardware: 386er oder höher, 4 MB Arbeitsspeicher, 3 1/2 Zoll-Diskettenlaufwerk Software: Windows 3.1 oder höher, Tabellenkalkukationsprogramm (z.B.: Excel), Graphikprogramm (z.B.: Corel Draw), Word f. Windows**

Diese Handlungsanleitung bietet Problemlösungen für den Erhalt von Erfahrungswissen bei personellen Veränderungen, für die Vermeidung von Fehlleistungsaufwand an der Schnittstelle Mensch-Maschine und für die Gestaltung von Kunden-Lieferanten-Beziehungen. Formulare, Arbeitsblätter und Arbeitsanweisungen sowie eine Diskette mit weiteren Druckvorlagen unterstützen das Arbeiten.

K.J. Zink, A. Schmidt, T. Bäuerle

Train-the-Trainer-Konzepte
Arbeitsmaterialien zur Vermittlung von Qualitätswissen

1996. Etwa 370 S. 30 Abb., 1 Diskette Geb. ISBN 3-540-61297-1

Kernpunkt des Train-the-Trainer-Konzepts ist der Einsatz von Führungskräften aller Hierarchieebenen als interne Trainer. Das Buch beschreibt die Grundlagen und Vorgehensweise zur Umsetzung des Konzeptes. Die erforderlichen Arbeitsmittel werden in Form von Fragebögen und Foliensätzen auf beigefügter Diskette bereitgestellt.

Preisänderungen vorbehalten.

Springer-Verlag, Postfach 31 13 40, D-10643 Berlin, Fax 0 30 / 827 87 - 3 01/4 48 e-mail: orders@springer.de

J. Ensthaler, A. Füßler, D. Nuissl

Juristische Aspekte des Qualitätsmanagement

1996. Etwa 350 S. 30 Abb. Geb. ISBN 3-540-61296-3

Die juristisch relevanten Themengebiete des Qualitätsmanagements werden praxisorientiert und auch für juristische Laien verständlich behandelt: Produkthaftung, Qualitätssicherungsvereinbarungen, Zertifizierung und Akkreditierung, Umwelt- und Arbeitsrecht. Das Buch ist klar strukturiert und enthält zahlreiche Übersichten, Fallbeispiele aus der Praxis und Checklisten.

T. Pfeifer (Hrsg.)

Wissensbasierte Systeme in der Qualitätssicherung
Methoden zur Nutzung verteilten Wissens

1996. XII, 244 S. 76 Abb. (Qualitätsmanagement) Geb. **DM 78,-**; öS 569,40; sFr 69,- ISBN 3-540-60493-6

Die Autoren stellen erstmals ein übergreifendes Konzept vor, um verteiltes Qualitätswissen rechnergestützt zu erfassen und für qualitätsrelevante Entscheidungen verfügbar zu machen. Dabei werden organisatorische und arbeitswissenschaftliche Fragestellungen sowie die informationstechnische Verknüpfung der Rechnersysteme berücksichtigt.

K.J. Zink (Hrsg.)

Qualitätswissen
Lernkonzepte für moderne Unternehmen

1996. Etwa 300 S. 120 Abb. (Qualitätsmanagement) Geb. ISBN 3-540-60968-7

Systemanforderung : **Hardware: 386er oder höher, 4 MB Arbeitsspeicher, 3 1/2 Zoll Diskettenlaufwerk. Software: Windows 3.1 oder höher, Tabellenkalkulationsprogramm (z.B.: Excel), Graphikprogramm (z.B.: Corel Draw), Word f. Windows**

Die Umsetzung von Qualitätsmanagement und die Verbreitung des dafür erforderlichen Wissens ist ein absolutes Muß für moderne Unternehmen. Das Buch bietet dem Leser die Möglichkeit, einen schnellen überblick über geeignete Methoden und Instrumente zur Wissensverbreitung und -umsetzung zu gewinnen. Die vorgestellten Konzepte wurden bereits erfolgreich erprobt.

If you have any concerns about our products,
you can contact us on
ProductSafety@springernature.com

In case Publisher is established outside the EU,
the EU authorized representative is:
**Springer Nature Customer Service Center GmbH
Europaplatz 3, 69115 Heidelberg, Germany**

Printed by Libri Plureos GmbH
in Hamburg, Germany